POWER UP

責任共有のリーダーシップ

David L. Bradford & Allan R.Cohen

デビッド・L・ブラッドフォード＆アラン・R・コーエン 著

髙嶋成豪　髙嶋薫 訳

税務経理協会

推薦のことば

グローバル競争をする企業の組織には、国籍を問わず、おしなべて共通する特徴がある。ひと昔前に比べてミドルの管理階層が減っている、つまり組織のフラット化である。ミドル管理者が減った分、低コスト体質の組織となったが、一方で、管理限界を超えたマネジメントの難しい組織となった。少なくなったミドル管理者は、より多くの、そしてより多様な部下を持つことになったからである。

部門やチームの責任者は、以前よりまして権限を委譲し、部下の自律的な行動を促すリーダーシップをとらなくてはならない。管理の限界を超える人数となり、能力や資質で多様化した部下たちに、いちいち個別に指示や命令を与えてはいられないのである。この問題をどのように解決するか。

本書が提唱する「責任共有のリーダーシップ」は、この問題の核心を捉えて考案されたものだ。一つの部門やチームを構成するメンバー全員で課題達成の責任を共有し、問題解決へ向けてコラボレーションする。これに向かうリーダーシップのあり方である。

組織がフラット化する以前は、ミドル層の管理者が上から降りてきた業務課題を下に向けて与え、指示し命令することで、管理者の業務を達成してきた。ただし、このやり方が可能なのは管理限界を超えない規模の部隊を持てていた時代であった。フラット化した現代でこのやり方のリーダーシップをとると、部下は指示命令のとおりに仕事しようとし、自律行動を控える。そうすると管理者はますます指示命令の度合いを高めざるを得ない。そして部下はますます自律行動をしなくなる。この悪循環を断ち切らねばフラット化組織でのリーダーシップは成り立たない。それが「責任共有のリーダーシップ」である。

慶應義塾大学大学院経営管理研究科　松下幸之助チェアシップ教授
髙木　晴夫

はじめに

この二〇年間、私たちは組織において卓越した成果をあげるには何をすべきなのか、研究し続けてきた。そして書かれたのがこの本の前身、「Managing for Excellence」である。研究結果は非常に驚くべきものだった。組織が卓越した成果を産み出せないのは、強いリーダーシップの欠落ゆえではなかったのである。経営幹部が、良きリーダーになろうと努力すればするほど、成果は遠のいていたのだ。私たちがインタビューした経営幹部たちは例外なく優秀だったにもかかわらず、彼らが組織の卓越性を阻害していたのである。私たちは「良いは最善の敵」と結論づけざるをえなかった。

問題の核心は、リーダーシップに関する考え方そのもの、すなわち、リーダーこそが正解を示し、部門に対する責任を一人で担うという考え方にあった。しかし、そもそもそれ以外のリーダー像はないに等しい。私たちは新しいリーダーシップ像を手探りで求め、その結果、責任共有のリーダーシップを提唱する。このリーダーシップは、様々な優れたリーダーの最善の特徴を総合したものだ。一言でいうなら、部門のマネジメントに責任を持つのはリーダーだけではなく、全成員だという考え方である。

責任を全員で共有するこのリーダーシップ像を紹介しはじめた頃、マネジャーの反応は興味深いものだった。半分近くが、「難しすぎる」と抵抗を示し、残りの半分は興味を示しながらも、「実際には難しすぎる」と言った。理由は、このリーダーシップを実践できる技能がないから、または組織の視点からは受け入れ難いからであった。強く関心を示し、すぐに実行に移したのは、一部のマネジャーにすぎなかった。

あれからかなりの年月が過ぎた。マネジャーの反応は驚くほど変化している。マネジャーのほとんどが責任共有のリーダーシップを否定しない。それどころか、高い成果の達成を要請され、この新しいリーダーシップを早く学び取れる方法に関心を寄せている。今やすべての正解を自分自身で持てないため、組織の成果がメンバーの能力を最大に引き出せるか否かにかかっていることに、マネジャー自身が気づいているのだ。定型業務はもはやほとんど残っていない。全マネジャーが変革を推進し、リーダーとしてチームを動かさなければならなくなっている。

とはいえ、新しいリーダーシップに対する反応には、いまだ賛否両論が入り交じっている。「私はこのリーダーシップをよく理解していますし、すでに実践済みです」とか、「この方法は難しすぎます」などだ。当たり前と言われる一方で、困難極まりないとも言われる。確かに大きな発想の転換が必要ではある。しかし勇気を持って踏み出せば、予想以上にスムーズに進められるのだ。

責任共有のリーダーシップに対する抵抗が明らかに減ってきている。リーダーシップという言葉自体が変化してきているからだろう。参加型リーダーシップ、エンパワメント、そしてこの責任共有のリーダーシップと、新しいリーダーシップの考え方が登場してきた。フォーチュン誌の巻頭特集で、責任の共有が取り上げられたこともある(注1)。しかし、私たちは、卓越した目標の達成を成し遂げるには、リーダーは引っ張る人、メンバーはついていく人、というリーダーとメンバーに関する先入観を根本から捨て去る必要があると考えている。これはリーダーシップの本質的な大転換である。

私たちは一五年間、素晴らしい成果を挙げているリーダーを観察し続け、前線で活動するリーダーが新しいリーダーシップの考え方、責任共有のリーダーシップを実践できるように支援してきた。その経験から、「Managing for Excellence」で紹介した新しい考え方に確信が強まった。ただ同時に、この考え方を最も効果的に活用するには、大きな改良が必要だと気づいたのである。

リーダーとメンバーとの間には当然、相互作用が働いている。それを無視したリーダーシップの考え方は、そもそも役に立つはずはない。しかし、リーダーシップの研究では、リーダーの言動をどう変えるかのみに焦点を当ててきた。「Managing for Excellence」では、リーダーが考え方を変える必要性を説いたが、メンバー自身もリーダーに対する幻想から自由にならなければ、新しいリーダーシップの具現化は困難だと気づいたのである。メンバーも、リーダー一人に責任を担わせてしまっている原因の一つなのだ。そこで、この本ではリーダーシップのあり方全体に焦点を当てた。リーダーとメンバーが相互作用して関係が成り立っているのであり、両者が関わる構造を変革する必要がある。その点をこの本で解説していく。単に部下を管理するだけがリーダーシップ行動ではないこと、リーダーは組織内の上に対しても横に対しても働きかけあうべき存在だということを強調しておきたい。

ビジョンが不可欠なことも分かった。ビジョンを、どう表現したらよいかが分からず、最初「包括的な目標」と呼んだが、後で「具体的なビジョン」とした。「具体的なビジョン」は、新しいリーダーシップの中心的な要素の一つだ。このビジョンこそが部署や部門の存在意義、つまりミッションと向かうべき方向を示し、メンバーのやる気を引き出すのである。

リーダーシップを効果的に発揮するには、メンバーが相互に影響をおよぼしあうように勇気づけ、行動できるように支援しなければならない。これは、私たちの最初の研究で特記すべき点である。この相互影響は、個々人の継続的な成長の鍵でもある。研究から強い存在であるはずのリーダーが、実際はそれほど断固とした行動をとれていないことも判明した。驚くべきことだ。彼らは不適切な行動をとる相手を厳しく糾弾することはあるが、改善を求められず、対応に苦慮してもいる。しかも、専門性や観点の相違から生ずる対立を活用できず、合意形成を滅多に促していなかった。

私たちは、変化をあきらめていたメンバーが短期間で状況を劇的に変革した事例にいくつも出会った。責任共有のリーダーシップへの転換は複雑なプロセスを経る。そこでこの本では、事例を紹介しながら説明していくことにする。チームの潜在力を開花することに成功した実例を多く引用した。

この本は、前記のように新しい考え方を組み込んだため、「Managing for Excellence」の改訂版ではなく、全く新しい本として生まれ変わった。前著を気に入ってくれた読者も、この本から多くの示唆を得ていただけると思う。

私たちは、考え方、実践、振り返り、考え方の応用の間を反復しながら、責任共有のリーダーシップを掘り下げていった。本書の構成にもそれが反映されている。第一部で考え方の全体像、リーダーシップを変革した実例、障害について説明する。そして、第二部で三つの要素を詳説した後、第三部では活用の事例を解説する。内容が少しずつ反復しているが、それだけに理解しやすいと思う。なお、必要とされるスキルや能力はどのレベルであっても同じなので、この本ではリーダーとマネジャーを同じ意味で使うことにする。

新しいリーダーシップを学ぶ研修プログラムもある。考え方、活用方法、そして困難な問題への対応を学習する実践的な内容だ。これまでのやり方とすっぱり縁を切るのは難しいものだが、このプログラムによって、三～五日後には新しい考え方が定着し、現場で活用できるようになるだろう。

デビッド・L・ブラッドフォード

アラン・R・コーエン

【注】

1 John Huey, "The New Post-Heroic Leadership", Fortune, Feb 12, (1994) pp.42-50.

謝辞

私たちは、編集担当者の交代があったため、通常より多くの人から助言や励ましをもらうことができた。最初の編集者、ジョン・マホニー氏は本書のコンセプト構築を支援してくれた。また、ジム・チャイルズ、ジャネット・コールマン、レナ・メイヤーズ氏らからは、有益な助言をいただいた。リチャード・ルッケ氏は、私たちの言葉の洪水の中を泳ぎ回り、意味が明確になるように促してくれた。

たくさんの友人や仕事の仲間が私たちの原稿を読み、熱のこもった助言をしてくれた。ハリー・ブルーミンク、デニス・ギャラハー、イリック・ラーセン、ロバート・ルデック、ケント・ニザリー、リチャード・ストレイヤー氏らは、全章を読み通し、助言してくれたことに感謝したい。サンタクルズ市のカタリスト・コンサルティング・グループのメンバー、アラン・ブリスキン、アンドレア・コーネィ、ジョン・デシヤノー、デビッド・ディッグス氏、そしてエスター・ハミルトン、スーザン・ハリス、リン・ロザンスキ、フィリス・シュレジンガー、ペギー・ウマンツィノ、ミュージアム・マネジメント研究所の参加者の方々には、いくつかの章についてフィードバックをいただいた。ウィルソンラーニング社のリンダ・アントン、アビー・キャントロン、カレン・ハーマン、ヴェルマ・ラッシュブルック、マイケル・ラインバック、アレックス・ミューラー、ディブ・パトリック、トム・ロス氏からは、彼らの顧客との関わりの経験をもとに貴重なフィードバックをいただいた。

デビッド・ブラッドフォードは、スタンフォード大学ＭＢＡコースの学生、中でもスローン・アンド・リーディング・マネージング・チェンジ・プログラムに参加の経営幹部の方々から、鋭い質問と有益な例を提供していただいたことに、特に大きな感謝を申し上げたい。同様に、アラン・コーエンは、バブソン大学エグゼクティブ向けプログラムに参加されていた多数の経営幹部の方々にも感謝を申し上げる。彼らの豊富なマネジメント経験のおかげで、この新しい考え方と現場のつながりが描けた。

また、過去一五年間の様々な組織との関わりを通し、私たちはこの考え方をいかに応用するかを学んだ。たとえば、アラガン、オートデスク、バークリー美術館、ウェストンのケンブリッジ・スクール、コロニア保険会社、ディジタル・イクイップメント、GE、ラファージ、リーバイ・ストラウス・アンド・カンパニー、ミトレ、ポール・レヴィー、ポラロイド、レイチャム、シーメンス・ニクスドルフ、スタンフォード医療センターには、心より御礼申し上げたい。

特に、ゼロックス社の元副会長でバブソン大学総長を引退したビル・ガルビン氏には、その様々な角度から支援していただいたことに深い感謝を申し上げたい。そして、バブソン大学の教授陣や事務関係の職員たちは、コーエンのうっかりミスを寛大に受け止め、鋭いがユーモアのあるコメントで援助してくれた。特に教授陣はコーエンの依頼に応え、優秀で独立的な専門家に対するリーダーシップについて、思慮深いフィードバックを提供してくれた。

デビッド・ブラッドフォードはまた、リーバイ・ストラウス・アンド・カンパニーのCEO（※当時）、ロバート・ハース氏、およびレイチャム社の元CEOロバート・サルディク氏から素晴しい後援を得た。長く信頼関係にある顧客の視点から、智慧、助言を与え、オープンな学ぶ姿勢によって大いに鼓舞していただいた。

リンダ・ブルーム、マージ・ホルフォード、ディー・ストンバーグ、ビバリー・バルコーニ、テキサスのパブリケーション・デベロップメントの有能なナンシー・マーカス・ランドと彼女のチーム全員が原稿制作に関わり、先の見えない状況でも明るく私たちを支援してくれた。

そして、私たちの妻、エヴァとジョイスには感謝しきれない。想像を絶する忍耐とユーモアに加え、文章で悩んでいる時、鋭いひと言で何度も助けてくれた。

最後に、この本の責任は全て私たちに帰すると申し上げる。

デビッド・L・ブラッドフォード
アラン・R・コーエン

POWER UP 目次

第三部　責任共有の体制を構築する

第一部　リーダーシップ新旧それぞれの世界

第一部では、この本全体の核となる概念を解説する。大多数のリーダーがはまりこんでいる古いリーダーシップの考え方を振り返り、仕事の進め方を刷新する新しい責任共有のリーダーシップをご紹介する。変化の激しい現代にあって、組織力を引き出す方法だ。リーダーと部下が、新しいリーダーシップを学ぶ際に体験する葛藤と、それをどのように乗り越えるかも含めて解説する。第二部では、新しいリーダーシップの三要素を解説し、第三部では、この新しい概念について、具体的な事例をもとに活用方法を示すことにする。

第1章　限界に来ているこれまでのリーダーシップ

リーダーシップについて尋ねると、どのマネジャーからも似たような答えが返ってくる。リーダーは、チームをまとめ、互いに協力させ、ビジョンをつくりあげ、さらなる努力を引き出し、機会をつくり、チーム内にオープンな雰囲気を醸成する。その他数々の素晴らしいことをする人だと答えるだろう。リーダーが取るべき行動は、誰もが知っているのだ。しかし、現実に実践しているリーダーは少ない。

- なぜ、部下は上司への不満を口にするのか？
- なぜ、上司が重責にあえいでいるのにもかかわらず、部下は能力を活用されていないと感じるのか？
- なぜ、ミーティングでは、重要な問題が取り上げられないのか？
- なぜ、人々のエネルギーが無駄にされているのか？

以下に、よくありがちな実例を取り上げよう。

ある事例　ファーマコ社

ビル・ボイヤーは、ファーマコ社・農薬事業部の事業部長である。定例の運営会議のあと、彼は、社長兼COO（最高執行責任者）のボブ・ミッチェルをつかまえて言った。「これではチームと言えないですよ。自分たちでは重要な意思決定はほとんどできない有様です。たとえ、決断したとしても、CEO（最高経営責任者）のロバーツさんが途中で変更してしまいます。私たちが集まることに意味があるのでしょうか？　もちろん、ロバーツさんはCEOで、創業者です。でも、問題を解決するよりも、問題を自分で引き起こしているのではないでしょうか」。

ミッチェルは黙って聞いていた。ボイヤーは続けた。「社長が私たちをCEOから守ろうとしてくれているのは有り難いと思っています。それでも、CEOはひどすぎます。スタッフ・ミーティングに突然入ってきたかと思うと、飽きると出て行ってしまいます。でも一番参ってしまうのは、CEOはよく知らないことにも口を出し、我々の話し合いの腰を折ってしまうことです。もう、こんなチームは解散した方がいいですよ！」

ボイヤーは憤懣やるかたない様子だ。この会社のCEOにして創業者のジーン・ロバーツは、今のミーティングでも、ボイヤーのペット・プロジェクトを中止に追い込んだばかりだった。運営会議のメンバーは、ロバーツが怖くて誰もボイヤーの味方にならなかった。ミッチェルが議論の矛先を変えてロバーツの注意をそらし、思いつきで決定をくださないように間に入ったものの、今回はうまくいかなかったのだ。今ミッチェルが考えているのは、ミーティング外でボイヤーを代弁し、ロバーツの決定をくつがえさせられないか、ということだった。

ミッチェルは自分のオフィスに戻った。内心は彼も、この会社を経営するフラストレーションに胃のよじれる思いだった。

「CEOは素晴らしい人だ」。ミッチェルはつぶやいた。「今日、我が社があるのも、CEOのおかげだ。それに、CEOは創造性に富んでいる。でも、自分が蚊帳の外だと感じると、いきなり割り込んで直属の部下でもない人たちに指示を出し邪魔する。困ったものだ。しかも、我々の話に全く耳を貸さないときている」。

これまでも、チーム全員の前で誰かがロバーツの餌食となり、こきおろされる場面を何度も見てきた。ロバーツが口を挟むとチーム全員が沈黙してしまい、餌食となった本人だけでなく、皆が下を向いてしまうのだった。

ミッチェルにとって、ロバーツと仕事するのは生やさしいことではなかった。ロバーツ自身がミッチェルの部下たちはチームとしてまとまっていないと文句を言う一方、その舌の根が乾かぬうちに、君たちには任せられないと言って一刀両断に切り捨てる。「CEOこそが我々チームを機能させない原因だ」。これがミッチェルの結論だった。「ロバーツさんは、私にもっと積極的に主導権をとれといつも言うが、そのくせ私の判断が気に入らないと、すぐに口を挟んでくる」。

救いようのない状況だった。「私が社長になってもう一〇年以上になるがいつになったらCEOになれるのか、見当もつかない。ロバーツさんはそもそも、私にCEOを譲る気があるのか？ 私がこの会社のトップになる機会などあるのだろうか。他を探した方がいいのかもしれない。もう私も若くないし、CEOになりたければ他社に行くかしか選択肢はない。困ったな」。ミッチェルは放心したように窓の外を見やった。

しかし、ロバーツだけが問題なのではなかった。「部下だって、優秀なのに自分の担当領域しか考えず、全社的な視点で考えようとしない。同じ顧客に対して、どちらが主導権を握るかで争ってしまう。その顧客により良いサービスを提供することを忘れている。会社のために貢献することより、自分たちが支配権を握り、領分を広げることにしか関心がないようだ」。

「それに、事業部長たちはCFO（最高財務責任者）をCEOの手先だと思って、伝えるべきことすら教えない。後から自分たちが困るのは分かっているのに。運営会議はポーカーゲームのようだ」。

ミッチェル自身、運営会議は良いことだが、機能しないのが問題だと思っていた。チームは近々経営戦略上の重要な判断を下さなければならないのに、決断する能力に欠けていた。「たぶんボイヤーは正しい。私たちはチームではない。単なる一匹狼たちの集合だ。メンバーがほんの五分でも自分の担当のことを脇に置き、会社全体にとって何が必要かを考えてくれさえしたら、状況を前進させられると思うのだが。CEOを押さえられれば私自身もうまく仕切れると思う。なぜ、ロバーツさんは私が会社の成長を真剣に考えていることを理解してくれないのだろう」。

ファーマコは、明らかにリーダーシップに問題があるようだ。しかし、何が問題なのか？ CEOの気まぐれな横やりか？ 横暴なスタイルなのか？ それとも、会議の外でミッチェルがCEOに働きかけることか？ ミッチェルがボイヤーやチームをCEOから守りすぎていることか？ チームがCEOに好き放題させていることか？ チームが困難な問題に対処できないことか？ 社内の駆け引き？ それとも、これら全てなのか？

いずれにしても、組織内のリーダーシップの問題を理解するには、リーダーとメンバーの両方の行動に目を向ける必要がある。メンバーの行動を把握せずに、リーダーシップの状態は分からないのだ。ファーマコのマネジャー全員が組織の問題に関与している。家族全員が家族一人の問題行動に何らかの影響を及ぼしているように、リーダーの問題行動は、本人を含む関係者全員が関わる、つまりシステムの問題なのだ。

リーダーとメンバーの関係：システムの観点から

ダンスでパートナーと長く組んでいると、背中に置かれた手の感触や目の動きで相手の意図がよく分かる。パートナーが音楽に合わせて的確にステップを踏み、かつ相手と合わせれば、ダンスはうまくいく。よく知らない相手と組む場合でも、各々が、いつどちらがリードし、どう合わせるか、どんなサインで伝えられるのかを知っていれば、スムーズに踊れる。たとえば、相手が間違った方向に動きそうになっても、パートナーがそれを押しとどめ、正しい方向に誘えばよい。

パートナーは、ちょっとした姿勢の変化に気づく。メインのダンサーより相手役の方が上手な場合、相手役は外からは分からないように一瞬早く次のステップに誘いながら、メインのダンサーをリードしていく。観ている人たちには、息のあったダンスとして映るのだ。

ダンスの例は、組織内の各部分の関係性、すなわちある部分の変化が他の部分に作用するというシステムの特徴を、よく表している。各個人は、チーム、部門、家族など、人間の関係性の構成要素である。ただ、クルマのヒーティング・システムやブレーキ・システムなどの機械と違い、人間の関係性は感情や信念などで結びついている。人はものごとがどのように動くか、他者がどう反応するかについて、自分なりの見立てを持っているのである。

図１－１　無責任の循環

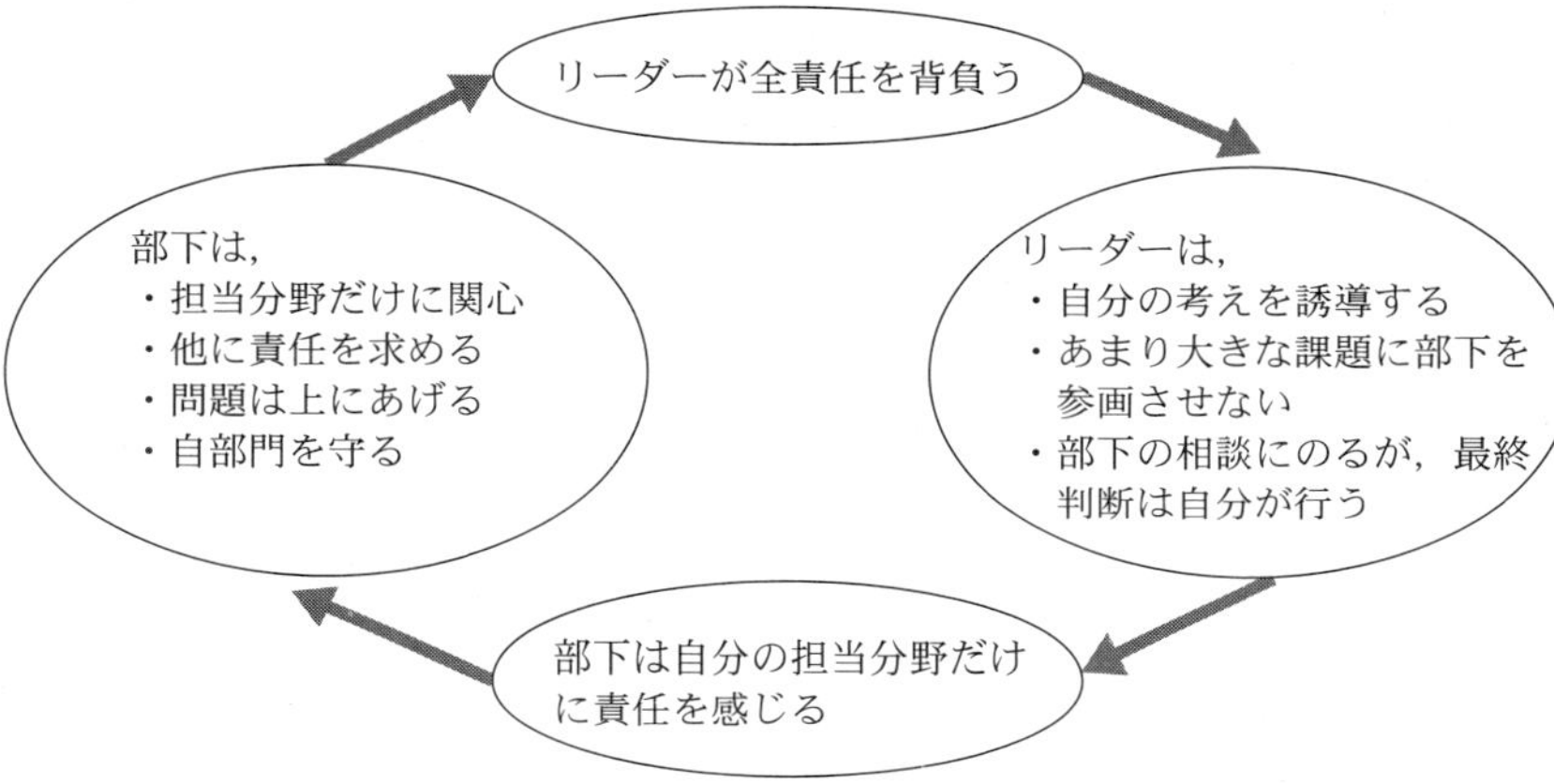

無責任の循環

リーダーとメンバーの関係は、相互作用的なシステムである。このシステムでは、メンバーの言動とリーダーの言動とが密接に結びついており、互いに相手の動きに反応しているのである。もし、リーダーとメンバーの両方が、リーダーこそが正解を知っており、意思決定とその結果に責任を持つものだと考えていたとしたらどうだろう。メンバーはリーダーの決定に従っていればよいことになり、上司からの指示を待つことが暗黙の了解となる。この暗黙の了解によって、メンバーはリーダーの指示をひたすら待つ。一方、そのようなメンバーの姿を見たリーダーは、メンバーが主体性を発揮できず、部分的にしか貢献できないと思い込む。

　リーダーシップ理論のほとんどが、リーダーとメンバーの責任の大きさは根本的に異なるという前提の上に成り立っている。組織の成果はリーダーの責任であり、リーダーは重要な意思決定を行い、メンバーの仕事に介入すべきだというのだ。メンバーの方は、自分の担当分野にのみ集中し、問題があると上司の指示を仰ぐ。このように両者が相互作用し、メンバー全員の能力が発揮されにくいシステムをつくりあげている（図1－1）。

リーダーの責任が決定的に大きいという前提に立つと、リーダーがコントロールし、メンバーが受け身となるシステムをリーダーとメンバーの双方が強化してしまう。リーダーは、部門の業績は自分ひとりの責任だと考え、部下を管理しすぎるわけだ。実際の管理は巧妙に行われる。リーダーは状況に応じて部下に意見を求めるが、重要な最終決定は自分で行うのである。すると、部下は自分には決定の責任が求められないことを感じ取って、自分の担当分野に関心を絞り、それ以外の分野では上司に責任を取ることを求める。この状態を見たリーダーは、「やはり思った通りだ。彼らは自分の担当分野のことしか考えず、責任を取ろうとしない」と思う。その結果、リーダーはコントロールを強め、それが部下をますます受動的にしてしまう。「上司は、私たちに責任を譲りたくないのだ。だったら、言われたことだけしよう（自分のためになることだけしよう）」とメンバーは考える。ファーマコの事例もこの例に漏れない。人々は悪循環に陥っているのだ。

この悪循環は、システムが崩壊するか、または関与するどちらか一方が問題に気づいてパターンを変えようとしなければ、永遠に続いていく。しかも、他に責任や原因を求める習慣があると、残念ながら、この落とし穴は認識されにくいのだ。しかし、卓越した業績を達成したいなら、どの組織にもこのような無駄を続ける余裕はない。全階層の従業員一人ひとりが、積極的に責任を引き受ける必要がある。リーダーまたはメンバーの片方だけではこのサイクルを変えられない。相手の動きと連動しているため、協力が不可欠である。

責任の押しつけ合い

ボブ・ミッチェルの上司に対する不満と似たような言葉は、よく聞かれるのではないか？

- 気まぐれ
- 優秀だが、すぐ口を挟む（報告しているのに満足せず、口を挟むこともある）
- ほとんど不可能なことを厳しく要求する
- メンバーが対立するように仕向けて、チームを分断し支配する
- 支援しない
- 操作的
- 説明も予告もなく突然に指示を変更する
- 重要なことを知らせず、メンバーを放置する
- 他者からの影響を受け入れようとしない。または横暴でまともに話ができない

ミッチェルの部下に対する不満も、よく聞かれるものだ。

- メンバー同士で口論し、互いをライバル視する

- 情報を共有せず、利害の絡む課題では協力しようとしない
- リーダーを味方につけようと奪い合う
- 全社的には利点があっても、自分または自部門が犠牲になるなら抵抗する

厄介な上司と自己本位な部下に挟まれ、ボブ・ミッチェルの立場は難しいものだ。ミッチェルは、良きヒーローのように、この事態を一人で耐えなければならないと思っている。しかし、ミッチェルに同情する前に、ミッチェルの上司、ファーマコ社CEOロバーツの立場からは、この状況がどう見えているかを考えてみたい。ロバーツ自身は、自分が気まぐれで部下の邪魔ばかりしていると思っているのか。コントロールし続けたいと思っているのか。

ここで、ロバーツの話を聞こう。

「私はボブを自分の後継者にするつもりでこの会社に連れてきた。しかし、彼は未だに後継者としての能力を示してくれない。自ら責任を負おうとせず、明確な結論を出せずにだらだらと会議を続けている。頭の悪いイエスマンに囲まれていい気になっているばかりだ」

「ボブの何が問題なのか、私も分からない。おそらく、厳しい判断を下して嫌われるのが怖いのだろう。しかし、それでは経営はできない。徹底的に吟味し尽くすことなど不可能なのだ。どんな保証もない。自分から飛び込み、その本質をつかみ、決断し、間違っていたらその責めを負うだけのことだ」

「ボブはなかなかアクションを取らない。費用が過剰になり、売上が目標に達しなくても、対応

が遅い。私が会社でにらみをきかせ、財務責任者のフィッシャーと協力して対応しなければ、会社は失速し、遅れを挽回できなくなってしまうだろう。買収のときも、利益向上と市場シェア拡大に向け、ボブが積極的に事業を推進する良い機会になると思ったが、今や現状維持に精一杯だ」

「おかげで、中心事業を守るために他の事業部を売るか、または自社だけで事業を育てるか、判断しなければならない状況だ。どんな判断であれ、ボブがこの事態の意味を本当に分かって決定できるのか、私にはよく分からない」

「私だったら、ビジネスを継続するよりも素早く外から買ったものだ」

「私のようにもっと外に出て顧客と会っていれば、何をすべきか分かるはずだ。コンサルタントやミーティングでの話が間違っていると分かるはずなのに」

「とにかく、この会社を好き勝手にされるのには我慢ならない。やらせてくれるのなら、私がやる。ボブに経営の度量があるのかどうか分からないのだから。彼は人が良すぎる。誰かが期待に応えられない時、引導を渡せない。ボブが私のようであれば、相手に取り込まれはしないはずだ。役員が誰か私の質問に無責任な馬鹿げた答えしか口にしないようだったら、たたきのめすだけだ」

「本当のことを言えば、会社に来るのは一週間のうち二〜三日にしたい。もっと、慈善活動や孫たちとの時間に使いたいと思っている。しかし、ボブがしっかりと経営できるか、誰か適切な人材を見つけるまでは、この会社を掌握していなければ」

ロバーツの言うことも、ミッチェル同様、筋が通っているようだ。皮肉にも、ミッチェルが部下たちに対して持っている不満と、ロバーツがミッチェルに感じている不満は同じである。ロバーツはミッチェルには経営判断を下すだけの準備が不十分だと思っている。ミッチェルも部下に対して同じように感じている。いずれにしても、二人とも問題の原因は自分にはないと考えている。そして、責任を担おうと真剣な部下から責任を取り上げるという、奇妙な事態が起きているのだ。

ミッチェルの部下たちも、同じこの責任の押しつけ合いゲームにはまり込んでいる。ビル・ボイヤーは運営会議メンバーの気持ちを代弁しこう述べている。

「社長は、CEOに振り回されすぎだ。CEOがいない時に厳しい決断を下しても意味がない。どうせCEOは自分の好きにしてしまう。社長はCEOに対して弱すぎる。もっと強く押し返してくれればいいのに。」

「それに、社長は自分たちをCEOから守りすぎる。だから、CEOが何を考えているか分からないし、自分たちでアクションを起こすための情報も足りない。前回のミーティングでCEOが私のプロジェクトを台無しにしたのも不思議ではない。CEOが納得する案をつくるだけの情報がないのだ。」

「私は、この運営会議の機能不全を問題として提起しようと思っている。単なる作業者の集まりでしかない。自分もそうだ。しかし、自部門の業績の責任を取るのは自分なのだから、自部門のことは譲れない。社長の役割は、目標に向かって全員をチームとしてまとめることだ。でも、社長はチームをリードしていない。必要であれば、抵抗する人たちに苦言を呈する必要がある。さもなければ、そういう連中に主導権を握られてしまう。」

さて、ここでも同じことが起きている。責任を担うと明言している人が、会社の問題の責任を他に求めているのだ。ボイヤーは、社長の弱すぎるリーダーシップが問題だとしている。ファーマコの主なマネジャーは、リーダーシップの落とし穴にはまり込んでおり、その考え方のゆえに、的確な問題の診断と解決に向けた判断ができないでいるのだ。

- リーダーこそが責任を負うべきだと全員が思っている
- 部下は困難な問題を上司に押しつける
- 部下は自分の担当分野だけに関心を向け、会社全体の目標を考えていない
- チームワークと協働体制が弱い
- リーダーが管理しすぎている

部下の役割の中に、部門またはチーム全体の調整に関する責任が含まれていないため、この落とし穴から抜けるのはいっそう困難である。たとえリーダーがコントロールしすぎず、部下たちに主体的な行動を期待していても、部下は自分の担当分野に問題がなければ動かない。その結果、調整不足から競合会社の動きへの対応が遅れ、リーダーは窮地に立たされてしまう。その結果、リーダーは、やはり自分でコントロールしなければと感じるのである。リーダーが全体に対する責任を一手に引き受けると、リーダーとメンバー、上司と部下のジレンマは強まっていく。

このシステムの一方から見れば、その立場からは筋が通って見えるので、システム全体が織りなすパターンをとらえにくい。リーダーも、自分の上司に対しては部下であり、他の仲間にとっては同僚なので、相手の立場が分かりそうなものだが、そううまくはいかない。リーダー＝ヒーロー的なもの

の見方が生み出す緊張感と矛盾によって、システムの中にいる人々は全体を見る視点を忘れるのだ。その結果、どの立場でも、共通点ではなく個別の欠点に目が向いてしまい、それが問題の原因だと考えてしまう。

視野が狭まると、結果も知れたものだ。保守的な組織では「あなたの立場が、あなたの行動を決める」と言われる。部下は自分が部下の立場だと思うと、主体性をあまり発揮せず、間違いをせず、上司が強く自分の意見を持っているときは、自分の考えを述べない。担当分野に注力し、それなりに懸命に働くだろう。しかし、はっきりと指示されたとき以外、新しいことにチャレンジしない。こういった状況で部下が考えているのは、「これは自分の担当分野の業績にどう役立つのか？　それでボーナスが上がるか？」であって、「これが会社全体の業績にどう影響するだろうか？」ではない。仕事のできない同僚は邪魔に感じられるだろうが、自分の仕事を侵害されない限り、我、関せず、だ。上司が指導すべきだと考え、何も言わない。上司が問題に不適切な対応をしそうなときですら、後で仕返しされないようにあいまいな言い方で濁す。これでは結局、部下は能力を使い切っていないことになるのだ。

部下の視野を拡げさせ、能力を発揮させるにはどうするか。もし、立場が人の視野や発想を規定するのであれば、全力を発揮させるためには、部下を全員、リーダーと同じ立場に立たせる必要がある。リーダーが何をどのように見ているかを分からせるのだ。リーダーと部下、二つの帽子をかぶらせるのである。現代の複雑で変化の早い世界では、部下の立場であっても、当事者意識やパートナーシップを感じていることが求められている。

リーダーの新しい役割：責任共有のリーダーシップ

私たちは、従来のヒーロー的なリーダーシップ（英雄志向のリーダーシップと呼ぶ）に対し、新しい選択肢を出したいと考えている。すべての人が能力を発揮するリーダーシップへ転換するシステム、英雄志向のリーダーシップを超えたリーダーシップ、責任共有のリーダーシップである。この新しいリーダーシップは、リーダーを含む全メンバーに部門全体の責任を共有させる。

責任共有のリーダーシップでは、リーダーはもちろんメンバーも新しい役割を担うことになる。リーダーは、一人で責任を背負いコントロールするという伝統的な考え方を捨て、部下が主体的に責任を引き受けるように働きかけなければならない。部下の方には、自分の担当分野だけに止まらず、これまではリーダーの役割とされてきたことにも、リーダーのパートナーとして取り組むことが求められる。たとえば、チームの問題に対応すること、主体的に行動を起こすこと、同僚にも部門全体のために協力を要請することなどだ。チームや部門、組織全体の成果に対して責任を持つのである。さらに、リーダーに対しても、責任感をもって仕事に臨むよう要請する。互いに、相手が部門や組織全体の成果に対して責任を共有するように働きかけるというわけである。

責任共有のリーダーシップは生半可なことでは実践できない。受け身的態度は通用しない。全員が部門、組織にとって良い機会を見つけ出し、問題の解決に取り組み、他のメンバーにも組織の業績に責任を持つことを求める。すなわち、全員がリーダーであり、部下を動かすのみならず、上司にも同僚にも率先して働きかける責任を持つ。これによって、一人ひとりが部門の成果に責任を持つという、当事者意識が強化されるのである。

責任共有のリーダーシップであっても、リーダーの役割が弱まるわけではない。また、役職を否定するわけでもない。リーダーには管理職としての仕事が山ほどあり、その点からも組織の責任を背負っている。そのうえで、リーダーと部下の両方が組織の運営で責任を共有するシステムをつくる、ということだ。これはかなり大きな挑戦である。なぜなら、これまで限定的な役割に慣れきった部下にとっては、パートナー関係になるということがすぐには信じられず、「**上司は本気で言っているのか？　実現できるのだろうか？**」と疑い確実な手応えを感じなければ新しい責任共有の期待に応えようとしないからだ。双方が新しい発想を受け入れ、やり方を変えなければならない。確信を持って臨めるようになるまでに時間はかかるだろう。しかし、いったん責任が共有されれば、組織全体の成果は上がるだけでなく、部下は各自の担当分野での責任を果たそうとする。これまで以上に同僚の支援が得られるうえ、その責任を果たすようにプレッシャーも受けるからである。これらはシステムとして連動しているのだ。

責任共有のシステムをつくる

責任の共有を実現するためには、大きく三つの要素が必要になる。

1　**責任の共有は可能だと信じること**　リーダーと部下が共に部門運営上で重要な戦略的判断を下

図1－2　「英雄志向のリーダーシップ」と「責任共有のリーダーシップ」の相違

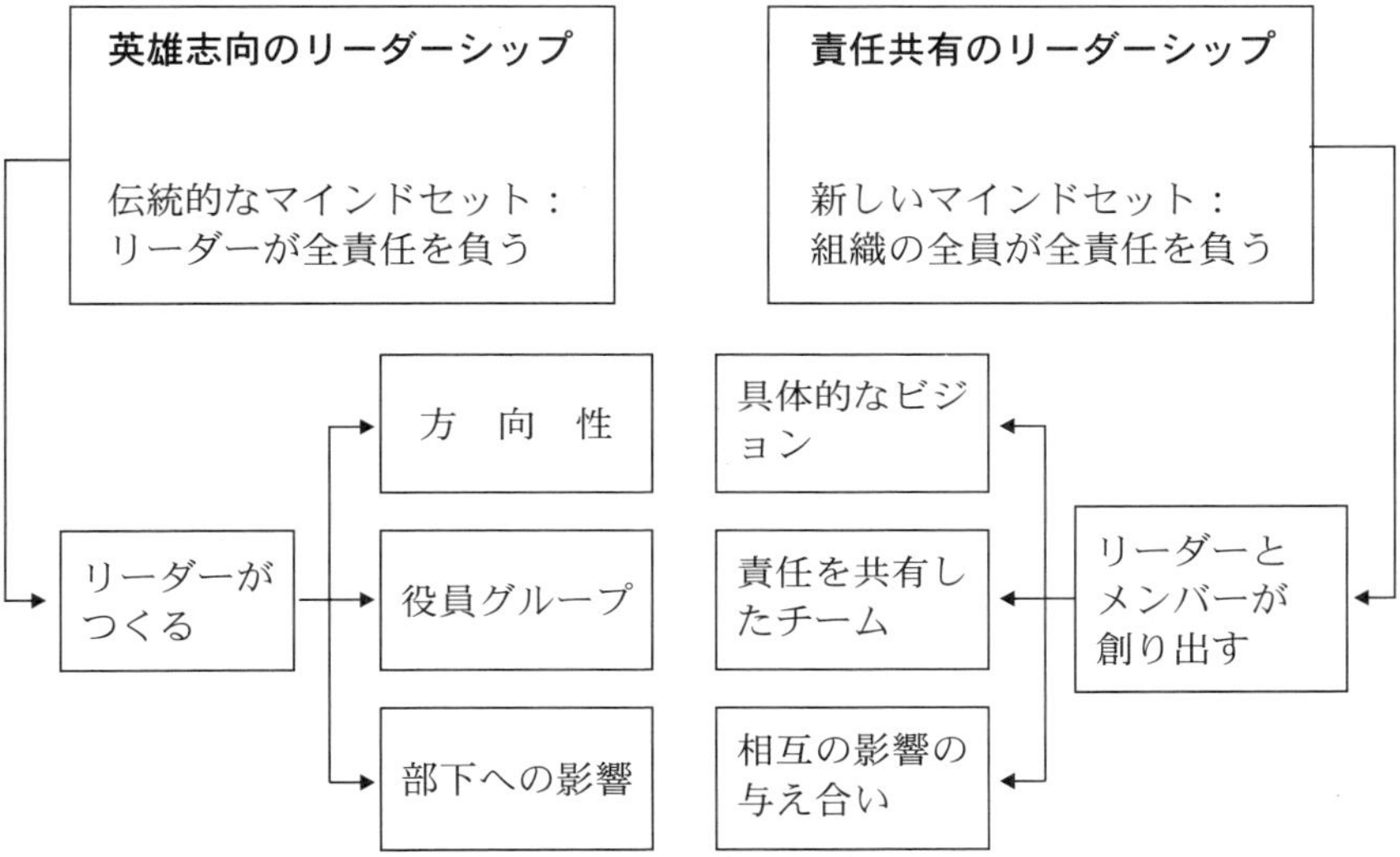

すためには、協力して団結力のある強いチームをつくりあげ、部門の課題を見つけ、検討し、共に解決していく必要がある。

2　**部門本来の存在意義と目指す方向について基本的に合意すること**　部門の存在価値を体現できる具体的なビジョンの達成に、全員が本気で取り組むことが求められる。ビジョンを共有できれば、意思決定に参画したメンバーは互いにその実現に向けて協力しあうようになるだろう。

3　**リーダーとメンバー間、メンバー間で、これまで以上に影響を及ぼしあうこと**　個々人の人間関係は、相互に影響を及ぼしあってこそ成り立つ。どちらか一方が他方に押しつける、あるいは相手を避けていては不可能だ。この相互影響によって、リーダーは部下に責任の共有を求めやすくなる。

図1－2は、「英雄志向のリーダーシップ」と「責任共有のリーダーシップ」の相違を図式的に示している。責任共有の新しい考え方を持てば、あなたは組織力を向上させることができる。

発想の転換へ

責任の共有、具体的なビジョン、相互の影響。これらを聞いた人は、「すべて私たちのところで実践しています」と言いたくなるかもしれない。しかし、先入観なく現場を観察し、部下に尋ねれば、組織が古い上司－部下関係の思い込みに縛られていることが分かるはずだ。管理職やリーダーの中には、自分は責任を部下と共有し、チームワークを促し、自分へのフィードバックを求め、部下からの影響を歓迎していると思っている人は少なくない。しかし、実際はほとんどの場合、実践されてはいない。

ビジョンを伝えていると言うかもしれないが、どうだろうか。

- ビジョンの意味する姿を部下は納得しているか？
- 部下はそのビジョン達成を、日々の業務の判断基準として活用しているか？
- そのビジョンは、部下個々の目標に優先されているか？

定期的に会議を開いているから、自部門をチームだと言うかもしれない。しかし、

- 部下は、その会議をどうとらえているか？　リーダーのためのものなのか、部下のためのものか？
- 会議では真に率直な議論をしているか？　参加者は熱心に取り組んでいるか？
- 各自の役割の違いを活かした議論ができているか？　縄張り争いのような議論になっていないか？
- 重要な意思決定では、納得して合意形成できているか？
- 全員が貢献しているか？
- 自分の目標を優先させて全体を犠牲にしたり、部門の規範を尊重しない人を放置していないか？

リーダーはメンバーに対して影響力を発揮しているかもしれない。しかし、

- リーダーが強く自分の意見を表明し、強い態度を示したとき、メンバーはどの程度に自由に異を唱えることができるか？
- リーダーが不在のときにも、メンバーは互いに責任を共有し、メンバー同士で影響を与えあっているか？

チームは進むべき方向性を共有し、会議に熱心に取り組み、相互に影響を及ぼしあっている、と言

うかもしれない。しかし、

- メンバーは本気で部門全体の責任を担っているか？　パートナーとして行動できているか？
- 彼らの潜在的な能力は十分に発揮されているか？

以上の問いに自信を持って〝イエス〟と言えるリーダーや組織は多くはあるまい。〝イエス〟と言えるリーダーや組織には、責任共有のリーダーシップが非常に大きな実りをもたらしているだろう。

- すべての立場のすべての人が、リーダーシップを発揮している
- 組織は、一人ひとりのエネルギーと知識、知恵を引き出している
- 他部門のメンバーも、チームの一員として困難な課題の解決に招き入れられ、責任の押しつけあいによる対立を起こさない
- 責任の重荷を幅広く分かちあっている。様々な分野が各々貢献している。組織は一人ひとりの能力をフルに活用し、素晴らしい成果をあげている

ファーマコの役員たちは、先の苦悩の状況から一年後に素晴らしい成果を達成した。運営会議は悪循環を打ち破り、チーム全員で困難な戦略的な問題に取り組んだ。「最悪の組織」は結束したチームとして生まれ変わり、つまらない駆け引きやCEOの横暴な横やりへの恐れ、互いへの遠慮を乗り越え、様々な決断を下すことができるようになった。彼らは、チームワークによって大きな組織改編を行い、事業の状況に即して一〇％の人員を削減した。同時に、運営会議自体のメンバーを協力して削

減した。マネジャーの再配置でも、各部門が人材を出し惜しみすることなく適材適所で配置した。マネジャーたちは協働し、互いに支援し合い、会社全体の利益を最優先するようになったのだ。

ファーマコの組織が生まれ変わるに従って、業績は劇的に向上した。彼らがどのようにして劇的な変化を遂げたのか、「責任共有のリーダーシップ」を導入する具体的な方法は、第三部に記そう。

さて、CEOロバーツの横暴なスタイルはどうなったか？　ミッチェルの社長そしてCOOとしての悩みはどうなのか？　これらの問題ももちろん解決された。チームに強く要請され、ミッチェルはチームと責任を共有し、断固たる行動を取ることを学んだ。ロバーツに毅然とした態度で臨み、自らの手でCEOになることができたのだ。ロバーツは、取締役会に説得され、またミッチェルの適切なリーダーシップを見て、CEOを退任した。

責任を共有するリーダーシップのシステムに切り替えられれば、どの企業でも、このような成果を生み出すことができる。また、この新しいリーダーシップは幹部レベルだけにとどまるものではない。どの階層でも、プロジェクトリーダーであっても可能なのである。

次の章では、「英雄志向のリーダーシップ」が作り出すシステムの問題を改めて検討しよう。

※　ファーマコ社の事例は実例である。会社や人物では仮名を用い、部分的には変更しているが、重要な情報では変更や削除はしていない。引用箇所は、当時のメモまたは記録から、できるだけそのままを使用している。

第2章　責任を背負いすぎるリーダー

部門の成果の責任は上司にあるという信念。責任はいつもたらい回しにされたあげく、上司のところに行き着く。幸運な管理職であれば、主体的な部下が仕事に打ち込み、部下同士で協力し合い、自分の担当を超えてでも上司の重荷を少しは分け持ってくれるだろう。しかし結局は、全体の責任を背負うのは上司一人であり、部下は自分の担当領域にしか責任を感じない。それが英雄志向のリーダーシップの結果である。様々な書物、研究、セミナーなどで部下の参画が推奨されても、古くからのこの考え方は深く上司と部下の双方の中に根を下ろしたままだ。

以前は、英雄志向のリーダーシップが有効に機能していた。環境変化が少なく、従業員の教育レベルはマネジャーたちより低く、従業員同士が協業する必要のない定型的な仕事に従事していた頃は良かった。そういった時代のリーダーは、業務を進めるうえで必要な采配と管理ができる専門家だったのである。部下は主体的に動く必要がほとんどなく、それどころか成果を挙げるためには指示された役割だけに力を注ぎ、他の領域を無視することが望まれていた。

あなたの職場にも、英雄志向のリーダーシップが見られることだろう。議論が迷走した最近の会議を思い出してみよう。多くの人が、リーダーが早く会議の軌道修正をしてくれないかとイライラして待っていなかっただろうか。または、誰かが「あの、話が脇にそれているような気がするのですが」と言い出すのを待っていなかっただろうか。

次にどうなるか。おそらく、リーダーは席に座り直して会議の主導権をとり、議論が本題からそれていることを指摘し、議題に戻ることを求めるだろう。リーダー以外の出席者が同様の行動を取るのはまれだ。議論を本題からそらしてしまった当人も含め、メンバー全員が、リーダーが口火を切ってその場を収めてくれるのを待っている。もし、リーダー以外の人が介入すると、他のメンバーはリーダーの方を見て、この突然の介入者に対してリーダーがどう反応するか、たとえば他人事のような顔をするか、主導権をその人から奪い取るか、リーダーの立場を奪われたままなのか、窺おうとする。

リーダーが一人で全責任を担う英雄志向のリーダーシップ・システムであっても、それで物事がうまく動いているのであれば言うことはない。その時、リーダーたちは完璧な知識を持ち、何をすべきかを常に心得ており、いつ指示を与えるか、いつ部下に任せるかを知っている。

英雄志向のリーダーは、組織の視点から考える、いわば組織の規範そのものなのだ。部下はこの規範に従っていれば正しいとされる。長年にわたって、リーダーと部下の両方が、責任はリーダーが一人背負うものだと思い込んでいるために、リーダーは万能であることが期待されるのである。同時にそれは、役職者の席に座る者のある種の栄誉であり、責務であるとも考えられている。

管理職になると、部下に対して横柄な態度や気まぐれな行動をとっても良いと思いがちだ。もちろん、人間中心のマネジメント理論、従業員の態度の変化、マネジャーの管理範囲の広がり、チームワークの威力によって、官僚的な経営管理をする人たちは大幅に減った。しかし、この英雄志向のリーダーシップによる考え方はいまだ生き残っているのである。

英雄志向の考え方は、エンパワメント、合意形成、チームといった考え方の実践を妨げる。この発想がある限り、部下の参画度を増し、部下に親切に接したとしても、上司一人が責任を負うことに変わりはない。

広く普及している参画型マネジメントにおいてですら、実は英雄志向の考え方が前提にある。部下に発言権はあり、意見を述べることはできるが、重要な課題の最終判断や責任は上司がとる。上司たちは、対等な立場で合意し決定したいと言う。しかし、上司が合意しなければ決められない。結局は上司の意向通りに決まるのだ。

従来のリーダーシップ規範

私たちの顧客や同僚のコメントを紹介しよう。彼らは、部門長、部課長、あるいは製品担当マネジャーなどの立場にいる。これらのコメントから、従来のリーダーシップ規範が働いていることが、よく分かるだろう。

異なる分野の責任

組織では、業務は分割され、グループや人に配分される。各業務には大小様々な責任がある。

「マネジャーとしての仕事には、部下への適切な仕事の配分が含まれます。そして、与えた仕事に各人が責任を負うことを求めます。明確な目標があれば、担当者は真の責任感を感じます。それによって、マネジャーの私は各部分を統合し、全体を把握できるのです。

自分の仕事では最善を尽くしますし、部下が自分と同じように全力を傾けることを期待しています。部下たちの仕事をまとめ上げるのは上司の仕事です。そのために上司は高い給料をもらっているのですから。

同僚が目標達成できなかったとしても、それで私の担当分野にマイナスの影響が及ばない限り、私には関係ありません。自分と同じレベルの同僚に仕事をさせる役割は担っていないのです。

他人の仕事に首を突っ込むことはしませんし、私の仕事についても口を挟まれたくありません。もちろん私なりの意見はあります。しかし、誰も聞こうとしませんから、言いません。私には自分の担当以外に権限はありませんし、他の誰も私の仕事に手を出して欲しくありません。必要最低限にしたいのです」

このコメントの最初には、まず上司と部下の立場について暗黙の了解が示されている。そもそも上司、部下という言葉自体、階層的に上下を表し、過去長きにわたって続いてきた組織のあり方を反映している。上司－部下という二分割は、組織内の能力や意欲レベルが様々な人々をまとめるために、考案されたものだ。上司という言葉は、より良い、より賢い、または価値があるという意味で使われる。一方、部下という言葉には、立場が低い、能力が低く、支配され、敬意をあまり払われないという意味が示唆されている。

部下には上位者とは全く別の働きが期待される。組織が役割と責任の階層で構成されており、部下はある一部分を担うので、職務記述書に定義されている範囲の責任のみが求められる。上司の職務は部下よりも広い範囲にわたる。より大きな目的のもとに、複数の部下の活動を調整し整合することが責任とされる。部下も同僚との間で調整できるが、全体的な調整や対立の解消はあくまでも上司の責任なのである。

意思決定

どのように意思決定をするかは、全ての組織において非常に重要な問題だ。ここでは、リーダーと部下の違いが焦点になる。

「重要な意思決定は上司が下します。上司は賢いので、私や他の経験豊かなメンバーの意見に耳を傾けます。それでも、私たちには上司が決定権を持っていることがよく分かっています。

私は良い仕事をしたいと思っていますので、上司が決断する時に知っておくべきだと思うことは上司に知らせています。ただ、上司が聞こうしない場合は、自分の身を危険にさらしてまで知らせることはしません。

私の意見を尋ねられたら、率直に答えます。ただ、無用な騒ぎを起こさないように、何が期待されているかをつかんでから述べます。相手にとって耳の痛いことは、私からは言いません。いずれ耳に入るのですから。

リーダーとしての私の仕事は、困難な決断を下すことです。そのためにこの給料をもらっているのです。ですから、部下たちには、私が良い判断を下すために必要なことは知らせて欲しいと思っています。もちろん、自分の担当についての発言には責任をもってもらいます。

私はどのように自分の仕事を進めるか、分かっています。言わない方が最善なことはあるものです。特に上司が敏感に反応することについては。問題の兆しがあるときは、前もって上司に危険だとサインを出そうと努力します。自分のできうる限りのことをした後は、詰まるところ、上司自身の問題ですから」

自分自身で全ての判断を下したがるリーダーが未だにいるのは確かだが、メンバーに助言を求めたり、相談する必要性も概ね理解されている。リーダー達は意見や助言を求め、尊重する。しかし、重要な問題ではリーダー自身が判断を下すべきだと思っている。彼らが話しあいたいと思わなければ、重要な問題であっても、討議されることはないのだ。

バイオテック社の場合

バイオテックのCEOは、自ら肩入れしている新規事業、バイオケムライン事業に反対する役員に、「この投資の継続に疑問を差し挟む余地はない」と言い続けた。CEOは、役員会には意思決定する能力がないと思っていたからだ。しかし、数年後、二億ドルを無駄にしたあげく、この事業の市場性の低さ、現金の流出に気づき、CEOは、投資を他の事業に切り替えることに、ようやく同意した。

メンバーには、重要な情報を共有し、仲間と協力することが期待されているが、自分の担当領域に関連する場合に限られる。部下は率先して意思決定に関与できるものの、最終判断を下すのは上司だ。同様に、メンバーは、上司からの助言やアイデアの要請に応じ、同僚に影響力を発揮して必要なものを入手する。しかし、それ以外では、他者の責任領域に関与しようとはしないものだ。おかしいと強く思った時でも、「○○について聞きましたか?」と間接的な言い方をするのがせいぜいで、しかも相手が興味を示さなければ、そこで闇に葬られる。また、個人的に親しい場合は別として、同僚を助ける必要を感じてはいない。

チームという考え方

チームとして協力し合うことが期待されているにもかかわらず、メンバー一人ひとりの役割は限定的である。そのため、現実では協働が困難になっているのだ。

「私たちは自分たちをチームだと言っていますが、実は各分野の代表が単に集まっただけです。もちろん協力はします。しかし、結局はそれぞれの分野の立場を主張しているに過ぎません。チームの会議は苦痛です。討議せよと言われるのですが、上司が期待する回答に行き着かなければ物事は決まらないのです。

本質的な問題は話し合われません。問題があまりにも微妙だからです。上司は私たちからアイデアを引き出すだけです。

このチームは上司のものです。上司が私たちの顧客です。私たちは、上司が欲しい時にアドバイスするために存在します。ですから、話し合いが焦点からはずれたり、無駄なことを話し合ったり、誰かがしゃべりすぎた時に、方向修正できるのは上司だけです。

私の上司はメンバーと友好的に関わろうと努力しています。そして、意思決定を下すのは私たち全員だというふりをします。しかし、上司が気に触ることに話が及ぶと、その仮面を脱ぎ捨て、自分で決めてしまいます。

メンバーにとって、それぞれ自分の担当を犠牲にさせないことが最も重要なのです。会議では、自分を守るために主張し、自分や自部門が悪く思われないように注意深く身構えています。意見が割れた時は、意見の対立する相手や上司と裏で交渉するものです。他のメンバーの前で本音を言いたくはありませんから。

私は自分が運営する会議では、なるべくコントロールしないようにしています。うまく話が進まない場合は調整を試みますが、簡単ではありません。話そうとしない人もいますし、自分のことばかり言う人もいます。議長の私に抵抗する人もいます。物事を進めるには、事前の計画や根回しをしなければならず、余計な時間がかかってしまいます」

ここでは、チームは上司のものだと考えられている。合意による意思決定という幻想のもとで、メンバーは評論家的な役割しか果たしておらず、決定は上司が求める内容になっている。

責任者の立場では、反対意見を調整し、合意がとれなくても決定しなければならないと考えられている。メンバーの義務は情報やアイデアの提供であり、リーダーの決定を邪魔してはならないのである。メンバーは最終的な責任は上司にあると思っているので、意見の対立が起きたときは、会議の場においても、根回しにおいても、それを解消して成果を出すのは上司だと思っている。また、上司がどの程度メンバーに主体性を発揮させたいと思っているか、上司に反対しても良いと思っているかを暗黙のうちにつかむのがメンバーの仕事であり、その上限を超えないように注意しなければならないのである。

部下の業績評価

問題行動の指導や業績の評価は微妙なものだ。それゆえ、多くのマネジャーはやりたがらない。しかし、これも上司の仕事である。やらねばならないのだ。

「部下の仕事ぶりに問題があるときは、その部下と個別に面談し、メンツをつぶさないように気を遣います。そもそも他人がいるところでは、防衛的になってしまって、話もできません」

「同僚に、仕事の仕方で文句をつけるようなことは絶対にしません。それは上司の仕事です。本当にひどい仕事ぶりであったなら、上司にそれとなく仄めかすことはあります。それをどうするかは上司にかかっています」

「上司の評価だけが評価です。財布のひもを握る人だけが決定できるのです」

「業績評価には不満です。最近の出来事しか覚えていないにもかかわらず、それで全てだと考えるような上司の勝手な評価に振り回されるわけですから。私の仕事のいったい何を上司が知っているというのですか」

「業績評価面談は本当に嫌だ。部下は防衛的になって私の話を聞こうとしない。そのうちに時間の半分が過ぎてしまう。残った半分では、本人の改善点をどうすることもできやしない。何の問題も起こさずにできるだけ早く面談を終えること、それしかない」

「本当にひどい同僚がいた場合は、上司の前で冗談めかしてそれとなく非難するでしょう。それでも危険は伴います。結局は、私が同僚の問題行動とつきあっていかなければならないのです」

「三六〇度多面評価は危険だ。誰が回答者なのか分からないし、上司は守秘義務にこだわって言おうとしない。誰かが私を蹴落とそうと考えていたら、裏ルートの中傷の餌食になるしかないのだ」

業績評価は上司の権限であり、上司は部下の仕事ぶりや成果を把握し、部門への貢献を判断しなければならない。そのために、マネジャーは時に部下を選んで意見を聴くかもしれないが、内容は完全に秘密にされる。三六〇度多面評価によって、同僚や上司についてもデータが集められるようになったものの、頻繁には行われず、さらに機密扱いである。この多面評価以外では、上司の仕事ぶりに対して部下はコメントすらできない。

問題行動を取る人がいた場合、それが他のメンバーの目前で起きているときでも、上司は後でその人と個別に対応する。上司が何もしなかったときは、メンバーは苦しみ、上司に不満を抱く。メンバーはまた、仕事に支障をきたす問題があっても、直接本人に指摘しない。したとしても、あいまいな言い方がされる。

典型的な英雄志向のリーダーシップ

英雄志向のリーダーシップには典型的な二つの形がある。技術者的マネジャーと、指揮者的マネジャーである。技術者的マネジャーは専門能力の優秀さでマネジャーになり、マネジャーとしての優位性を専門性によって得ようとするリーダーである。技術開発、財務、営業、マーケティング、生産技術、情報システム、経理、法務など、専門能力における優位性の上に成り立つ。彼らは全ての判断を把握し支配したがる。

リーダーが専門能力に秀でていれば、技術者的マネジャーは非常にうまく機能する。しかし、専門技術の変化が早いため、役職が上がっていくにつれ、必要な専門能力の優位性を維持しにくいのが現実だ。

一方、指揮者的マネジャーは、それほど明確に支配する形をとらない。このタイプのリーダーは、チームのやる気を引き出し志気を高めるために、意思決定の前に部下に相談するなど、メンバーを参画させる。ところが、自分の案を事前に用意しており、その案通りに部下を戦略的、操作的に誘導していく。楽譜にそって、誰をいつ何にどう関わらせるかを決めている指揮者のようにふるまうのだ。

近年のエンパワメントや自己管理的チーム、品質管理、リエンジニアリング、変革型リーダーシップ、ビジョンなど新しいマネジメント・スタイルは、非支配的な形を取る点で共通している。しかし、英雄志向のリーダーシップによる考え方を根本から変えなければ、現実にはこれらの新しいマネジメント手法は表面的な変化に終わることが多い。マネジャーは相変わらず一人で考え、指揮棒を振り続けるのである。

英雄は限られた状況においてのみ機能する

英雄志向のリーダーシップも、従業員の技能水準が低く、定型業務中心で、協業を必要としない安定した産業ではうまく働いている。それ以外にも、経験豊かで優秀なマネジャーは、英雄志向のスタイルで物事を仕切ることができる。そして、そのような成功体験にとらわれ過ぎているリーダーは少なくない。

なぜ、英雄志向のリーダーシップでは不足なのか

優れた英雄志向のリーダーシップには以下の特徴がある。

- 直近の問題について複数の解決策を探す
- 行動を起こす前によく考え、アクションとその反応を予測する
- 主要なマネジャーの退職、事業買収、新製品開発、全社変革プログラムなどの問題解決に活用できるように、様々な出来事を手段として温存している
- 個々人の強みと弱みをつかむ。人を信頼せず、弱みも利用する
- 困難な決断を下す一方、メンバーの反発を避けるためにできる限り根回しをする
- 部下と組織両方の利益とニーズを考慮している

- 優秀な人材を採用し、その人が能力を発揮すると、かなりの自由裁量の幅を与える
- 自分のすべきことを行い、準備なく会議に参加することはない

優秀な上級管理職の中には、英雄志向のリーダーシップを芸術の域に到達させている人もいる。それは、その人自身の類い希なる能力のゆえであり、組織の力ではない。システムにかかわらず、そういう人たちは成果を挙げられるのである。しかし、一見うまくいっているようでも、他のメンバーの能力やエネルギーが活用されていないという事実がある。

英雄志向のリーダーシップの問題の本質は、有能な部下たちの能力を引き出しきらず、活かせない点にある。リーダーも部下も、相手から好ましからざる言動を引き出し、第1章で描写した他責体質の悪循環をつくりだしてしまうことになるのだ。そして、リーダーと部下は本質的に異なると考えている限り、この悪循環を止めることすら思いつかなくなる。（図2－1）は、英雄志向のリーダーシップがつくりだす、自己強化的な悪循環を示している。

この悪循環によって発生する五つの大きな障害が、組織の卓越した成果を妨げる。

1　**リーダーは他メンバーとほとんど情報を共有しない**　リーダーは自分の意図をひたかくし、チームが正解に行き着けるように、必要最低限の情報や計画だけを知らせる。また、ごく一部の信頼を寄せるメンバーだけで戦略を立案し、討議し、テストし、重要な業務を実行する。他の部下たちの能力は活用されず、開発もされない。

2　**チームで問題解決に取り組むことを勧めない**　重要なことは事前に決断し、その後でチームを

図２－１　英雄志向の悪循環

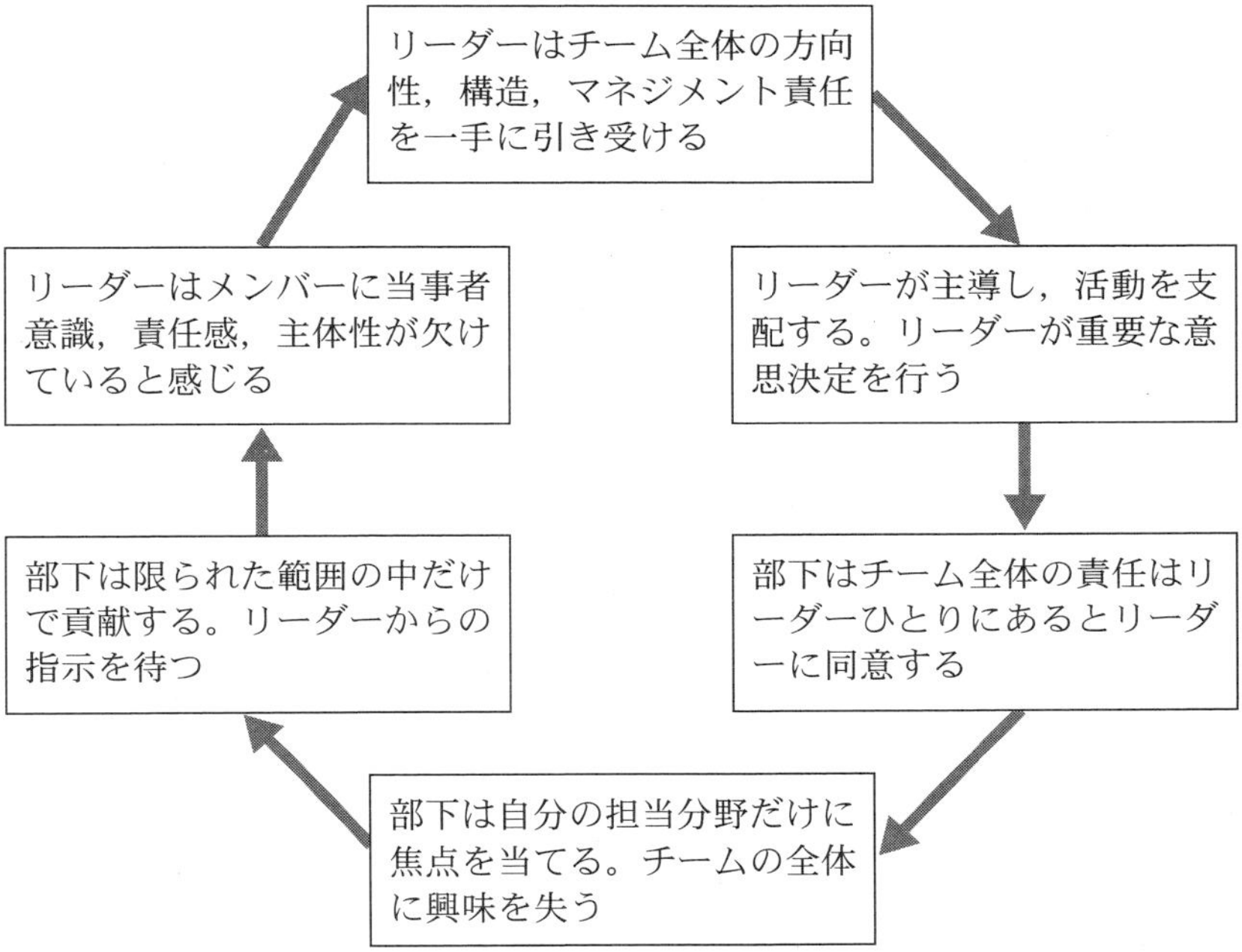
リーダーはチーム全体の方向性，構造，マネジメント責任を一手に引き受ける
リーダーが主導し，活動を支配する。リーダーが重要な意思決定を行う
部下はチーム全体の責任はリーダーひとりにあるとリーダーに同意する
部下は自分の担当分野だけに焦点を当てる。チームの全体に興味を失う
部下は限られた範囲の中だけで貢献する。リーダーからの指示を待つ
リーダーはメンバーに当事者意識，責任感，主体性が欠けていると感じる

その判断へ誘導する。そのため、チームの貢献の場は限られてしまい、各自の知識や発想を活用しにくくなる。オープンにアイデアを検討したり参画させる代わりに、事前の根回しによって、関係者の抵抗を避ける。

3　**部門全体の視点で考えるのはリーダーだけである**　部下は〝自分の立場をわきまえて〟担当分野のみに焦点を当て、大きな問題は上司にお伺いを立てる。

4　**組織の〝問題感知〟機能はリーダーだけが持つ**　現代のビジネスでは、タイムリーに顧客や市場、技術、プロセスに関する情報を必要とする。英雄志向のリーダーシップのシステムでは、問題を感知するのは上司だけである。幹部とはいえ、〝肌〟で組織や自社に関係する市場や技術の動向全てをつかんでいる人は、ほんの一握りしかいない。すべてを詳細にわたって知っており、ビジネスの成否を一人で判断できる人などほとんど存在し得ない。なぜなら、現代ではあまりに複雑に様々な要素が関わり、専門的な知見や経験が必要なうえに変化が非常に速いからだ。

現在の市場の動き、技術動向、ビジネスに関連する他の要因について、最も情報を持っていないのが経営幹部ということが多いのである。数多くのトップ企業で顧問を務める経営戦略の専門家ゲイリー・ハメルも、それを指摘する。多くの経営幹部が最新の情報を最も知らず、新しいアイデアに後ろ向きだという。「経験の幅が狭く、従来のやり方や業界の教条的な定説にこだわるのは誰か？　それはトップの人たちだ。では、戦略策定を担うのは誰か。これもトップなのだ」（注1）。世界有数の成功者、インテルのトップだったアンドリュー・グローブは、新技術に自分の直感を信じない理由をこう述べる。『インターネットが、コンピュータの小型化の動きを逆行させるとは思わない。しかし、私の遺伝子は二〇－三〇年前のものだ。新しい動きを察知する力はもうない』（注2）。グローブは、組織の中にいる予言者を大切にしている。彼らが、技術、市場、産業の潮目の変化をいち早く知らせてくれるからだという。

5　リーダーが〝責任〟を一人で引き受けて状況を過度に管理し、部下たちが主体的に動くのを押しとどめる　部下は、消極的に抵抗するか、安易に妥協する。リーダーたちは、部下が主体的に行動するように動機付けると同時に、組織の目標達成のために部下の行動を管理せねばならず、その緊張感に苦しんでいる。管理しすぎると部下のやる気をそいでしまうが、自主性を尊重しすぎると、無駄なことまでしてしまう。英雄志向のリーダーシップの発想のため、この緊張感の中、リーダーは管理の方に傾いてしまうのだ。大きな問題が発生したときは特に管理に集中する。

しかし、それだけではない。過度に管理せず、部下の自発的な行動を促すマネジャーがいても、部下の方が英雄志向のリーダーシップの発想で自分の担当しか関心を持たず、全体を考えないかもしれない。その結果、上司は自分が全体を管理するしかないと思うことになる。このように、英雄志向のリーダーシップはリーダーに過剰に負荷をかけ、抜きんでた専門性を持たないマネジャーは全体の単なる管理係にとどまってしまう。

これら五つの障害によって、上司はリーダーシップを発揮できず、かつ部下も能力を発揮できないという事態を招く。英雄志向の上司とはいえ、自分の部下たち全員の貢献を失いたくない。そこで、どのようにメンバーを動機付けるか、ひたすら模索することとなる。このため、上司は自分の案がチームによって決められた形をとるように、部下たちを誘導するのである。一方、部下の方は、上司の本音や意図を読み取ることに注意を傾ける。各自のエネルギーは浪費され、意見交換は非生産的なものとなる。チームは操作されている不快感に満ち、共に問題を解決するよりもゲームのような駆け引きになる。

それにもかかわらず、英雄志向のリーダーシップのシステムは続いている。それは自己強化的だからである。リーダーが英雄志向のリーダーシップの考え方で全ての責任を背負い、この考え方を強化するように振る舞えば、部下は主体性をもって仕事に取り組もうとはしなくなる。部下は自分の担当分野のみに目を向け、同僚との調整や状況の管理をリーダーに任せてしまうため、結局、上司に責任があることを確認する結果となる。このような循環システムの中では、いったい誰が、上司に改善すべき点を伝えるのだろうか。

ずば抜けたスターに頼らないこと

英雄志向のリーダーシップは、賢いリーダーと前向きな部下の両方を罠にはめる。それでも全体的な視点でものごとを考え、リスクを取って困難な判断を下し、自分の担当を超えて組織全体のための機会を見いだそうとし、上司が愚かなミスをしないように支援的に異議を唱え、同僚を大きな目標に向かわせるメンバーは存在する。ずば抜けた才能によって、リーダーシップの罠を壊せるのだ。

しかしながら、組織はそういったずば抜けた才能の持ち主に頼るところではない。スターは滅多にいないからだ。そこで、一部の特別の才能に頼らなくても、組織として最大限能力を発揮できるようにする必要がある。マネジメントの仕組みは、メンバーの能力を最大に引き出し、彼らの努力を組み合わせるためにある。チームが能力を十全に発揮すれば、滅多に現れないスーパースターよりも大きな価値を創造できるのである。

ヒロイズム（英雄志向）の誘惑

英雄志向のリーダーシップは、組織が卓越した成果をあげる際の障害になるにもかかわらず、心情的には心地がよい。ゆえに手放しにくいのが問題だ。チームがもがいているときにそれを救えるというのは、大きな満足感をもたらすのである。フットボールでいうと、コーチよりもクォーターバックに花がある。誰かのミスをカバーし、助けを求める人に神のお告げを与え、自分が状況を支配している感覚は、十分に自信の源となるだろう。家に帰って「疲れたよ、でもいい日だった。私は必要とされ、それに応えたのだから」と言いたいではないか。

ヒロイズムは誘惑だ。私たち著者も魅力を感じる。ヒロイズムの限界を諭してきた私たちでさえ、正直に言えば、〝私の方がものごとを知っている〟感覚は気持ちがよい。人に教え、コンサルテーションを行い、講演し、他者をマネジメントするとき、自分の専門性を活用していることによる満足感がある。だから、権限と専門性の高さを認められることに満足を見いだすなとは言わない。しかし、卓越した成果を挙げるためには、リーダーが他者の能力を制限してはならないことを肝に銘じたい。

責任共有のリーダーシップもまた、良い気分を与えてくれる。しかし、あなたの喜びは、自己満足的でなく、他者の成功を我がこととする喜びである。自分で指示して得点するのでなく、勝利を得られるよう強いチームに作り上げた喜びとでも言おうか。部下の成果の中に自らの役割を果たせたことを実感する、成熟した喜びである。

次章では、英雄志向のリーダーシップの落とし穴から抜け出し、メンバー全員が能力を発揮できる、リーダーと部下のより効果的な関係構築について検討しよう。

【注】

1　Gary Hamel, "Strategy as Revolution", Harvard Business Review July-August,1996, P.74, 佐々木かをり訳『インテル戦略転換』１９９７ 七賢出版。

2　Andrew Grove, *Only the Paranoid Survive* (New York: Currency/Doubleday, 1996) P.184.

第3章　新しいリーダーシップ

英雄志向のリーダーシップは、現代の組織では以前のように機能しておらず、組織と個人の潜在能力を引き出せていない。このリーダーシップのために、多くの組織が沈んでいるのである。

スコット・クックが創業したインテュイトは、コンピュータのソフトウエア業界では最も成功した一社に挙げられている。Quicken™ Turbo-TaxやMacInTax™などの製品によって、個人向け財務ソフト分野でリーダーの地位を築いてきた。しかし、創業者クックとトム・プロールクスは素晴らしい製品のアイデアを持っていたわけではない。Quickenのバージョン1.0が一九八三年に発売された時、市場にはすでに四三の同様の製品が存在していた。ところが現在、Quickenがトップ。市場シェアは七五％である。その理由の一つは、クックが英雄志向のリーダーではなかったことにあると言っていい。

「まさに起業家の集まりのような会社でした」とクックは胸を張った。リーダーだけでなく全員が起業家でなければならないという。成功するためには〝組織の中の数百、数千の人々が起業家精神を発揮する〟環境を、組織内につくらなければならない。インテュイトには、問題の最も近くにいる人が意思決定できるのだという(注1)。

「この環境で、私たちは信頼され、創造的になれる自由度があります。何を変えるべきかをオープンに話し合い、改善できるのです。仕事によってエネルギーがわき、能力が引き出されるだけでなく、能力自体が開発される感覚があります」(注2)。

インテュイトの従業員を見ると、確かに起業家精神が感じられる。その結果、社員自身にも株主にも見返りがもたらされている。

インテュイトは、リーダーとメンバーの関係に対する考え方の変化を表わすよい例だろう。かつて、従業員は機械の添え物のように見られていた。百年前、ヘンリー・フォードは、指示を出すたびにつべこべ言う工場労働者の無能力ぶりを嘆いて「私が欲しいのは両腕だけで十分なのに、なぜ人を丸ごと雇わなければならないんだ?」といった。今日では正反対だ。「どうしたら、その人に頭を使わせ、能力を全開にさせられるのだろうか」。現在の経済環境のもとでは、組織の従業員全員が起業家的に考え、責任を担うことが求められている。継続的に成長し、組織が生まれ変わっていくには、全ての階層の全従業員が新しい機会を見いだし、能力を発揮し、チームで動かなければかなわない。単に指示に従っていれば良かったこれまでの時代とは全く異なるのだ。世界は今や複雑すぎて、素晴らしい助言を受けたとしても、リーダー一人で全てに適切な判断を下し、必要な調整と管理をするのは困難である。

ほとんどの人はそのことを認識している。しかし、英雄志向のリーダーシップが深く根を下ろしているため、部下の方は問題を自分で解決せず、忙しくなる一方の上司のところにもっていくのだ。リーダーは、部下が狭量で目先のことばかり考えていると不満を言うが、リーダー自身が、部下に自分の担当分野の目標だけに関心を持たせており、全体の責任を上位者に預ける習慣を強化している。

組織が卓越した成果を挙げるためには、リーダーとチームメンバーがお互いにパートナーとして振る舞う、新しいリーダーシップとフォロワーシップが求められる。この新しい方法は、従来のものと根本的に異なる。事業計画の立案、調整、権限委譲、人員配置、管理、そして評価を行う側と、単に決められた計画を実行し指示に従う側との関係ではない。この新しいリーダーシップのシステムを私たちは「責任共有のリーダーシップ」と呼んでいる。英雄志向のリーダーシップを超えて、責任を共有するという全く新しい考え方を根幹に持ち、責任共有からエネルギーを生みだすのである。

リーダーシップの新しい考え方

一九九六年に、ボブ・ワイスマンはダン・アンド・ブラッドストリートを三つの会社に分割した。しかし、ワイスマンは分社以上にもっと大きな変化をねらっていた。彼はこの組織が卓越した成果をあげるために、組織再編以上のことが必要だと考えていた。従業員は各自の役割と責任について、これまでとは全く異なる考え方をとらなければならなくなった。ワイスマンは三分割した会社の一つを経営することになっていた。その会社、コグニザントの一五名のマネジャーと会って話し合った時のことを、こう述べている。

「インセンティブについて議論した時のことです。私は株主の長期的目標と整合する〝勝利する〟ためのインセンティブ・プランをつくりあげることを強調しました。その場にいた全員の現金による報償を減らし、六年間のストックオプションに切り替えることにしました」。

「卓越した成果達成をめざして加速するため、会社の成長率と一人ひとりの金銭的な報償を連動させることを、彼らに数字を見せて話しました。つまり、個々の業績目標を低くしてしまえば、より良い報償は得られないことを示したのです。今後五年間ここにいる全員が予算目標を一〇〇％達成しても、ボーナスは全員分合計で二三万ドルにしかなりません。しかしこの期間、ここのメンバー全員が全社売上の成長率をこれまでにない高さで維持できれば、彼らが手にする潜在的な市場価値は一六三万ドルになります。彼らはその意味を理解しました。

「そして、こう言い始めたのです。『自部門以外にも、最大のリターンを得られる投資をお願いしたいですね』『それがかなうのであれば、私も決定に関われるようにしていただきたい。私も参画したいのです』さらにこうも言いました。『これはたいへんです。私は他部門についてもっと学ばなければならないのですから。自部門の予算を下方修正するよりもたいへんだ』」。

「私はこのミーティングで起こっていることと、これから私たちが創り出そうとしていることに大きな興奮を覚えました。しかし、考え方を転換できたというには早すぎると思いました。この考え方に近いプログラムで成功したある優秀なマネジャーの忠告を思い出したからです。彼は、新しい考え方を繰り返し強調し、啓蒙することが必要だ、と助言してくれました。報奨が得られることが分かっていても、部下は困難な問題を上司に委ねようとする傾向があります。しかし、私たちにはこの考え方が必要であり、意思決定、コミットメントを共有する必要がありました。さもなければ潜在能力を発揮させられないのです」（注3）。

ワイスマンのいう新しい考え方がまさに「責任の共有」であり、責任共有のリーダーシップの核心である。個人、チームいずれにおいても全ての活動で二段構えの視点を持つのだ。小さな一部門における判断であっても、より大きな（全社的な）視点で下されなければならない。もはや部下が指示通りであればよいとは考えない。チームのメンバーとリーダーがいかに協力し、困難な問題に対して最も良い決断を下すかが問われるのだ。メンバー全員の能力を最大限発揮させる点と、リーダーが直面する葛藤、すなわちメンバーの主体性の発揮と必要な調整との統合が可能な土壌をつくる点が課題になる。これこそが、複雑に関わり合う世界の中で卓越した成果を挙げる唯一の方法なのだ。新旧二つのリーダーシップを対比すると、次のようになる。

- **英雄志向のリーダーシップ**　「正解を見つけ、適切な意思決定を行い、管理することが私の責任である。部下の君たちは各自の担当分野を遂行するのが仕事だ」
- **責任共有のリーダーシップ**　「全員がリーダーである。私の仕事は、共通のビジョンのもとに相互に影響を及ぼしあえる強いチームを作ることだ。そこでは責任を共有する。この責任の共有において、私と対等なパートナーとなることが部下の君たちの仕事だ」

責任共有の考え方によって、野心的で優秀なチームメンバーとリーダーとの関係が転換する。より大きな組織の目標達成に向けて、メンバーの意欲と能力を協働させるからだ。リーダーは、管理と支配にではなく、部下に重要な課題に取り組ませながら能力開発とやる気を引き出すことにエネルギーを注げる。現場を最もよく知っている部下に仕事を調整させ、責任を共有するのである。部下は領域を踏み越える心配をせずに、最も困難な問題に取り組めるようになる。ほぼ全ての問題を自由に討議できるからだ。

新しい役割を全てのメンバーに

英雄志向のリーダーシップから、責任共有の考え方に切り替えることは容易ではない。新しい考え方によって、リーダーとメンバーの両方に新しい役割がもたらされるため、最初は居心地が良くないかもしれない。

責任共有のリーダーシップでは、リーダーとメンバーの違いが従来よりも明確でなくなる。部下はリーダーと同様の責任意識を、会社全体の視点で持たねばならない。メンバー各々がそれぞれの立場から、それぞれの能力と経験を活かして問題の解決に貢献し、全員が当事者として結果に対する責任を担うのである。

チームメンバーに対して

責任の共有を実現するには、部下は自分の担当分野に加えて部門や組織全体の視点から、リーダーのように考え行動する必要がある。各自がリーダーの帽子と自分の担当分野という二つの帽子をかぶることになる。

責任共有のリーダーシップのもとでも、部下としての役割は引き続き求められる。

- 自分の担当分野の業務と責任を果たす

- 必要な情報を正確に他者と共有する
- 自分が責任をもつ担当分野において、自発的にアイデアを出し、対応し、提案する
- 同僚を支援する

これらに加えて、新しく〝**部門全体の成功に対する責務と、他のメンバーも全体のために貢献できるよう助け合う責務**〟が、新たに発生する。この新しい責務においては、部下の行動は根本的に変わる。チーム全体で部門の成功を求め、その責任を共有するとき、もはや部下は「それは私の仕事ではない。上司の仕事だ」とは言えないのである。

責任共有の考え方は、ほとんどの部下にとって全く新しいものだ。大半の部下は自分の担当分野を保護または擁護することに慣れきっており、この新しい発想が最初は不自然に感じられるだろう。しかし、部下が変わらなければ、上司も従来の英雄志向の言動に戻ってしまう。「あなたが上司です。高い給料をもらっているのに困難な決断を下せないと言うのですか？」と部下に言われれば、反論しにくい。しかも、おおかたの部下は、新しいリーダーシップに対する上司の真剣さと能力を疑い、些細な行為や発言から上司の本音は違うと思いやすい。新しい試みの中に、従来の体制の臭いをかぎつけるからだ。

リーダーにとって

責任共有のリーダーには新しい役割がある。チーム内に責任を共有し合うシステムをつくるという役割である。目の前の問題解決を急ぐことに慣れてしまっているマネジャーにとって、これは容易ではない。リーバイ・ストラウス・アンド・カンパニーのCEO、ロバート・ハースは、ハーバード・ビジネス・レビューのインタビューで次のように述べている。

「これまでは、マネジャーは状況を全て把握し、部下の活動に深く関与することが求められていました。それゆえ私自身、自分がチームの連絡文書全てに目を通し、部下の全ての判断を承認できる最も賢い存在をやめるのには抵抗を感じました。しかし現実は、条件を整え、励まし、ある範囲内で自由に仕事させればメンバーはずっとよい仕事をし、上司としての自分の力が発揮されるのです」。

「…自分の役職やメンバーの不動の忠誠心と従順さに頼らずに結果を出すのはたいへんです。自分が何を得たいのかを考え抜かなければならず、その達成基準も明確にする必要があります。そして、部下に目標を与えるというより、交渉して目標を設定しなければならないのです。メンバーと信頼関係を築き、各々の強みと弱みを理解し、一人ひとりが何を求めるかをはっきりと理解しなければなりません」。

「さらに、異なる判断や提案を受け入れる必要もあります。部下の方が専門知識を持っているかもしれません。プライドを進んで捨てなければならないのです」(注4)。

この新しい考え方を実践するために、マネジャーには次の三つが求められる。

1　**成熟した、団結力のある責任共有のチームを築くこと**　責任共有のチームは、部下とリーダーが部門や組織の運営を共有する開かれた場だ。責任共有のリーダーは、個人では対応しきれない戦略的で経営的な課題に対し、チームで取り組むよう促す。些末な問題しか話し合われなければ、メンバーはすぐに合意形成の意欲を失い、自分の持ち場に帰っていく。大きな問題こそが、各自の担当分野と同じく重要な意味を彼らにもたらし、部門全体の目標達成への情熱とやる気を引き出すのである(注5)。

2　**具体的な目標を描いて見せ、メンバーにその達成を決意させること**　責任共有のリーダーにとって次の核は、チームの究極の目的として具体的なビジョンをつくりあげ、全員にそれを自分のものとして受け入れさせることである。ここ一〇年あまりの私たちの研究から、社長から係長まで、どのレベルのマネジャーであっても、自分のチームのビジョンを描けることが分かっている。

具体的なビジョンという表現は、意図的に矛盾した言葉を組み合わせてある。ビジョンは将来のまだはっきりとはしていない状態のことで、具体性は触れそうなくらいはっきりと生き生きと明確なことを指す。具体的なビジョンによって、各々の部署や個々人の目標を超える、より大きな目的が描ける。反対意見を建設的な方向に導くことも可能だ。チームや組織の目的および方向性に合意していれば、方法について意見の相違が見られたとしても、最終ゴールは明確だ。その結果、個々人は自発的な行動がとりやすくなる。

ビジョンを言葉にするのは難しくないが、内面化するのは簡単ではない。全員がビジョンを自分のものにするために、メンバーとリーダーが協働しなければならない。ビジョンは、メンバーの困難な選択の拠りどころとされ、また行動の指針になったとき、初めて本来の威力が発揮される。

3　相互影響の関係を構築すること　責任を効果的に共有するためには、リーダーを含めたチームメンバー全員が、互いに影響を及ぼしあわなければならない。リーダーには、部下に対して影響力を発揮する技術が必須なのだ（責任共有や必要な能力を身につけさせるために必要である）。加えて、メンバーにも影響力の技術が必要だ。卓越した仕事を成し遂げられるように、関係を調整し、互いに影響を及ぼしあわなければならないからだ。リーダーは部下の影響に対して、オープンであることが求められる。さもなければ、リーダーが部下の力を最も必要とするときでも、しっかりと上司と向き合い、押し動かし、阻止し、刺激し、手を差しのべ、支援する必要があっても、部下は下を向いてしまうだろう。影響を及ぼす技術が不十分な部下は、リーダーに何も言えなくなってしまう。

メンバーはまた、全員の知恵を集めて問題解決し、互いに責任を持ちあい、より大きな視点でものをとらえ、協力しあって仕事を進め、責任感のあるリーダーのように振る舞うために、相互に影響を及ぼしあうことが求められる。影響されることと影響することのバランスを学ぶ必要があるのだ。

こうしてチームの中でメンバー同士が強化しあう。責任を共有するチームは、主要な問題に取り組み、メンバーが互いに影響を及ぼしあう場となる。具体的なビジョンによってメンバー個々の目標が共通の目的につながり、一人ひとりの関心をチーム全体の関心と整合させる。ビジョンは、戦略的な意思決定や調整、全体をまとめる基準となる。相互影響の能力は、メンバー、リーダー、チームづくり、そして合意による意思決定や全体の調整と管理のために、いっそう求められることになるのである。

前述の三つが組み合わされることによって相乗効果が生まれ、責任共有の発想が次第に浸透していく。リーダーは、メンバーがリーダーシップを発揮するように促す。彼らが主体性を発揮すると、自らはマネジャー同士、またはさらに組織全体の視点でリーダーシップを発揮する余裕を得られる。これらはいずれも容易ではない。しかし、努力をする価値はあるのだ。オーソバイオテックのCEO、デニス・ロングストリートの言葉だ。「初めは、リーダーのあなたが望まないことを、部下がしようとすることもある。しかし、やがてはめざしていることが同じだと気づくだろう。誰もが良い結果をだしたいのだ」(注6)。

マネジメント機能の相違

責任共有は、マネジメントの本質にかかわる概念である。これまでの良きマネジャーは、仕事の采配に精力を注ぐ。部下の能力の範囲内でやる気にさせ、能力開発にもなる仕事は何か？　誰を信頼して任せられるか？　必要なときに頼りになるのは誰か？　微妙な状況で政治的な手腕を発揮できるのは誰か？　これらの問いに答えるには、しっかりとした評価技術が必要だ。ところが、英雄志向のリーダーシップのもとでは情報は非常に限られ、しかもリーダー自身の偏りや仮説はほとんど気に留められない。リーダーが限られた情報と手がかりで仕事の配分に苦労する一方、メンバーはなぜこの仕事が自分の担当なのか想像するしかない、というのは皮肉だ。

責任共有のリーダーシップでは、このようなことですらオープンに話し合える風土がつくられる。そのため、メンバーは互いの改善点を認識し、仕事がどのように各自の成長につながるかを理解する。また、チームが各メンバーに期待する結果に合意し、互いの仕事ぶりを把握し、支援しあえるのである。

管理

英雄志向のリーダーは、メンバー個々の仕事を部門の目標達成にまとめあげるために懸命に努力する。褒め、理由を説明し、脅し、操作し、主導権争いをやめさせようと圧力をかけ、協力させ、遅れがちな人に刺激を与えることに忙しい。たとえ信用できるメンバーに恵まれても、細かい管理が不要であることを喜びはするものの、決して全面的に信頼することはない。

責任共有のリーダーシップのもと、メンバーは調整と統制の責任をリーダーと共有しているので、リーダーは寝ずの番から解放される。チームと共に目標を決めるため、互いの期待は明確で共有されており、メンバーは責任を持ち合うことができるのだ。リーダーが一人で管理しようと躍起になる代わりに、全員が互いに協力する中で管理するのである。

業績評価

業績評価は、部下に対する率直で建設的なフィードバックが難しいがゆえに、マネジャーにとって厄介なものだ(注7)。上司は部下一人ひとりの仕事ぶりの評定に基づき、評価する。自分が信頼する他の部下、他のマネジャー、三六〇度多面評価の結果などから情報を入手することもあるものの、上司一人が評価の責任を背負っている。評価は個人的なものなので、他者に知らせることはできないとされているからだ。

それに対して責任共有のリーダーは、集団的なフィードバックの効果を活用する。メンバーは互いに各自の強み、改善点を開示しあうため、非公開ではない。その結果、メンバーもチームも成長する。そして、誰にどのような能力の向上を要請すべきかが分かり、互いに切磋琢磨するのである。

人員配置

自分の部下を決めるのもリーダーの特権だとされている。進歩的なリーダーは、候補者と話し合い、当人の希望を配慮するかもしれないが、最終的にはリーダーが決める。

責任共有のもとでは、人員も合意によって決められる。これは、責任共有のリーダーであれば、気に入らない候補者をも受け入れるという意味ではない。メンバーも同様だ。合意で選ぶとは、誰の案であっても、リーダーを含めた全員が支持して選ぶということである。責任共有のリーダーは、新しいメンバーが部下にとっては仲間であり、チームの成果に影響を及ぼすことをよく認識している。英雄志向のリーダーであれば、問題があっても自分の選択を通そうとするかもしれない。一方、責任共有のリーダーも、いつでもチームの決断を覆せるが、滅多にしない。そうすれば、責任が共有されないのが分かっているからである。

全く新しいリーダーシップ

責任共有のリーダーシップと英雄志向のリーダーシップには、大きな違いがある、と私たちは考えている。しかし、半信半疑の読者はこう思うかもしれない。「これは、単に新しい瓶に古いワインを入れているだけなのではないか?」。そう思うのには一理ある。責任の共有はエンパワメントや参画型マネジメントによく似ているからだ。部下の意見は聞くものの重要な案件では自分で判断を下すリーダーと、チームと共に判断することにこだわるリーダーはどう違うのか。リーダーは〝チーム〟という言葉を何度も繰り返し、「私たちは同じ船に乗っているんだ。チームなんだ」と言うだろう。しかし、実際の行動をみればその違いがはっきりする。最も重要なことはどのように物事が決められ、どのように責任が共有されているかである。英雄志向のリーダーが言うのは、「もちろん、私たちは部下がリスクを取ることを支持する。間違いを犯さないのであれば、どんなリスクだってとればいい」にすぎない。名著「Leading Changes」の著者ジェームス・オトゥールは、「九五％のアメリカのマネジャーは正しいことを言っている。しかし、実践しているのは五％だ」と述べている（注8）。

責任共有のリーダーは、一部の意思決定だけでなく、チームや組織の運営においてもメンバーと協働している。チームの運営における責任を共有するとは、権限の委譲、調整、とりまとめ、評価、人選についても、部門に関係すること全てに全員が責任を負うことである。

したがって、責任共有のリーダーシップは単なる焼き直しなのではない。より良い成果の基本原理だ。この新しいリーダーシップによってリーダーを含む全メンバー間で情報共有が進み、問題解決に創造性が発揮される。最前線のメンバー、顧客、納入業者からの情報によって、いち早く問題が発見され、十分な情報をもとによりよい判断ができるのだ。組織運営に全員が真剣に関われば、複雑な問題でより多くの才能が活かされる。上下左右に影響力を発揮することによって、各メンバーは自分の強みを活かせるのだ。不適切な行為は仲間が止めてくれると思えばこそ、全員が主体的に動けるのである。また、同僚や上司に対する影響力を高めると、公式の権限や承認を待たずに済み、機会を逃がさなくなる。

英雄志向のリーダーの関心事

従来の考え方では、メンバーが命令に従っていればそれなりに機能する、合理的で自己強化的な仕組みがつくられる。しかし、条件が変わって、創造性と決意がより求められると、この仕組みは維持が困難となる。問題が発生したときは、上司に依存する以外、方法がなくなってしまうからだ。英雄志向のリーダーは次のような問いに始終悩まされる。

- この議論でどんな回答を導こうか？　どれが正解だろうか？
- この件で自分は十分な情報を集められただろうか？
- 政治的な駆け引きが潜んでいないか？　あるのならどう対処すればいいのか？
- 誰を事前に巻き込むとよいだろう？　誰を懐柔する必要があるだろうか？
- 誰がグループの議論を脱線させているのか？
- どうすれば、私の案を自分たちの案だと思わせることができるだろうか？
- 反対意見を出すのは誰か？　抵抗を最小限にくい止めるにはどうすればよいか？
- 私の案を担当させるには誰が良いか？

責任共有のリーダーの関心事

責任共有のリーダーは、問題解決の主体を、リーダー一人からチーム全体に切り替える。チームにどのようにして建設的な行動をとらせるかが重要になるのだ。

- 社内政治も含めたこの件の複雑さを、全員が確実に理解するために何ができるだろうか？
- チームが情報とアイデアを最大限出し合えるようにするには、どうしたらよいだろうか？
- この問題についてチームの当事者意識を強めるには何ができるか？
- この件の判断で、不可欠な事項は何か？　それをチームは気づいているか？
- この問題に取り組む準備がチームにできているか？　まだだとすると、どのようにして準備させられるだろうか？
- 問題に対処するために必要な専門性がチーム内にあるだろうか？　それとも、チームの外に求めなければならないだろうか？
- この件について、自由でオープンな討議をするために、何をすべきだろうか？
- 最善な決断をするために、私には他にすべきことはないだろうか？
- メンバーの考えを押しとどめずに、私自身の考えを示すには、どうすればよいか？

新しい発想を持つと、リーダーは質の良い判断を求めるとともに、責任をいかに共有するかを考えるようになる。

チームは、初めはリーダーの意図や動機を信じないかもしれない。逆に、歓迎するかもしれない。いずれにしても、責任共有の考え方によって、継続的に問題解決に取り組み、チームの力を発揮させることが可能になる。

不安に向き合う

読者の中には、ここまで説明してきた責任共有によるリーダーシップこそが、これからの組織のあり方だと思う人がいる一方、不安を感じた読者もいるのではないだろうか。責任の共有、合意による意思決定、上司とのパートナーシップという言葉は、強い不安を感じさせるかもしれない。私たちが共に仕事をしたマネジャーの多くは、この責任共有のリーダーシップの利点に惹きつけられながらも、自分の置かれた状況に応用できないのではないかと感じていた。彼らが躊躇する理由は以下の三つの分野に分類できる。

1　**部下がより大きな視点を持てないのではないかという恐れ**　経営幹部が最初に抱く懸念は、部下が自分自身の利害を超えてより大きな善のために働く能力と気持ちを持っているか、である。

2　**メンバーが成熟した協働するチームとして機能するのかという懸念**　二番目の気がかりは、部下が主導権争いに明け暮れることなく、チームとして協働する能力と気持ちがあるか、である。

3　**メンバーが互いに率直で正直、かつ建設的に協力し合う能力を持っているのかという疑念**　これは、他者と協力するための人間関係技能についての懸念である。

これらの懸念はもっともである。リーダーたちは、自分も部下も両方が未経験であるために、従来のやり方を捨て去ることに用心深くなるのである。

責任共有のリーダーシップの第一歩は、これらの不安に対処し、リーダーの責任を明確にすることである。これらの懸念と背景に取り組みながら、リーダーとメンバーは組織を責任共有へと導いていく。

すぐに全てが変化するわけではない。数ヶ月程度の努力の積み重ねは必要だ。本部長が次のスタッフ・ミーティングで以下のように切り出したら、あなたの会社に何が起きるだろうか。

「今朝はまず、これまでとは全く異なる方法でやってみようと思う。責任共有というプログラムを取り入れ、重要な問題に対応する。早速、解決しなければならない三つの問題から始めよう。

問題一　東欧の事業についてだ。これは緊急に対応する必要がある。誰かルーマニア支社の支援に飛んで行かなければならない。誰が行くか、協議しよう。

問題二　エドの利益率についてだ。エド、利益率を改善するという約束を果たせていないようだね。チームがどれだけ不満を持っているか聞いて欲しい。また、君が達成可能でかつチームが合意できる目標を、新しく協議して決める必要がある。

問題三は、私が直面している問題だ。新製品開発に関し、同僚たちと対立している。君たちチームの助けが必要だ。どうすれば私の立場とこの部門への攻撃を止められるか、力を貸して欲しい。」

このような発言を突然、本部長から聞いて、責任を共有し、より大きな視点で考えるチームはあるだろうか？　難しいだろう。ほとんどの場合、混乱するだけだ。

チームの準備態勢

英雄志向から責任の共有へと方向転換しようとすると、リーダーはすぐさま壁にぶつかる。チームに準備ができていれば可能だが、経験がないのであれば、それは無理というものだ。このジレンマから抜け出す道は、チームに徐々に考えさせることである。たとえば「私たちは現時点でどれだけやれるか——普通は自分たちが思っている以上にできるはずだが——これから責任共有する範囲を広げるために何ができるだろうか？」と考えてみる。これは〝今は能力開発し、後で効果をあげる〟とは異なり、同時進行だ。チームとメンバーの能力を開発しながら、同時に問題を解決できる。

リーダーは、メンバーが自ら能力を開発し、運営の責任を共有し、また人間関係やチームの問題を、オープンで創造的、現実的な姿勢で、協働し、解決するのである。このためには、リーダーは積極的にチームを鼓舞して、高い基準を設定する必要がある。「私は単なる促進役」的な受け身の姿勢ではいけない。新しいリーダーは、メンバーが部門の目標に挑戦するよう積極的に働きかけるのだ。メンバーは十分な情報を持ち、適切な問題解決の手法を活用し、明確で力強い議論を行い、個人攻撃をせずに各自の違いを踏まえて協働し、自分たちで決めたことを実行しなければならない。従来のリーダーであれば、メンバーの懸念に対処することに終始するが、責任共有のリーダーはメンバーの懸念をメンバーの能力開発やチームの力を伸ばす機会として活用する。彼らは、メンバーの懸念をオープンに受け止め、それらをチームでどのように対応できるか、チームに問うのだ。「私はチームのみんなともっと責任を共有したいと思っている。しかし、そういった経験を培ってきたわけではないので、今は難しいと思う。責任を共有するチームになるために、何が私たちにできるだろうか？」

厳しいマネジメント方法

責任共有のリーダーシップは要求水準が高い。しかし、チームが部門のために責任を共有することを求めているのであって、正解を要求しているわけではない。もちろんリーダーも意思決定できる。英雄志向のリーダーは、自らの案をチームの案として導き出すように要請するが、責任共有のリーダーはチームが未解決な重要な問題にしっかりと取り組むことを要請する。たとえば、「この件の対応策が決まらなければ、このミーティングは終えられない」といったようにである。

困難な問題に直面し、自分の責務を果たさなかったり、部門の問題に責任感をもって臨まないメンバーやチームと対決し、リーダー自身の発言や行動へのフィードバックに真摯に耳を傾けるという点では、このマネジメント方法はリーダーにとっても厳しいものだ。新しいリーダーは、従来のリーダーとは異なり、役職名や役割の陰に隠れることはできないのである。

リーダーとしての責任は変わらない

リーダーの責任放棄はどのようなリーダーシップにおいても不適切である。責任共有のリーダーシップにおいても同様だ。責任共有のリーダーは責任を放棄しない。部門の運営において、パートナーとして責任を全面的に担い続ける。これまでと同様に、技術的、問題解決的、人間関係的な能力を用いるが、それらをメンバーに合意を形成させながら活用するのである。

リーダーは、チームに責任を共有させるが、チームがどのような方法をとったとしても、部門の業績や部門の決断への公式な責任から逃れられるわけではない。「私はそうしたくなかったのですが、チームが決めたことですから仕方ないのです」などは断じて許容できるものではない。自分だけで決断すべきときや、重要な問題でチームの意思決定を覆さなければならないことがあるかもしれない。責任共有のリーダーシップは、リーダーが責任を避ける言い訳ではないのだ。

責任を共有するマネジメントのシステムは、極めて厳しく、かつ驚くほど簡単である。技能と勇気が求められるから厳しいのであり、簡単というのはひとたび新しいリーダーシップの考え方が浸透すれば、あらゆる運営が効率的になるからだ。進め方が分かれば、組織は動き出すのである。

リーダーとメンバーはパートナー

責任共有の世界では、リーダーとメンバーが組織全体の成果に対して同じ感覚で責任を分かち合うという、新しい姿勢が求められる。ここまで説明してきたように、メンバーはもっと主体的に行動を起こし、全力で貢献し、リーダーのパートナーとして振る舞うことが期待される。メンバーは、部門の成功のために行動する責任をリーダーと共に背負う。新しい考え方のもとに、同僚とリーダーに対して責任感をもって立ち向かうのだ。

このように、責任共有によってメンバーの視点が変わると、リーダーシップスタイルの転換に対する通念も逆転する。従来、新しいやり方で取り組むことを決め、チームのメンバー全員を促すのは、リーダーの責任であった。しかし、メンバーがリーダーと責任を共有できていれば、承認を待つ必要はない。メンバーは、必要とあれば自分から行動を起こす義務がある。時には、リーダーに英雄志向の行動を慎むよう要請しなければならないかもしれない。

メンバー自身が、部門全体の問題を見いだし、その解決に取り組むことに新たな主体性を発揮しなければならないのである。もし、リーダーが変革を阻むのであれば、メンバーたちがその対応策を見つけださなければならない。そのためには、会議の質を上げ、具体的なビジョンが真に全員の判断基準となるように議論し、必要な情報を自由に共有し、貢献しない同僚と対決し、さらには、リーダーの不適切な行動によって引き起こされている問題を、リーダーに直接に指摘することが求められる。

後の章、特に第八章と別添〝支持的対決の実践ガイド〟では、この難しいリーダーシップの責任を、リーダー以外の立場からでも果たす方法について具体的に解説した。立場にかかわらず上下左右と協業する能力は、責任共有のリーダーシップでは必須なのだ。

さて、私たちが描写した責任共有のリーダーシップは理想的すぎるだろうか？　全てを背負うマネジャーと力を出し切らない部下が、催眠や脳外科手術なしで変われるというのは現実的だろうか？　それは現実的である。もちろん、個々人に困難な自己変革を求めるが、それは可能であり、取り組む価値は大いにあるのだ。

【注】

1　Scott Cookが、米ＰＢＳのＴＶ番組「The Entrepreneurial Revolution」において語ったもの。（１９９７）

2　インテュイト・コーポレーション（Intuit Corporation）の「我が社の価値観」より。但し、現在では、「Intuit Operating Value」になっている。http://about.intuit.com/about_intuit/operating_values/を参照されたい。

3　ボブ・ワイスマン氏との個人的なやり取りで聞いた内容である。

4　Robert Haas,"Values Male the Company:An Interview with Robert Haas",Harvard Business Review,September-October,1990 pp.133-144.

5　Jon R. Katzenbach and Douglas K. Smith, *The Wisdom of Teams* (Boston: Harvard Business School Press, 1993).

6　John Huey,"The New Post-Heroic Leadership",Fortune誌 Feb 12,(1994) pp.50.

7　「ブラッドフォード&コーエン・リーダーシップスタイル調査©」質問三五項目、業界を問わず計一〇〇社以上において使用されている。「上司は、あなたの仕事ぶりに対し、タイムリーで率直なフィードバックをするか」の質問では、常に最低の評価が示される。

8　John Huey,"The New Post-Heroic Leadership",Fortune, Feb 12, (1994) pp.42-50.

第4章　英雄志向の誘惑に打ち克つ

責任共有のリーダーシップによってチームが築き上げられれば、メンバーのほとんどが解決不可能だと思った問題に対処できるようになっていく。責任を共有するマネジメントは、組織全体、チーム、個々のメンバーに利点をもたらすのである。では、なぜ、すべてのリーダーがこの優れたマネジメント方法を取り入れていないのか？　また、なぜ、部下たちは従来の自分たちのやり方に固執するのか？

理由は、前章で触れたように、リーダーと部下たちの大半が責任共有の状況で仕事することにプラスとマイナスの両方を感じるからである。素晴らしい結果に魅力を感じつつも、本当に変革を成し遂げられるのか、自信が持てないのだ。

- 私は制御する力を失う（そして業績が低迷する）のではないか？
- 今以上に自己開示的になると、無防備な状態にさらされないか？
- お互いに率直になると、対立が激化するのではないか？
- 権威に対して正面から反対を表明し、対抗しなければならないのではないか？

管理と不安

リーダーにとって、責任共有の組織運営とは、メンバーのやる気と解決策の質を高めるために、抱え込んだ責任を解放することを意味する。しかし、管理の責任をメンバーと共有することは、リーダーの責任を減らすことでも、放棄することでもない。事実、部門全体のビジョンを共有しているため、またチーム内の仲間同士の影響力によって、業務はより強力に管理されるようになる。リーダー一人に依存せず、多くのメンバーによって管理されるからだ。それにもかかわらず、従来のリーダーシップに慣れきったリーダーはコントロールを失うことを恐れる。

意思決定でメンバーを活かす

合意による組織運営では、拒否権を持つのはリーダーだけではない。「私が自分の判断で最も良いものを通す」から、「私はこの判断に納得し支持できるか？」へと、意思決定の基準が移る。リーダーも含めたチーム全員がこの判断基準にのっとり、支持できない判断を拒否できるのである。

責任を共有すると、リーダーは拒否権を独占できなくなる。しかし、これは小さな喪失でしかない。なぜなら、優秀な人々の集団が適切な方法によって決めたことは、一人の判断よりも全般的に優れているからだ。複雑な問題ほど多角的な観点やアイデアが必要なので、これが特にあてはまる。

リーダーが最も経験豊富で知識も持っている問題の場合は、リーダーが判断した方が良いこともある。しかし、従来型のリーダーには、その分野の専門性が高いからではなく、個人的な安心のために決定権の掌握に固執している例が多い。チームの意見に従うのが怖いのは、判断の質が二流になるからではなく、個人的な不安感によるのである。

会議の自由度をあげる

責任共有のリーダーが開催する会議は、予想を超える展開と討議が白熱する可能性がある。リーダーは事前のシナリオ作りや根回しに時間を費やさず、当然、厄介な問題からも逃げないからだ。

従来型のリーダーは、コントロールを失うことを恐れて緻密なプランをつくり、関係者全員からの反応を予測し、会議前にメンバーへの工作を考えて多大な時間を費やすことが習慣化している。責任共有の体制では、これを時間の無駄であり、合意によるより良い判断を得にくくなると考える。

部下の自由度を拡大する

部下の自由度を拡大するということは、従来型のリーダーを、部門内に危険人物を放つような気持ちにさせる。どんな被害を受けるか分からないというわけだ。このような危険性に対しては、伝統的には上位からの制御が防衛手段であり、それをリーダーはなかなか手放そうとしない。

責任を共有するリーダーシップのもとでは、部下たちは狭い自分の担当領域や融通の利かない規則、過度に管理された指導に束縛されない。また、部下同士で協力し合って問題を乗り越えようとするため、役割の境界もあまり区切られない。担当の境界を越えて実際的に柔軟に対応し、組織を越えた問題に対して相互に影響を及ぼしあいながら取り組む。

相反して見えるが、部下の自律性を高めると、実際はむしろ管理が利く。ビジョンや価値観、戦略が共有化されていれば、リーダーが制御を緩めるにつれ、仲間同士の影響力がより強力な制御機能を果たし、リーダーは些細な指導の責務から解放されるのである。

新しい責任の形

これまで、常に結果の責任を背負ってきたのはリーダーだった。ゆえに、従来型のリーダーは、「責任の共有」という考え方に当惑する。リーダーたちは、責任を共有すると、責任が分割されるのではないかと心配する。責任の所在が曖昧になり、「失敗しても私を責めないでください。チームで決めたことなのですから」と誤魔化されると思うからだ。

メンバーと最終的な責任を共有しても、リーダーがメンバーを責めることは許されない。リーダーが説明責任を担っていることに変わりはないのだ。責任（responsibility）とは、誰が関与していて、誰が当事者意識を持っているのかであり、説明責任（accountability）とは結果の説明をすべきなのは誰か、である。説明責任は常にリーダーに帰するのである。

実際、説明責任は、責任共有のリーダーシップへの転換を目指すリーダーにとって、悩ましい課題だ。リーダーに上位層への説明責任があるのであれば、リーダーが全ての判断を承認すべきなのか？

そう考えるのは近視眼的すぎる。英雄志向のリーダーも責任共有のリーダーも上司に対する説明責任を持つことに変わりがない。そうであれば、部下が判断の影響を真剣に考え全力を傾けた方がリスクは減るのではないか。部下が必要な情報を全て共有し、適切な意思決定方法をとり、説明責任を果たすのは、責任を共有した時に他ならない。責任の共有によって失敗を全て回避できるわけではないが、成功の可能性はぐっと高まる。部下をパートナーとして頼れば、不透明性や不確実性も増すだろう。しかし、より良い結果を導き出す可能性も高まるのである。

責任の共有は、権限委譲（「君たちが全てを決定下し、私が従う」）とは異なり、放棄（「君たちが何を決定しようと構わないし、考慮しない」）とも違う。責任の共有は、相互に影響を及ぼしあうことなのである。リーダーは、重要な意思決定において自分の意見を唯一のものとして押しつけることなく、強く主張できる。もちろん、メンバーが関わる範囲を限定することもできる。一方、メンバーの側は、範囲が狭すぎるか、曖昧すぎるのであれば、責任をもってそれをはっきり言わなければならない。

相互に影響を及ぼしあうことに慣れるには、最初は時間がかかる。特に、それまでリーダーが全ての重要な問題で意思決定し、部下は困難な問題を上司に任せるという構図に慣れきっている場合は、かなりの時間を要する。それでも、質の高い判断と達成への強い意志があれば、障害は乗り越えられる。

メンバーのエネルギーを解放するはずの魅惑的なエンパワメントであっても、部下たちは現場を自由にできなくなると警戒するものだ。責任共有のリーダーシップは部下の影響力を高める一方で、部下の好き勝手を許さない。従来のリーダーシップのもとでは、部下同士はいわば暗黙の共謀関係にある。「私の担当領域を放置してくれれば、私も君の領域には口を挟まない」というものだ。しかし、チームメンバーがより大きな視点でものをとらえ、命令されずとも質問や懸念を表明し、提案し合うことが期待されると、この共謀関係は崩れることになる。

英雄志向の考え方を持つ部下はまた、何を報告し、何を報告しないかを握っている。現場の情報、たとえば顧客とのトラブルや日程の遅れ、組織全体に関する問題や業績の問題を、上司に伝えるかどうかを決めているのは部下なのである。実際、部下の中には、情報伝達を制御することによって、担当領域を自分の自由にしてしまう者がいる。

例を挙げると、上司が「このキャンペーンの代わりにDMを送るというアイデアに、マーケティング部門はどう反応すると思う？」と尋ねるとする。部下は、上司がDMのアイデアに熱心で、マーケティング部門の協力を得たいことが分かっている。他方では、旧知のマーケティング本部長がDMはお金の無駄と考えており、絶対に受け入れないことを知っている。知り合いとの関係を壊されないように、部下は遠回しに、しかも、問題の責任を上司一人が背負うように伝える。「よく分かりませんが、マーケティング本部長は販促活動を自分自身で決めたい方ですから、このDMのアイデアに乗り気になるかどうか、疑問ですね。こちらの案を通すために、部長はどれだけ個人的にエネルギーを注ぐお覚悟ですか？」といった具合だ。

この場合、部下は、自分自身の支配力を維持するために、必要な情報を上司と共有せず、無責任になっている。上司が本気でないと見抜けば、DMの限界について上司と議論することを避け、会話が続くときは、マーケティング本部長が折れない可能性の高さをほのめかすことにとどまる。上司の方はこれを聞いて、部下が自分に忠実であり、支援的だと感じるだろう。そして、話がうまくいかなかったときは、部下はこう言うのだ。「ええっ！　本部長が自分で決めたがる人で、しかもDMを評価していないことを申し上げたではないですか」。こういった保身的な態度は、英雄志向の組織でよく見られる。その結果、上司は、部下をなかなか信頼できなくなってしまう。しかし、責任の共有によって率直なコミュニケーションは、この種の情報制御を許さない。

弱さへの恐れ

良き英雄志向のリーダーは、自分の考えや自分の組織が正しい方向に進むために戦うことを恐れない。しかし、部下から、自分に自信がないとか、依存的だと思われることを恐れている。自分の考えや気持ちを語らないのは、混乱したり、回答を出せないと思われたくないという恐れの現れだ。彼らは、挑まれると不屈かつ辛抱強く立ち向かうが、どのように答えるとよいかに自信が持てない時は内心困っていることが多い。

英雄志向のリーダーは、他者に頼らなければならないとき、とても自分が脆弱な存在になったかのような感覚を味わう。彼らは部下から自分の権威や存在価値について疑問を持たれることを恐れている。「上司が知らないということは、我々の方が賢いということか?」「解決策を見つけられないのなら、上司なんてそもそも必要なのか?」と言われたくないのだ。

真に強い人間、すなわち自尊心のある人は、自分の失敗や疑問、迷信、そして自分には知らない領域があることを認められる。英雄志向のリーダーは、尊敬を得るには常に正しく、自信を持ち、〝自分に責任がある〟という態度を示す必要があると思っているので、こういった欠点を隠そうとする。

責任共有のリーダーは、意思決定の際にも人を遠ざけず、不透明にならないように、問題や懸念、疑問、直感を開示すべきである。役割の陰に隠れてはならない。疑問のあるとき、混乱しているとき、ミスしたときには、それを認めるのだ。自己開示的であるほど実は利点が多いのである。

- 上司の本音をつかむことで部下が時間を浪費せずに済む
- 部下の推測が間違っていたときに発生する誤解を減らす
- 部下が貢献する機会が増える

上司が自己開示的になれば、部下たちにも自己開示を求めるサインになる。上司が率直ならば、チームも率直になるので、潜在的なライバルである同僚への自己防衛の気持ちが緩和するのである。

「しかし、自己開示すると、私に対する攻撃の材料にならないだろうか？　疑問があると言えば、無知だとか決断力がないと思われるのではないか？　私の弱みを知られると尊敬されなくなり、影響力を発揮できなくなるのではないか？」という不安を、リーダーは感じるかもしれない。

数十年にわたって経営幹部や役員会と仕事してきた経験から、私たちはそういった恐れは全くないと断言する。支援を求めればリーダーは力を得る。自分の人間的な面を開示する人は、必要な支援を得られるのだ。人間的に完璧でないリーダーであっても、優秀なマネジャーであり得る。本当に能力が劣っているのであれば、そのリーダーシップが長く続くことはないものだ。メンバーに不満が溜まっていると、リーダーは耳の痛い話を聞かなければならない。しかし、自分が変わろうとすれば、最後は他者から支援を引き出せる。あなたが「自分の場合は違う。部下は私の情熱に反応しないのです」などと言っている限り、何も変わらない。何をしても不安が増すだけだろう。

メンバーも、リーダーと同様に心細く感じている。彼らも、自分たちが抱いている不安、疑問、懸念を口にしたがらない。しかし、部下が答えないといって、彼らの評価を下げたり、責めたり、軽んじることはできない。部下自身も英雄志向のリーダーシップ信奉者なので、リーダーと似たような懸念を持っているにもかかわらず、何事もなかったように振る舞っているのだ。

自信があると思われたい、全てを掌握していたい、何でも知っていたいという欲望が、自己防衛を強化する。不安だと言わないのは、お互いに自分の弱さを出さないように牽制しあっているからである。壁に激突するギリギリまで車のスピードを落とさずにいられるのは誰かを競う、〝チキン（弱虫）ゲーム〟のようなものだ。これでは協働など望むべくもない。チーム内の誰もが問題を隠し、表面を取り繕うことに労力を使っていれば、卓越した仕事にかけるエネルギーなどほとんど残らないではないか。

互いに責任感を持ってチームと組織の責任を共有するためには、メンバーも弱みや過ちを進んで認める必要がある。各メンバーが防衛の姿勢を緩める時だけ、チームが十全に機能するからである。

対立に向き合う

会議において個人攻撃が始まりそうになると、制御できない対立が起こるのではないかと不安を感じる。リーダーが手綱を緩めても会議は本当にうまくいくのだろうか？

リーダーの多くは、自分が対立を抑えなければならないと思っている。白熱した議論を別の方向に向ける、やめさせる、勝敗をつける、感情的になりすぎた人をいさめる、議論を別の場に移す、あるいは激しく対立する人たちを力づくで鎮める。責任共有のリーダーシップでは、難しい問題を率直に話しあわせるので、反対意見がでて、議論が活発になり、リーダーは制御しなければという衝動を感じるだろう。

しかし、対立をやめさせても、強いリーダーシップの証しとは言えない。責任共有のリーダーは、自分自身の問題も進んで取りあげ、議論させる。それによって議論が激しくなっても構わない。自分の問題を議論するのは、権限によって対立を止められないメンバーにとって、さらに難しいことだ。

メンバーや同僚に非常に困難な問題に正面から取り組ませ、高い基準をめざすには、精神的な強さが必要である。時には良い仕事をしないメンバーに対して、そのことをはっきり言わなければならない。いわゆる強いリーダーと言われる人たちは、驚くことに、こういった厳しい対応を避けている。

また、自己開示すれば、リーダー自身が責められる可能性は高まる。多くのリーダーは、責任を共有すると、自分が批判の的になると感じている。誰も部下から自分に対する批判を直接ぶつけられるのを望まない。否定的なフィードバックにさらされるのを好む人はいないのだ。しかし、この厳しい状況に向き合ってこそ、リーダーは本当の尊敬を勝ち得るのである。

新しいリーダーシップのもとでは、率直さ、自己開示、対立の許容が不可欠である。対立するような困難な問題に取り組むときこそ、リーダーとメンバーは責任の共有が進むのである。他者からの影響を受けない個人は、効果的なチームの一員にはなれない。この変化の激しい現代では、メンバーは誰かの意見にいつも同意するとは限らないし、またすべきでもない。各自の異なる得意分野、専門性、経験によって、多様な考え方が生まれる。それが卓越した意思決定の鍵となるのだ。責任共有の職場環境では、困難な問題に関して異なる意見の応酬が当たり前となる。しかし、全体的なビジョンに全員が共鳴し、相互影響の技術があるなら、議論は主題からそれることはなく、建設的になるのである。

上司に異を唱える

誰もが重要な課題に関して、上司に異を唱えるのをためらう。「私と意見を異にする人が私の業績評価を行い、給与を決めるのであれば、その人に自分の意見を主張するのは難しい」と考えるのだ。しかし、責任共有のリーダーシップのもとで上司に反対意見を言わないのは、最大の間違いである。なぜなら、それは重要な情報を隠すことであり、上司に間違いを犯させることになるからだ。パートナー関係でそのようなことになってはならない。

英雄志向のリーダーシップのもとでは、リーダーは自分自身の弱さを隠すことができ、部下も責任から解放され、余計な仕事をしないで済んでいた。上司が絶対だと部下が考えている限り、部下は自分に与えられた仕事さえしていればよかった。もちろん、上司や同僚が動かないと不平を言ったとしても、力がないためかえって安全なのだ。対案も結果責任も持たずに上司に文句が言える。「私は上司に言ったんですよ、それは良いアイデアとは思いませんって」。

遠回しに反対を表明することと、より良い選択肢を議論しようと努めることでは、雲泥の差がある。

責任が本当に共有できているのなら、メンバーは引き下がることはできないはずだ。自分が正しいと思うなら、たとえチームに負荷がかかっても上司が喜ばないとしても、はっきり主張しなければならないのである。

エレクトロビルド社の事例

エレクトロビルドの人事部長のリーは、女性のエンジニアやマネジャーの退職者数を減らすために、CEOのハーブと話し合っていた。ハーブはこの原因を家庭の事情だと考えていたが、リーはその見解に反対だった。「私はこれがそんな単純なこととは思いません。我々の会社の中に、女性にとって働きにくい原因があるのだと思います」。

リーが、女性が辞めたがる会社の風土について説明しようとすると、ハーブはこれ以上この件で話し合いたくないという態度を示した。リーは、この困難な闘いを諦めようかと思ったものの、ハーブが気づいていない、深刻な問題があると強く感じていたので、思いとどまった。そこで深呼吸し、再度話を試みた。「この件に関心がないご様子ですが、これは重大な問題なのです。女性たちが辞めてしまう風土の問題を、優秀な男性社員も不愉快に思っているのです」。ハーブは動きを止めた。「一対一で競わせるという我が社の慣習が好かれていないのです。彼らはこんなゲームのようなやり方をしない会社に移っていきます。何人かはすでに競合に行ってしまいました」とリーは話した。

ハーブは身を乗り出して言った。「もう少し話を聞かせてくれないか」。

部下は、自分の将来のために何をしてはいけないのかをよく知っている。英雄志向の組織では、部下は立場が弱いので、〝用心するに越したことはない〟と考え、行動している。上司が悪いことを聞きたいとは考えないし、これまでの経験も手伝って、意見を聞きたがる上司を信用しない。そして、報復を恐れ、上司に働きかけるのを無理だと思い込み、上司が本気でない証拠を何かしら見つけてしまう。

責任共有の職場環境においては、部下はリーダーに挑戦することだけを学ぶわけではない。部下同士も互いに挑戦しあわなければならない。すなわち、〝私の担当分野を放っておいてくれれば、あなたのところには口を挟みません〟という楽な仕事の取り組み方を止めるのだ。さらに、メンバーもリーダーに呼応して、率直に問題や懸念を話さなければならない。リーダーがメンバーからのフィードバックを歓迎するように、部下同士でも自分の問題へのフィードバックを素直に受け止める必要がある。それゆえ、責任の共有を目指す際には、個人的にもろさや葛藤を感じることもある。

さらに、メンバーがリーダーのさらなる自己開示を歓迎する一方で、メンバー自身は自分の部下にどう対応すべきか戸惑う場合がある。自分の部下から率直なフィードバックを受けることに慣れていなければ、気も狂わんばかりだろう。しかし、責任共有の組織では、これを回避しないのだ。

相互作用するシステム

リーダーと部下の双方が部門運営の責任を共有することに対するジレンマを感じる。双方が責任共有に対して懸念を抱いていると、相手側の抵抗によって懸念が増幅され、愚かな循環が始まるのである。管理できなくなる恐れを感じるとリーダーは手綱を締める。それに気づいた部下たちは、上司が変革に本気ではないと感じる。チームが元に戻ろうとすれば、リーダーはやはり時期尚早なのだと思ってしまう。リーダーの方が自らの不安感を隠せば、部下も自己開示は危険だと感じる。また、メンバーが自分たちの弱みを開示しないと、リーダーは部下が何か隠していると感じ、言葉を選んでしまう。リーダーが対立を避ければ、部下も報復を恐れて良い意見を出さなくなる。本質的な意見の相違から逃げる部下を見て、リーダーの方は、責任を十分に共有していないと確信してしまう。このようにして、悪循環が続くのである。

以下はバイオテックでの事例である。人材開発本部長のベンとCEOパトリックとの会議から、上司と部下の相反する気持ちが相互作用的に強化される様子が見て取れる。

バイオテック社の事例

バイオテック社のCEOのパトリックは、責任共有のリーダーシップに取り組もうと思った。前任者の英雄志向のやり方を大きく変えたかった。とはいえ、パトリックには、会社がこの新しいマネジメント方法に本当に移行できるのか懸念があった。

パトリックはまず役員会から変革を始めたが、責任共有のリーダーシップはなかなか現場に伝わっていかなかった。事態改善のため、パトリックは人材開発本部長のベンに、研修プログラムの開発を指示した。

ベンは、責任共有のリーダーシップを受け入れていたが、このプログラムづくりに複雑な感情を抱いていた。会社の個人主義的な風土では、責任の共有が押しつけと思われるのではないかと、懸念も感じていたのだ。また、上層部のコミットメントが十分とも思えなかった。従業員はバイオテックの役員会を〝気まぐれクラブ〟と揶揄していたのだ。予想される反発を考えると、この研修を現場に受け入れさせるには、自分の権限を拡大してもらう必要があった。しかし同時に、CEOや他の役員たちがこのプログラムを見捨てる可能性もあったので、自分の時間や立場を無駄にしたくないとも思った。

ベンは、研修計画を作成し、パトリックに説明した。細部の話に移ったとき、パトリックは心配顔になってベンに尋ねた。「ベン、この計画は良くできている。しかし、あまりにも一度に大きな変化を求めすぎじゃないか？　マネジャーたちは、これほどの規模の変革に耐えられるだろうか？」

ベンはがっかりした。しかし、何とかなると思います、と答えた。打合せの席を辞して、彼はよく相談にのってもらう同僚デビーのオフィスに立ち寄った。「デビー、新しい研修プログラムのことが気がかりでね。ＣＥＯと役員会が本気でこの研修に取り組もうとしているように思えないんだ。この研修は、開発や講師養成、そして研修実施まで数ヶ月かかるけれど、パトリックや役員たちは強い反発が出た時でも我々を支持してくれるだろうか。組織運営について、部下から初めて率直なフィードバックをもらったマネジャーが怒りだしたとき、パトリックが事態収拾に動いてくれるだろうか」。

ベンは引き続き研修の準備に取り組んでいたが、本気にはなれなかった。そこで、〝マネジャーたちを怒らせない〟甘口プログラムを作成した。その結果、最初の二回の試行の評価はあまり芳しくなく、プログラムは静かにお蔵入りとなった。役員たちの結論はこうだった。「我が社のマネジャーたちにはまだ早い」。一方、中間管理職たちは〝気まぐれ研修がやってきて、消えた〟と冗談を言った。パトリックは、研修に力強さがなかったといってベンを責めた。ベンの方は、パトリックと役員たちは変革に本気にならなかったと同僚にこぼした。

パトリックとベンは互いの迷いを強化し、効果的な研修プログラムを開発しようというベンの意欲は削がれてしまった。その結果、ベンは安易な道を取ってつまらない研修プログラムをつくり、新しいリーダーシップに移行するには早すぎるかもしれないというパトリックの懸念を強化してしまった。しかも、研修内容が、研修参加者の複雑な気持ちに配慮していなかったため、研修は中止となった。努力や時間は無駄となり、変革の機会も失われてしまった。

部下がついてくる四条件

リーダーが制御を緩めても、部下が自らリーダーシップを発揮し、自ら管理するとは限らない。リーダーと部下の行動は連動するので、建設的な相互作用が生ずるようにシステム自体を変化させねばならないのだ。部下はリーダーが変革に本気だと確信し、一方、リーダーは部下が責任を共有し、重要な課題を話し、責任を放棄しないことを確信している状態が必要である。

このためには、リーダーがまず行動を起こさなければならない。しかし、部下がリーダーの変化に応えるには、四つの条件が要る。

1　**リーダーシップのとり方が状況に適していること**　責任共有のリーダーシップは常に有効というわけではない。統制が必要な状況もあり、英雄志向のリーダーシップが効率的な場合もある。責任共有のリーダーシップが適しているのは次のときである。

- 業務内容が非常に相互依存的なとき

・外部環境の変化が早いとき
・リーダーにはない専門性をメンバーが持っているとき
・メンバーとリーダーが目標を共有できるとき

リーダーが新技術や手法、顧客ニーズを全て把握できるほどのゆっくりした変化の中であれば、または部下とリーダーの目標に接点がなく、部下の能力が低いときは、英雄志向のリーダーシップは効果的だ。また、直属の部下が比較的独立的に仕事しているときは、リーダーは適宜調整し、制御すれば済む。

2 **メンバーが変革に挑戦する能力があるとき** メンバーは、責任を共有するために必要な能力を積極的に身につける必要がある。チームの大半が依存的で受動的、対立を避け、より広い視点を持てないときは、責任の共有は困難である。ただし、自分のチームには無理だと拙速に結論を出してはならない。現在のリーダーのやり方のせいで、部下が依存的・受動的になっている場合がある。単に英雄志向のリーダーシップに適応しているだけではないか？ 本当に疑り深いのか、気まぐれな施策を警戒しているだけか？ メンバーの中には新しいリーダーシップに懐疑的な者もいるだろう。挑戦する力がないか、する気がない者もいる。責任を共有するには、多くのメンバーがチームで仕事をする能力を持つ必要がある。懸念のあるメンバーをチームに入れるかどうかは、要検討である。

3 **リーダーが迷いを解消できること** 幹部であれば、自分のアイデアを同僚や他社の友人に話して評価できる。近年、多くの組織がリーダーシップ・スタイルの変革に取り組んできたので、変革の経験者は見つけられるだろう。経験者は、コントロールを手放すこと、弱みを含めて自己開示すること、健全な対立を促すことの喜びと恐ろしさをよく知っている。同じような立場の人たちの個人的体験談には勇気づけられる。

4　リーダーに上位者からの支援があること　誰もが上司の支援に恵まれているわけではない。また、上司からの支援は常に必要なわけではないし、従来のリーダーシップ・スタイルの上司がいつも変革の妨げになるわけでもない。英雄志向のリーダーでも、自分の部下が卓越した結果を生み出すのであれば、新しいリーダーシップを取り入れるなとは言わないものだ。

自由に管理する裁量を手に入れるのは想像するほど難しくはない。業績目標を達成するために、リーダーシップ・スタイルを自分で決めたいと言えば良いのである。（「○○の結果を出すために、私が業績を最大にしやすい管理の方法をとらせてください」）。上司の懸念を理解し、そこに結びつけて話をすれば成功する。あなたの部門の目標を達成すれば、組織の業績になると言うのである。この方法は、第6章および別添「パワートーク：支持的対立のための実践ガイド」を参照されたい。

信念の力

とはいえ、ヒロイックな風土の大組織で責任共有のリーダーを目指すのは挑戦的すぎると感じられるかもしれない。通常、変革とはトップから始まり、組織の階層を一つずつ降りてくるものだと思われている。しかし、責任共有のリーダーシップはどこからでも始められる。

リーダーの強い信念

部下と責任を共有したければ、リーダーは重要な局面で過去のやり方に戻らないように踏みとどまり、迷いを解消しなければならない。ある程度の疑念が残るのはやむを得まい。しかし、それ以上に新しい方法を信頼する必要がある。

確かな根拠がなくても、新しいリーダーシップ・スタイルに本気で取り組む。信頼は変革に欠かせない前提条件である。モトローラの元社長、クリス・ガルビンは、新しいアプローチを社内に導入するには、リーダー側にそれを信じ切るという強い姿勢が必要だと感じたという。新しいアイデアゆえにうまくいく保証はないがリスクを取る価値はあると、とにかく信じるのだ。リーダーの強い信念がなければ、組織は実践の痛みを乗り越えて変化することなどできないのである。

このような強い信念は、説得によって生じることもある。あるいは、次第に固まっていく場合もある。ある体験によって、突然生まれることもある。いずれの場合でも、これまでの考え方を捨てて新しい見方を取り入れ、かつては考えもしなかった視点から世界を見る。ある経営幹部は、私たちのリーダーシップ・セミナーに参加中この体験をした、と言っていた。セミナーでは、部下や同僚、上司、または全く初対面の人の率直なフィードバックによって心のスイッチが入ることがある。彼は、責任共有のリーダーシップの利点に気づき、実践を決心した。

しかし、その瞬間だけで終わってはいけない。やはり、責任共有のリーダーシップによって良い結果が出るまで、リーダーは信じ続けなければならない。成果が現れないと懐疑心や反発が生まれる。しかし、目に見える成果が出ると、よくない結果や懐疑的なメンバーに直面しても、それを乗り越えられる。

粘りと勇気

新しいリーダーシップに転換できるのかというメンバーの疑念を晴らすために、リーダー自身の決意が極めて重要だ。ＣＥＯパトリックと部下の人材開発部長のベンの事例では、パトリックの信念の欠如がベンの不信を強めてしまった。パトリックはこう言うべきだったのだ。「私が全面的にこの研修を支援する。これを成功させるために、私自身もみんなを信じ、必要なことができるように何でもやろう」。

リーダーが、責任共有のリーダーシップに魅了されながらもためらっていると、パトリックのように、自分から変革を台無しにしやすい。ある最先端技術企業の社長は、責任の共有を叫ぶ一方で、メンバーが対応すべき戦略的な局面では消極的だった。緊急の案件ではメンバーの助言をもとに自分だけで決定していたのだ。とうとう役員会は宣言した。「こんなやり方をいつまで続けるおつもりですか。これ以上続けるのでしたら、困難な問題は全てお一人の責任で意思決定してください」。

責任共有のリーダーシップに対して懐疑的な気持ちや懸念を感じているときは、リーダーは認めても構わない。部下はリーダーが何の疑問も感じていない方が驚くだろう。リーダーは、まだ学ぶ途上にあると認めながらも、自分自身の決意を繰り返し語ることが大切なのだ。

メンバーの懐疑心に対処するには、懸念を全て表に出し、その一つひとつに正直かつ直接的に取り組むことが最善なのである。

変革を要請する

責任を共有するチームにするかどうかは、リーダー一人の責任で決めなければならない。部下の懐疑心を晴らし、新しいリーダーシップを納得させるには、明確に指示するしかない場合もある。指示という行為は、新しいリーダーシップと整合しないわけでも、偽善的でもない。リーダーは長期にわたって効果的なリーダーシップを選び、メンバーには適応せよと求めるべきだ。全員が責任を共有して協力し合うには、当然多くの努力が求められるのである。

しかし、リーダーだけが変革の旗を振るのでは、責任共有とは矛盾する。メンバーも自ら変革に貢献できる。

- **リーダーに質問する**　これに本気で取り組む気概をお持ちなのですか？　今のやり方に満足していますか？　正直に反対意見を述べてもいいのですか？
- **自分の懐疑的な気持ちを認める**　部下が自分の弱みを正直に認めると、リーダーや他のメンバーが各自の懸念を話しやすくなる。

- **リーダーの複雑な気持ちに理解と共感を示す**　経験がないことで率先して取り組む難しさに理解を示しながら、後戻りは誰にとっても問題だと伝える。
- **リーダーの言動に疑問を感じたとき、質問する**　メンバーは、リーダーや組織全体の動きが目指すリーダーシップから離れているときはフィードバックし、リーダーを支える。
- **対立の回避が結果にとってマイナスであることを伝える**　議論を浅いレベルで止めてしまうと、いかに最善の意思決定が妨げられるか具体的に伝える。
- **自分自身の熱意を表明する**　賛成のときは意思表示せよ。人は、自分だけではないかと思うと沈黙しやすい。あなたが新しいやり方に賛成だと意思表示すれば、他のメンバーからも、この方法には魅力があり、努力する価値があると発言する勇気を引き出す。
- **抵抗する同僚／仲間に協力を求める**　メンバーは、チーム内で消極的な人たち、後戻りする人たち、手抜きをする人たちに向き合い、やる気を出すよう要請して、変革を推進できる。リーダーだけが新しいシステムを機能させる唯一の人物ではない。
- **情報収集を提案する**　様々な試みがうまくいかないときは、アンケートなど仕事の進め方に関して情報収集することを提案するとよい。オープンに討議し、業績を改善するには何が必要なのか、理解が深められる。

まとめ

責任共有のリーダーシップから得られる利点は非常に多い。しかし、そこに至るまでの負担がかかるのも事実である。新しいリーダーシップのうま味を享受する前にその重荷がのしかかる。それゆえ、リーダーとメンバー両方が懐疑的な気持ちを抑え、利点に目を向け、新しい方法に全力を傾けるように意識する必要があるのだ。

では、どこから始めれば良いのか。責任の共有によって責任共有のリーダーとなる道は一つではない。責任共有のリーダーになると決意したならば、チームの古い規範や慣習、主要な戦略上の議論、ビジョン、対人関係上の問題など、リーダーとメンバーとの間のあらゆる課題や局面から始められるのだ。メンバーの現状に対する不満が良き手がかりとなるだろう。どの分野から開始しても、必要に応じて他の分野に拡げればよい。良い仕事を阻む障害があるのなら、まずそれを取り除くべきだ。こういった障害を打ち払いながら、進めばよいのだ。物事は相互作用して動き、螺旋を描くように変化していくのである。

次章では、責任共有チームに生まれ変わった企業の事例をいくつか取り上げ、チーム、ビジョン、相互影響が同時に機能する様子を吟味しよう。

第二部　責任共有のリーダーシップの三つの要素

第一部では、これまでのリーダーシップの限界と問題点、これから求められるリーダーシップ、すなわち責任共有のリーダーシップについて、概要を示した。第二部では、新しいリーダーシップを実践するうえで必要な三つの要素、責任を共有したチーム、具体的なビジョン、相互影響を詳しく説明していく。各々が相互に作用しあい、結果に対する責任をメンバー全員がチームで共有する。重要な意思決定を行い、その遂行において責任を共有すると、やる気が生みだされ、高業績を達成し得る。具体的なビジョンはチーム結束の芯となり、相互影響は互いにベストな成果を引きだす。これら三つが責任共有のリーダーシップを可能とし、後戻りを防ぐのである。

第5章　責任を共有するチーム

メンバー全員がビジョンの実現を決意し、全面的に協力し合っているチームを想像してみよう。各自が専門性を発揮して貢献し、全体にとって最も良いと信じることのために意見をぶつけ合う。議論は熱のこもったものだが、個人攻撃はしない。共通する目標の達成に向けた、最善の道を信じているのだ。同じビジョンを共有するどのメンバーも必要に応じて支援を求め、受けることができる。各自が仕事の成果に責任を持ち、責任を果たしていないメンバーには改善を迫る。

リーダーはメンバーに何一つ隠す必要はない。メンバーが上司の意見に左右されることがなくなるからだ。メンバーは、全体にとって価値のあることは受け入れ、そうでなければ押し返す。誰かを出し抜いて自分だけが目立とうとすることはなく、チームの目標達成への責任感があるのみである。チームで意思決定し、全員で取り組む強みを活かし、能力を高めたチーム。全員が結束して重要な問題を解決し、異なる意見を取り上げ、互いの成功に責任を持つチーム。一丸となって創造性を発揮する役員会。明確な利点にもかかわらず、様々な書物や研究報告にもかかわらず、本物のチームはまだまだ少ない。あるマーケティング担当役員はこぼしている。

「チームというと、私はまず相互に協力的であること、調整しあっていること、目的を共有していることを考えます。しかし今は、優秀な人材が集まっているのに〝チーム〟とはとうてい言えません。実際、お互いをチームとして見ていないのです。ビジョンや目的も共有していません。各自が勝手に仕事しています。これで〝チーム〟といえますか?」(注1)。

HPの顧客サービス革新チームのメンバーは、次のように述べていた。

「通常のミーティングは非難の応酬です。自分の立場を主張し、守り、決して負けまいと振る舞います。担当分野の業績にしか関心がないのです。一方、私たちのところでは全員が議論します。個人としてのリスクというより、チームとしてのリスクを感じます。一人が最善のアイデアを持っているわけではないし、一つのアイデアでうまくいく保証はありません。最善のアイデアとは、チーム全体から引き出されるものです」(注2)。

別のHPのメンバーはこうも言っていた。

「〝身を粉にして働く〟という感じではありません。以前は奴隷のように仕事していました。そのときは、仕事でくたくたに疲れて帰るので、あとは一杯やることしか考えられませんでした。今は違います。仕事と私生活に区別をあまり感じていません。働き過ぎかどうか。ただ、以前のような苦しみがないのは確かです」(注3)。

チームと呼ばれている組織を含め、ほとんどの組織は単なるグループにすぎない(注4)。グループのメンバーは担当分野の代表であり、集団で意思決定することはあるものの、全メンバーが当事者意識をもって積極的に協働する、チームの意思決定とは異なる。グループの特徴は、討議を仕切る強いリーダーシップによって効率的に運営されることにある。

チームと単なるグループは大きく異なる。チームでは、各人は自分の分野に加え、チーム全体が一つとなって成果を生み出すことに責任を持つ。チームの成功は、会議でこなした議題の数ではなく、意思決定の質の高さでとらえられる。メンバー全員がリーダーシップを発揮する。責任を共有したチームは、最も困難な意思決定でも共に行う。困難な戦略上の問題に立ち向かい、仕事の進め方と組織運営を改革し、担当を決め、必要であればリーダーやメンバーの問題ある言動に対決する。これは、上司のやり方や仲間の言動に疑問を投げかけない管理者のもとでは、ほとんど見られない。幹部であっても同様だ。自分の担当分野の売り込みを暗黙の目的としてしまい、社長が自分の担当分野に好ましい判断を下すことを密かに願っている。

もちろん、グループにも意味はある。ジョン・カッツェンバックとダグラス・スミスはこのように記している。

「大企業ではグループで仕事するのが一般的で、かつ効率的だ。そして、各自の責任感が重視される。最良のグループは、情報や視点、洞察を共有化し、各自がよりよく業務を遂行できるよう意思決定し、また、各自の業績の基準を高めるために協力しあう。しかし、焦点はあくまでも個々の目標であり、個々の責任感に止まっている」(注5)

グループ全体の成果は、各成員の成果の合計を超えることはない。刻々と変化する厳しい競争環境の中では、すぐれた判断を下すためには補完的な視点や技能が不可欠だが、それらが欠如しているからだ。良い仕事をするかもしれないが、素晴らしい水準に至ることはまれだ。

高い業績をあげるチームになろうとすることが、責任共有のリーダーシップの土台となる。チームの運営全体について責任を共有すれば、メンバーは重要な問題に対応しなければならなくなる。リーダーに意見を述べるだけでは不十分だ。自分の担当分野だけでなく、より大きな利益を考えなければならない。役員会は各自の担当領域だけでなく、組織全体にかかわる懸念をＣＥＯと共有する。同様に、中間管理職は自分の上司と部門全体の課題を共有するのである。

部門運営の責任を共有するには、メンバーが互いに向き合い、影響を及ぼしあわねばならない。メンバーが主体的に調整や管理をすれば、リーダーはメンバーの自由裁量と自立を許容できる。成熟したチームであれば、困難な人間関係上の問題であっても建設的かつ直接的に話しあえるのだ。

そして、チームは、個人的、集団的な学習が最も進む場でもある。何が良く、何が問題なのかをメンバーが見極めることによってのみ、組織は学習する組織となる。単なるグループでは、各自の関心が担当分野の保護に向くため、学習の土台となる厳しい自省よりも相互の不干渉や婉曲な攻撃が多くなってしまう。チームが信頼関係を築き、共通の目標意識を抱くと、全員が自らの経験と仲間から学べるようになるのである。

チームを築く

あるとき、ドイツのクルップ社の役員会は困難に直面していた。組織がよどみ、製品の需要は世界的に低下していた。利益率は低迷し、敵対的買収の脅威にさらされていた。それにもかかわらず、会社は新しい協業的な仕事の進め方を導入した。

「現在、クルップの執行委員会は、個人の集合以上の力を発揮しています。長期的な視野のもと、個々の強みを活かしているのです。以前は、幹部は担当部門のみを管理し、他の視点が考慮されることはありませんでした。社内の各部門や機能はサイロのようだったのです。しかし現在は、五人の役員が連携して全事業をカバーしています。重要な点を議論し、行動を起こすために互いに情報を要請し合っています。彼らは会社の進むべき道を常に見直しているのです」(注6)。

クルップの役員会は、効果性を高めるために四つの不可欠な要素に焦点を絞った。リーダーとメンバーの役割期待を変えること、組織の戦略的課題に効果的に対応する術を学ぶこと、戦略的課題に合議的に対応すること、全員が一〇〇％協力しあえるチームになるまでいくつかの段階を乗り越えること、である。

役割期待の変化

真のチームが少ないのは、英雄志向のせいもある。リーダーとメンバーの役割が、この考え方に左右されるからだ。したがって、リーダーは、真のチームを目指すために、これまでとは異なったやり方をとるのだと、メンバーに明確に言わなければならない。メンバーに変化を求めるためだ。明確なメッセージを示さないと、メンバーはリーダーが本気かどうか確信が持てず、どこまで強く意見を述べてよいのか、リーダーの意見を押し戻せるのか、迷ってしまう。

一方、メンバーも、変わらなければならない。メンバーは、もはや部下の立場に甘えて意見を述べるだけではいられない。共同経営者として振る舞う必要がある。また、メンバー同士もチームの成功をめざす同志として、単に自分の担当に責任を負うだけでなく、互いの責任を担い合う存在となる。これまでの経験から、メンバーはチームを〝上司のチーム〟だとみなし、上司のために上司の相談に乗るものだと考えている。このような思い込みは根が深く、組織風土によっても強化されている。メンバーの多くは、困難な問題への対応を決断するのは上司だと思っているのである。チームを十全に機能させるためには、この思い込みを捨て去らなければならない。意見を述べ、相談に乗る程度で済むグループと、メンバーとリーダーが意思決定についての責任を共有するチームとの違いを、メンバーも理解する必要があるのだ。これが、メンバーに責任の共有をさせる第一歩である。

期待の転換とは、人々が過去の経験から自由になることだ。ある石油会社の幹部は、部下の役割にどのように止まってしまうか、自分の体験を述べている。

「若手マネジャーだった頃、ある会議で議論が脇道に逸れました。参加者は互いに相手のプロジェクトをこきおろし、議題が置き去りにされていたのです。私は議題に戻らねばならないと意を決し、発言しました。この会議の参加者の一人として、自分の全能力を賭けて良い会議にする義務があると思ったからです。ところが思わぬ結果となりました。私は反抗的なやつだと白い目で見られ、その後数ヶ月はのけ者となってしまいました」。

こういった経験をすれば、誰が上司なのか、また、求められた時だけ従順に話すべきなのだと、思い知らされる。それゆえに、責任共有のリーダーは新しい規範を作らなければならないのだ。

製薬大手メルクの会長兼ＣＥＯにレイモンド・ギルマーティンが就任したとき、役員たちは各自の担当事業にしか関心を示していなかった。ギルマーティンはすぐさま別のやり方で取り組むように要請した。ビジネスウィーク誌の記事によると、こうである。

「ギルマーティン氏は、縄張り意識の強い、背信行為の横行する風土を、前任者を批判することなく静かに変えた。従業員に問題を表面化させ、立場の上下にかかわりなく、しかも個人攻撃にならないように討議させたのだ。ギルマーティン氏は、『誰が良いではなく、良いアイデアを競って欲しいのです』といい、『人々が挑戦すること、正直になることが重要なのです』と述べている」(注7)。

大きな問題に対応する

リーダーが新しいやり方に本気だと示すには、戦略的な課題をチームと共に検討し、決定し、解決するとよい。これによって、リーダーがメンバーに意見と相談以上のことを求めていると分かる。

メンバーは、重要な意思決定に関わらなければ、チーム全体の成功に責任を感じない。当事者意識を持てと何度も説くより、チームの成否を決めるような戦略的な問題を討議させる方が効果的なのだ。重要な事柄に取り組めないのに、チームのために身を投げ出し責任を担おうとするメンバーはいない。

カッツェンバックとスミスによると、真に重要な仕事は多くはないので、どの組織においてもチームは少ないのだ、という。確かに、〝重要な仕事〟が大規模かつ前人未踏のプロジェクトで、伝統的にマネジャーが責任を負う業務に限るのなら、彼らは正しい。目的や方向性の判断、製品やマーケティング戦略、業務配分、予算配分、人材配置、昇進などを指すならば、だ。

私たちは、数百名のマネジャーに調査し、一年ないし一年半の間にグループが対応しなければならない主要な問題をリストしてもらった。以下はその主なものである。

- 主要製品シリーズのライフサイクルはどの程度か、何を製品ラインに送り込むか
- 新製品を自社開発すべきか、購入すべきか。他社と共同開発すべきか
- 現在の主要製品をお払い箱にできるのか、どうなのか
- 海外または他地域に進出するべきかどうか。その場合どのように進出するか
- 海外進出するのは、販売だけか、製品開発や生産拠点もか
- 優秀な人材を引き留めるにはどうしたらいいか
- 必要な能力をもったマネジャーが育成されていない。何をすべきなのか
- 稼働率の低い工場がある。どうすればいいのか
- 原価構成が競合と比べて劣っている

調査では同時に、「皆さんの定期的な会議の議題は何でしょうか？」と尋ねた。すると、神経質な笑いが起こった。

- 重要なものは全くない
- 会議は、いかにうまくいっているかを示す発表会のようなものだ。問題は話し合われない
- 最新の財務状況をレビューし、予想を立て直し、標的になった人を血祭りにあげる。真の問題が取り上げられたときは、上司が『自分が後で何とかしよう』と言って終わりになる。

どの企業も、方針や方向性、人材、資源の配置など多くの重要な問題を抱え、グループは多忙を極めている。変化の速度は非常に速く、競争は激しい。重要な仕事をやり遂げられるのか危惧するほどだ。チームが責任を共有するとなると、これまでは上司の仕事だとされてきた課題解決、たとえば人選、業務配分、予算設定、調整や管理などに、チーム全体で取り組まねばならない。また、取り組むことによって真のチームになれるのである。

では、中間層以下のメンバーには主要な課題に取り組む機会がないのか。そうではない。重要な方針や運営上の課題は組織のどの階層においても存在する。幹部だけが戦略的な課題を決めるのではない。組織のどの階層にあっても、戦略的に考えられるし、考えるべきである。部門では、自部門の中核的な機能や組織内での位置づけ、自分たちのサービスを利用する顧客、組織全体の大きな方向性と自部門がどのように結びついているのかを、熟慮しなければならない。自部門が提供する付加価値および主要な業務や計画と、組織戦略との整合性をよく考えることが求められるのだ。

外部から押し寄せる危機も、責任共有のチームへと駆り立てる。緊急事態や差し迫った災難も、〝気持ちを一つにする〟方法だ。サミュエル・ジョンソンによれば、クルップ社が新しいマネジメント方法に前向きだった理由も、主に外部環境の厳しい圧力からだった。

こういった状況では、危機のおかげで誰もが本質的な問題を理解するので、責任共有のリーダーシップが促進される。リーダーが本気で変化を求めていることも明確に伝わる。もちろん、リーダーが、直面している大きな問題に取り組む中で、「私はこれから変わることにする。我々のこれまでの管理方法はもはや機能しない。我々が生き残るためには協力して解決しなければだめだ」と宣言するのも一つの方法ではある。

しかし、危機が過ぎ去れば、チームとして動く必要性が薄れてしまう。圧力がなくなれば、人々は古い慣れた方法に戻りやすい。それゆえ、リーダーとメンバーが新しい上司－部下関係を築き、組織の将来にとって中核の問題に取り組み、長期にわたって挑戦し続けることが重要だ。

チームの成長を促す一五％ルール

チームを目指して、大きな問題に取り組むのは困難が伴う。未成熟なグループでは対立が起き、解体してしまうかもしれない。一方、楽な道を歩めば、グループは成長しない。リーダーは、グループを崩壊させずにチームにする方法を知らなければならない。私たちは、〝ブラッドフォードとコーエンの一五％ルール〟で、このジレンマから抜けることを提唱したい。

一五％ルールとは、中核的な問題にチームで取り組む際に、リーダーがグループの一五％先（おそらくリーダーの快適な範囲の一五％先）をいくとチームづくりが進む、というものだ。規範よりも一五％オープンになり、議論し、重要な問題に取り組み、少しずつ基準を上げていく。おそらく感覚的には、リーダーとメンバーは共に、いつもより大きな一歩を踏み出すという感じになる。逆に、歩幅を狭めればチームの成長は遅くなる。

合意による問題解決

戦略的な課題に取り組むときであっても、チームは意思決定の方法を選択すべきである。一般的には、意思決定の方法には四つある（表5－1）。単独型、委任型、相談型、共同型である。

相談型と共同型は合議によって決定する点は同じだが、相談型では、唯一決定権を持つリーダー一人に最終的な決断が委ねられ、リーダーが一人で責任を負うのに対し、共同型では、全員で決定し全員が責任を負う点で異なる。部下の話をよく聴く相談型のリーダーは、部下から良い情報や熱意のこもったアイデアを入手できる。しかし、相談型と共同型は最終決定を下す主体が違うため、根本的に異なるものなのである。「君には気晴らしが必要だ」と友人に休暇を勧めるのと、あなた自身がその休暇の費用の半分を負担するのは違うではないか。共同型の方が、思慮深さ、リスクの高さ、結果に対する個人的な投資がずっと大きいのである。自分自身が関与するのと、他人が何かをするのを観察するのとでは、たとえどんなに共感的に観察していようとも雲泥の差がある。リーダーが重要な意思決定を全て下すのであれば、メンバーはたちまち物見高い傍観者となり、自分たちが同意した決定内容であっても、責任は共有しないだろう。

重要な問題でメンバーの知恵を結集できる共同型は優れた方法だが、常に最適とは限らない。四つの意思決定方法それぞれに適した状況がある。

- 誰がその件に関する専門知識を有するか（リーダーか、ある特定のメンバーか、グループ全体か）

表５－１　意思決定の方法

単　独　型	リーダーが一人で決定する
委　任　型	ある限度内，個人またはグループに委ねられる
相　談　型	メンバーの意見を踏まえたうえでリーダーが決める（リーダーの決定が最優先）
共　同　型	メンバーとリーダーが協働し，合意して決定する（リーダーとメンバーの双方が積極的に賛成するまでは，どんな決定もなされない。リーダーの意見であっても）

（出典：上記は，V. Vroom and P. Yetton著 “Leadership and Decision Making” Pittsburg, PA：University Press 1973からの翻案である）

表５－２　意思決定の型と状況

単　独　型	－　リーダーのあなたが専門知識を十分にもっている －　メンバーと共有できない情報がある －　時間が限られている －　あなたの判断は決まっており，それ以外は受けられない －　些末な問題である
委　任　型	－　明確に専門家が一人存在する －　重要な問題ではない －　能力開発的な機会になる －　あなたとチームが結果に賛同できる
相　談　型	－　ある一人の担当領域のみの案件である －　問題の重要性は中程度である －　大きな過ちを避けたい －　チームとしての機能がまだ不十分である
共　同　型	－　重要で複雑な問題である －　専門家がおらず，メンバーの総力を結集する必要がある －　質の高い解決策が求められる

- チームまたは個人が、チームの目標を達成できるだけ成熟しているか
- 討議にかける時間の猶予があるか
- 決定を実行するやる気の度合いはどうか

責任共有のリーダーでも、必要であれば単独型で決められるし、決めるべきである。リーダーが必要な情報や専門知識を持つ、さほど重要な問題ではないときや、メンバー全員の合意がなくても解決策を実行できるときは、リーダー単独の決定は適切であり、決して官僚的ではない。純粋に緊急な場合は、すぐに行動しなければならない。しかし、問題が複雑で専門家がいないときは、共同型の方が通常は質の高い決定が可能となる。ただし、メンバーが主たる戦略的な方向性について基本的に合意し、全体的な視点で検討できるという条件が必要だ。もしも、メンバーが担当領域の立場でしか考えていないなら、合意形成は困難だ。この場合は、不適切な妥協が起こるか、リーダーに責任を押しつけることになるだろう。

合意により意思決定する能力がチームに欠如していると、リーダーはジレンマに陥る。そしてこう考えることだろう。『彼らには決められないのだ。些細なことだけに関わらせ、意見や情報を求めるだけにしておこう』。こうなると、メンバーは、このリーダーの期待に応えるように自分のことしか考えなくなってしまう。合意によって重要な決定を下す機会がなければ、意思決定の能力を発揮する機会も失ってしまうのだ。その結果、リーダーは責任の共有など夢だと思ってしまう。

責任共有のリーダーを目指すリーダーであっても、この合意による意思決定にひっかかる。『もし、

チームが私を窮地に立たせるような決定にこだわったら、どうしよう？　それでもその通りにすべきなのだろうか』。私たちの答えは明快だ。

重要な決定において、チームの判断が明らかに不適切なときは、リーダーはそれを受け入れてはならない。

優秀なメンバーたちのチームがどれほどの頻度で明白な間違いを犯すのだろうか？　合意による意思決定の基準を満たしているのに、良い結果につながらないと感じるとき、リーダーはどうすれば良いのだろうか。この問いに答えるには、以下の合意による決定の五つの基準を振り返ってみるとよい。

一般的には、以下が意思決定を共同型で行う条件である。

1　問題が複雑なとき

2　リーダーを含めた誰もが、グループの知識の総和以上の専門知識を持たないとき

3　メンバーが関連する情報を持っているとき

4　チームが協働し、かつ適切な意思決定の手順を踏むことができ、全体の目標に整合しているとき

5　メンバーが、担当領域と部門全体のニーズを両立させられるとき

問題が本当に複雑であるにもかかわらず、他の条件がそろっていないのなら、条件を整えることを検討すべきである。では、上記の五つの条件が整っているが、共同型で決定することが不適切と感じられる場合はどうするか。次の問いを検討するとよい。

自分は彼らよりも情報を持っているか？

『私は、メンバー全員の総力以上に賢く、何でも知っているだろうか？』と問われ、肯定できるリーダーは多くないだろう。しかし、肯定できるなら、さらに『人には自分好みの仕事の進め方がある。客観的な成果の質と、個人的な好みの成果と、私はどちらを優先させたいか？』と問うてほしい。もちろん、リーダーがメンバーより多くを知っていても、説明しにくいものもある。ノーベル経済学賞受賞者のハーバート・サイモンは、人工知能の研究で、人は専門家になるためには約五万の個別の体験（〝まとまり〟）が必要になると結論づけている(注8)。リーダーはそれくらい手にしているかもしれないが、長年の組織生活の中で身体に染み込んでいるために、その解が正しいことを説明するのは難しいものだ。あるいは、そのリーダーはカオス状態からパターンを見い出す能力が高く、他人に説明できないことをつかんでいるのかもしれない。しかし、根拠を示せなければ、他者を納得させるのは難しいだろう。

その決定は、論理性や数量に依拠しすぎていないか？

近年、ＭＢＡコースを修了した人たちは、しばしば次のように信じている。『測定できないのであれば、存在していないと同じことになりますよ』。しかしながら、簡単に計算できない、大勢が依存している最先端の分析手法でも答えが出せないものが、直観的につかめることもある。これは、将来について重要な決定をする時には特に大切だ。どんなに徹底的な市場と技術の分析をしても、将来を予見しきることは難しい。経験豊かな人の洞察が定量的分析を超えることがあるのだ。データを元に仕事する人、事実によってマネジメントする人には、こういった洞察を軽視する傾向がある。しかし、緻密な分析で有名なコンサルティング会社のシニアパートナーによると、『もちろん、我々は数字を押さえ、データを吟味しますが、一歩踏み込んで顧客に提言するときは直感を頼りにしています』だそうだ。

メンバーは、チームのビジョンに心を注いでいるか?

メンバーがビジョンに納得しているように見えるときでも、重要な課題ではきわめて複雑に利害がからんでいる。そのため、総論では〝会社はもっとグローバル化すべきだ〟に賛成であっても、新しい外国人の役員が既存事業の担当副社長に就任した途端、賛成の声は消え失せることもあり得る。

チームの成熟度が見かけよりも低くないか?

チームが効果的に機能しているようであっても、メンバーは共謀して微妙な問題を避けているのかもしれない。たとえば、事業環境の変化による体制の変更で、多くの人から好かれているメンバーを外さなければならないとき、チームが抵抗することはないだろうか。不可避だと分かっていても、避けていないか。

メンバーが時代遅れの考え方にこだわっていないか？

激しい環境の変化に気づかないこともあり得る。というのは、経験が邪魔をして、新しい状況を客観的に把握できなくなることがあるからだ。チームが協業しても、時代遅れの前提に立っていたら意味はないのだ。経営コンサルタントのアイリーン・シャピロは、ある経営幹部チームは、会社の危機の兆候がはっきり出ているのに、分からないことがあった、と書いている(注9)。

リーダーのとるべき道

チームが間違っているときは、リーダーは『申し訳ないが、反対であっても、私のやり方に従っていただきたい』と言わなければならない。しかし、これには、チームの成熟を止めてしまう危険も伴う。初期段階にあるチームの決定を覆せば、リーダーへの信頼が揺らぐ可能性もある。『いざとなったら、上司は前言を撤回するんだ』と思い、元の英雄志向の考え方に戻ってしまう。

チームの決定が不適切なときこそ、チームに新しいやり方をより真剣に取り組ませる機会である。チームの決定が自己保身的だと感じられたら、その点にチームの目を向けさせるのである。経験不足が背景にあるのならば、チームに経験の機会を与えるとよい。たとえば、環境変化に鈍感な場合は、不満を抱く重要な顧客、または新しいニーズをかかえる顧客に会わせるのもよいだろう。

また、責任共有の考え方が十分に活かされているかどうか、検討することも重要だ。特に、合意が形成されない背景に組織ビジョンの共有不足がある場合は、ビジョンがしっかりと共有されるまで判断は保留すべきだ。

さらに、リーダーがチームの決定に関する自分の懸念を明確に開示し、チームで話し合わせる方法もある。この方法は、仲間うちの問題についてチームに対応を求めるため、メンバーにとっては負担ではある。ここでリーダーは解決策も反対意見も示さずに、チームに解決させるのだ。これは、暗にチームで問題を解決できるんだよ、と伝えることでもある。リーダーの多くは、解決を預けることでチームの創造性が高まり、極めて良い結果が生まれることを知っている。解決策の選択肢がより多く出され、検討され、解決策の実行にチームがより真剣に取り組むからである。

責任共有のリーダーシップは、リーダーが単独型の意思決定をしないという意味ではない。チーム全体がチームの運営に責任を感じるのが本質だ。グループの希望と異なった決定をリーダーが単独で下すことがあっても、責任は共有される。リーダーが重要な問題を合意によって決定してきている場合はなおさらだ。リーダーがメンバーを信頼すれば、チームもリーダーを信頼するのである。

リーダーが一人責任を負わざるを得ず、会社に判断を委ねるような希な場合であっても、英雄志向のリーダーシップに戻してはならない。もちろん責任の共有を強化したいという願望と、大胆で素早い対応とのバランスは重要だ。現実は、チームが適切な目標を共有し、お互いに仲間として認め合っているなら、チームの判断の方がより良い場合が多い。チームの判断を否定するという選択肢は常にあるが、慎重かつ十分に注意して使う必要がある。

完全な協働状態までの道

個々の担当分野に加えて、チーム全体にかかわる主要な課題で責任を共有するチームを育てるのは容易ではない。時に、自分には無理だと圧倒されるかもしれない。メンバーと率直に意見交換し、互いに責任を負い、決定を下す前に考え得る選択肢全てを検討し、一人ひとりの関わり方や関心の相違を乗り越えるなど、本当に可能なのだろうか？　役員会ですら、不適切な行動をとる人や難しい人、欠点、集団思考、各自の担当領域の関心でチームが割れて混乱することがあるものだ（注10）。

そこで、グループの成長を段階的にとらえることが役に立つ（注11）。ある研究によると、グループは五つの段階を経ていくという。1メンバーシップ、2サブグルーピング、3対決、4差異化、5協働（あるいは責任の共有）、である（注12）（詳しくは表5－3を参照のこと）。

これらの五つは段階的に進む。各段階には、チームとして効果的に相互作用し、次の段階に進むために不可欠な課題がある。その課題に十分に取り組まないで次の段階に進むと、後で問題が起き、もどってしまう。各段階の課題にきちんと取り組むため、リーダーとメンバーは協力し合うべきなのである。

現実には、グループは五つの段階を前進もするが、後退もする。また、一つの段階に停滞することもある。特に対決の段階では停滞しやすい。すんなりと第五段階に至ることはまれである。リーダーとメンバー全員の意識的で集中的な努力があって初めて、第五段階に到達できる。

表5－3　グループの発達段階

段階の課題	1 メンバーシップ	2 サブグルーピング	3 対　　決	4 差　異　化	5 協働状態
グループの課題	自分の居場所を探す	味方を探す	方向性で対立する	自分の仕事をする	チームの成功のため責任を共有する
雰囲気と関係	注意深さ、感情抑制、対立少なし	小集団内の凝集性高し。小集団間は腹の探り合い	小集団間に敵意見られる	職人的な満足、違いに対し概ねオープンで率直	支持的、要求、オープン、直接的、表現される。課題について議論
目標の理解と受入度合い	低く、多くのメンバーにとって不明確	誤解は見られるが、明確度は増す	議論中	ほとんどが合意している	具体的なビジョンにコミットしている
傾聴と情報共有	緊張状態。解釈の歪みが多く公開度合が低い	小集団内の近似性は想定より少ない	貧弱	それなりに良い	素晴らしい。早くかつ率直
意思決定	積極的なメンバーが支配	上司の所で止まっている	声が大きく、最も力のある人による支配	専門性のあるメンバーによる。しばしばメンバーへの相談後、上司が決める	必要なリソースが明確なときは合意による決定、専門家がいればその人が決定
リーダーシップに対する反応	メンバーから試され、腰掛け的	抵抗する。しばしばはっきりと抵抗	権力闘争。リーダー的地位の奪い合い	全般的支持。影響力は個人でばらつく	極めて支持的かつ反対の際は明確に意思表示
グループの動き（機能の仕方）への関心	無関心	ある程度の注目。但し、小集団内でのみ検討し、公式にはしない	敵に対する武器として活用	時々、業務の変更を行う。討議なしで受け入れることあり	仕事を進める上で必要に応じて検討し、各自が主体的に関わる

注：この表は，Steven L. Obert, 1979 "The Development of Organizational Task Groups" Case-Western Reserve University 学位論文を参考にして作成された。

この五つの段階は、相互依存的に仕事するどの集団にもあてはまる。たとえば、新しく結成された経営会議体、一時的なプロジェクトやタスクフォース、責任共有に生まれ変わろうとするグループなどで活用できる。

チームは現実の仕事もやり遂げながら各段階をあがっていくものだ。〝グループの成長が先で、生産性は二の次〟ではない。初期の段階では、リーダーは特にグループプロセス（グループ内の変化）に注意を払う必要があり、後の段階に比べて積極的に関与しなければならない。次第に、メンバー自身もグループプロセスを促進する責任を担うようになるが、リーダーは初期の段階からチームが自ら意思決定を下すように支援し続けるべきである。

複雑で水準の高い仕事をやり遂げるために、チームはつくられるのだ。チームの第一義的な目的は、メンバーにとって居心地良く感じさせることでも、メンバー同士仲が良くなることでもない。チームをつくる最適な方法は、日常の業務に取り組む中でメンバーを真に協働させ、責任を共有させることだ。社会活動、野外学習、社外での会議、オフサイトのセッションなどは、メンバーの前向きな気持ちを強めるかもしれないが、それだけでは協働を継続させにくい。

この五段階の背景にある力学を理解するには、チームが直面し、メンバーが体験する課題を知ることだ。

- 行動の規範をつくること
- 権力と影響力がどのように行使されるかを決めること
- 率直に話して良いことは何かを決めること

- 反対意見への対応の仕方を合意すること
- リーダーとメンバー各々の役割と責任を定義すること

また、グループでは、メンバー個々の受容、権力、権威、そして達成に関する課題も発生する。私は受容されているのか？　私はどのように影響力を獲得できるのか？　どのように振る舞えばよいのか？　私自身の目標は実現できるのか（注13）？　これらは、五段階を通る中で対応すべき課題である。

第一段階　メンバーシップ

第一段階の課題は、グループへの所属である。メンバーは所属することの価値に関心を向ける。

- 私は、どの程度、このグループの一員になりたいだろうか？
- このグループの一員となるための必要条件は何か？　私は条件を満たしているか？
- この条件のもとでは、私はこのグループにどの程度かかわりたいのか？
- 私は重要な役割を得られ、敬意を払われ、話に耳を傾けてもらえるだろうか？
- 私は責任を共有しあうチームの一員になりたいのだろうか、それともこれまでのやり方の方が良いのだろうか？

グループが新しく結成されたとき、あるいは責任共有のリーダーシップに移行するとき、メンバー全員がこれらの問いと格闘する。メンバーはお互いに腹を探り合い、どんなゲームになるのかをつかもうとする。初期段階の会議は要注意だ。メンバーは、自分の関心事や目標を提案し、自分の影響力を試す。また、不安を打ち消すために頻繁に冗談が交わされる。

この段階では、リーダーが介入しなければ、メンバーはこれらの気がかりで注意散漫になり、まともな成果をあげるのは困難だ。楽な議題しか検討されなくなり、対立が起きそうな議題では当たり障りのない意見しか出ない。重要な課題では、他のメンバーの意見を聞こうとするまじめな人がいるかもしれないが、メンバーは判断の質よりも自分の影響度合いの方を気にしているため、そういった動きは妨げられがちだ。言葉が慎重に選ばれ、メンバー同士が品定めし、望むように自分を位置づけようとするのである。

この第一段階は自然に進むため、早く終わることが多い。メンバー同士が互いに自分自身のこれまでの経験や身につけたスキル、目標、このグループに対する懸念などを話し合えばよい。メンバーが本気になるタイミングや度合いはバラバラであっても、第二段階への移行は早い。

第二段階　サブグルーピング

新しいチームのメンバー、新しくチーム憲章をつくったチームのメンバーにとって、孤立や活動からはずされることが懸念である。第二段階における中心的なテーマは、〝私の味方は誰か?〟だ。無理なく孤立を避けるには、味方を探してサブグループ(下位集団)をつくればよい。立食のパーティーを想像してみよう。初対面の人が多いときは、最初は誰か知り合いがいないかと探す。見つかると、特に好きではなくてもその人に近づく。誰も知らないときは、馬が合いそうな人を探す。服装や雰囲気や表情など手がかりは何でも使って、味方を探すのである。

このように、人は素早く考え方や目標が似通った人たちでまとまろうとする。まとまれば孤立の恐れから解放されるので、他のサブグループと自分たちを区別してまとまりを強化する。たとえば、反対を表すときは、仲間に目配せしたり、相違にあきれた表情を表したり、はっきりと首を振ることもある。

第二段階では、メンバーは第一段階よりもはっきりと自分の意見を表明するが、対立は隠される。メンバーの本音が会議の外でしか表明されないか、または、各々の思惑が語られないため、会議はなかなか進まない。率直さが欠落していると拷問と化すのだ（合理的なフランス人ですら、終わりのない会合を、嫌みを込めて〝リ・ユニオニテ（親睦会）〟と呼ぶ）。

こういった陰のやり取りがあるために、メンバー間には緊張感が漂う。直面している問題を解決したいものの、率直に発言するのは危険だと感じられる。表だった対立は危険だが、黙っていればやられてしまう。その結果、反対意見は水面下に潜り、陰で反対するか消極的な不服従の形をとる。

この第二段階では、仲間の支持があるために問題を表に出しやすい。まだ十分とは言えないが少しは前進だ。この仲間からの支持を得ることが、次の段階にあがる条件である。グループの中で孤立したい人など滅多にいない。まして、仲間の支援を期待できない状況で、強く主張して対立するなど考えにくい。

責任共有のリーダーシップを目指す課程で、リーダーと協力したがるメンバー、協力したがらないメンバー、様子見を決めているメンバーごとにサブグループができることがある。人は業務上の問題と同様に戦略や方針等に対しても好みの方法でまとまり、サブグループが生まれるからだ。この第二段階を突破するグループは、残念ながら少ない。次の段階の主テーマ、対決に正面から取り組めないために、この段階に止まってしまうのである。

第三段階：対決

この段階では、前の段階から大きくグループが変化する。ビジネスや仕事の進め方に関する重要な課題に取り組む機会が増えるに従い、メンバーはよい結果を出したくなる。通常最善の戦略とは何か、資源の有効配分ではどうあるべきかなど、将来にかかわる課題について、メンバーは異なった意見を持っているものだ。前進するには、この違いを解消しなければならない。メンバーは次のような問いに直面する。「誰の意見が主流なのか?」「これを決めるのは上の人たちなのか?」「この件で対立したら、メンバーの誰かが傷つくだろうか?」「将来のことについて議論で負けたとしても、自分はチームで軽んじられないだろうか?」などだ。

意見の相違はあって当然であるし、同時に必要なことでもある。相違点がなければ、チームは同調過剰やいわゆる〝集団思考〟に陥り、現実から遊離していく。リーダーは、反対意見や異なる見方が出てこないときこそ心配すべきなのだ。グローバルな金融サービス会社のＣＥＯは次のように述べている。

「本気で議論しないのです。あえて嫌われ役になる人もたまにはいますが、重要な問題では本気で相手とぶつかろうとはしませんし、私に向かってくることはありません。あまりに快適で自画自賛的すぎます。そのことがここ数ヶ月気になって仕方ありません。揺さぶりをかける方法を見つけなければと思っています」(注14)。

質の高い判断を下すことが目標であるなら、意見の違いは徹底的に検討し、解消させなければならない(注15)。そうは言っても、多くの人が違いや対立を避けようとする。グループやリーダーは切迫した対立が恐ろしいため、少しでも対立すると直ちに鎮圧する。その結果、グループは〝二・七段階〟で立ち往生してしまう。ここで感じられる恐れとは、グループの存在自体が対立によって脅かされるという恐れである。「対立が解消できなければ、我々は分断したままになるのだろうか?」個人としては、対立して負けた場合、自分の顔を潰されるのではないかと心配する。さらに、対立の結果、人間関係がどう変化するかも気にする。「我々二人が反対したら、他メンバーとの関係が悪化してしまうだろうか?」などだ。

また、業務上の対立が個人攻撃につながるのではないかという懸念もある。この段階では、メンバーは対人関係の傾向など互いに知っており、好き嫌いもはっきりしてきている。テリーは討議を仕切らないと収まらないだろうか? ジュアニータは今度こそ自分の考えを話すだろうか? フレッドはジーンへの嫌みを止められるだろうか? バートが専門性の低いバイヤーを見下すのをやめないのに、本当に顧客を増やせるのだろうか、などだ。こういった人間関係にかかわる問題では、個人攻撃的にならざるを得ないところはある。そして、対人関係スタイルが仕事の能力やメンバーの相互依存度合いと不可分に絡み合っているときには、仕事を進めるのが難しいのも事実である。

対立は別の場にも持ち込まれ、痛みと不愉快な気持ちだけが残る。その結果、対立は潜伏し、非建設的な中傷の形で残っていく。この落とし穴に落ちてしまったグループは、責任を共有するチームにはなり得ない。派閥間の争いが表面化し、解決策の質よりも自分たちの派閥が優位に立つことが重要になってしまう。問題が表に出る点ではよいが、妥協してしまえば、創造的な問題解決とは言い難い。

この第三段階に到達できるのは、互いの違いにどのように対応すれば良いかを学んだグループだけである。これは簡単ではない。非生産的な会議があまりにも多い理由を考えれば分かるだろう。「我々は一度だって結論に至らない。たとえ、あと少しのところまで近づいても、結局、最初から検討しなおさなければならなくなる」「会議は脅迫と暴行だ」といった言葉は、グループが相違点に向き合えず、その解消もできていないことを表している。

対立への対応は非常に重要なので、第10章で詳しく解説することにしよう。

第四段階：差異化

大論争の末にチームが合意に至る経験をすると、チームの雰囲気が不思議なほど良くなる。議論は筋の通ったものとなり、中傷は消える。メンバーはチームの中に自分の居場所があることに気づくのだ。サブグループの陰に隠れる必要などない。一人ひとりが自分らしく振る舞える。サブグループが生まれることはあるが、取り組む課題によってメンバーは入れ替わる。各メンバーは互いの仕事を信頼し、未達であれば他メンバーからのフィードバックに耳を傾ける。会議は時間の浪費ではなく、仕事をやり遂げるための場となる。メンバーは会議を待ち望み、他メンバーと過ごす時を楽しみにする。潜伏していたチームの問題や人間関係上の問題が解消されると、チームの雰囲気が前向きになっていく。対立する問題をどう話し合うと良いかを学んできているため、この先問題が起きても解決できるという自信がメンバーにもたらされるのである。

この第四段階に到達するまでに、チームは初めの頃に棚あげされた人間関係上の問題と向き合い、互いにどう共存するかが検討される。この課題を乗り越えると、メンバーとしての受容、影響力、目標達成への参加などメンバーのニーズはほとんど満たされ、自分らしさを出せるようになっていく。グループは今や、チーム内で議論を建設的に行えることを知っている。そして、自分たちのマネジメントの仕方を自己吟味できるようになっているため、意見の対立があったときは、チームとしてより建設的な方法で対応できる。

全てのチームがこの段階に到達できていれば、職場の状態は大幅に改善されるだろう。しかしながら、そう簡単にチームになれるわけではない。主な意見の対立を克服したからといって、これで対立が起きない保証はないのだ。対立が起きた時にも解決できるという自信をチームが獲得し、チームとして能力を全開する状態になるまで、大きな問題を目の前にしてためらうこともあるからだ。

この段階にチームがうまく取り組めないと、各メンバーが自分らしさを発揮することにこだわり、対立も協働も避けて自分の担当領域ばかり追求するという、最悪の事態も起こり得る。

「自律への思いが強いために、独立した領域が山ほどできてしまったのです。みんな自分の目標のみを追求し、非公式のコミュニケーションや協力はほとんど見られません。現在、市場が転機を迎えており、我々の組織はその影響を全面的に受けることが分かっています。しかし、協働できなければ、この転換に対応できません」と、ある悩めるＣＥＯは述べている（注16）。

第四段階は、一人ひとりに自分の担当領域への責任を持たせ、他のメンバーを信頼する状態をつくりだす。しかし、自分の担当以上に他のメンバーの領域に責任を感じることはない。たとえば、役割を越えて他のメンバーを援助したり、接点のある問題の解決に乗り出すことは求められない。したがって、メンバー同士が相乗効果を生むには至らないのである。第四段階では、個々人は自分らしさを自由に発揮できるようになるが、第五段階の協働によるメリットを享受するところまでは来ていない。

協働状態になればほとんどの問題をチームで対処でき、メンバー同士の相互依存性が理解され、活かされる。また、一人ひとりの成長は全員の責任だと認識される。

第五段階：協働

この段階の主な特徴は、責任を全面的に共有できているということ、部門全体の目標達成に全力で取り組んでいるということである。メンバーはリーダーと協働して部門を管理し、重要な問題に関する判断を合意によって下す。全ての問題が対象となり、リーダーの仕事ぶりも含まれる。最も困難な課題にも素早く対処し、全メンバーが自分の専門性と問題解決能力を駆使してチーム全体に貢献する。メンバーは互いに他メンバーのことを考え、仕事についても互いに責任を持つ。第四段階では、グループの力は最も弱いメンバーの力と同じ程度にしかならないが、第五段階では最強のメンバー以上の力が出せる。それは、各自が各自の方法や弱点を調整し、補いあい、さらに強力に支援するからだ。

この段階のチームには、バスケットボールのゲームのように、リードする者が入れ替わる柔軟性がある。メンバーは自分の役割を果たしながら、必要に応じて他メンバーの領域に相互に踏み込みあい、柔軟に攻撃と防御を使い分ける。どのメンバーも、チームの成功のために何でもする。職務の定義によって、各メンバーの貢献が限定されることはない。

「私たちは今や担当や役割にさほどこだわっていません。他のメンバーの担当分野にも意見を述べ、さらに部門ビジネス全体に責任を感じています。外部の人が私たちの会議を見ても、誰が何の担当か分からないでしょう。全員が事業全体に関わっているからです」と、この段階に到達できたメンバーは述べている。メンバー同士の相乗効果が生まれれば、市場の変化、予想外の新しい競合の登場、より迅速な製品開発や革新等々にチームで対応できるようになるのである。

最終段階を目指す

グループの発達段階を把握しておけば、チームの状態がどうであるか、どのように次の段階に進めばよいかが分かる。プロセスの流れを押さえれば、チームは最終ゴールに近づくのである。

第一段階では、メンバーがお互いの目標、関心、懸念などを理解し合うのに役立つものはすべて、第二段階に進むうえで有益であった。そして、第二段階に入ると、リーダーはメンバー各自の相違点を引き出し、意見の相違は当然のことで歓迎すべきだという考えに馴染ませる。

第三段階では、リーダーは現実の問題に焦点づけ、創造的な解決策を模索することにより一方が勝ち他方が負けというウィン・ルーズの議論や安易な判断を避け、個人攻撃をせずに対人関係の問題を解決するよう、チームを支援する。

第三段階から第四段階へと進んだ後は、リーダーは組織の最も重要で挑戦的な課題にチームを導き、チームの結果に対して責任感を持つように促せるようになる。ここで、責任共有のリーダーシップの利点が明らかになる。従来のリーダーが厄介な問題だと思う対立を、成長の機会として扱えるのである。チームがその次の協働の段階に入れば、困難な問題で意見が割れても、チームは崩壊しないと自信を持てる。

以降の第8章から第11章では、ファーマコ社のケースから、組織がどのようにしてこの五段階に進むかを検討する。

最も重要な問題で合意形成する過程では、メンバーがより大きな視点を持ち得るか、意見の相違に対応できるかの二つが課題だ。最も効果的な策は、高いレベルのビジョンを描くことだ。ひとたびビジョンが形作られ、メンバー全員の考え方や行動に組み込まれたチームは、滅多に脇道に逸れないのである。

【注】

1 Donald C.Hambrick, "Fragmentation and the Other Problems CEOs Have with Their Top Teams", California Management Review,37,3,Spring,1995,pp.110-127.

2 Stanford Sherman,"Secrets of HP's'Muddled'Team",Fortune, March 18,1996,p120.

3 Stanford Sherman, 前掲

4 Jon R.Katzenbach and Douglas K.Smith, *The Wisdom of Teams*(Boston:Harvard Business School Press,1993) pp.20-21,43-64.

5 Jon R.Katzenbach and Douglas K.Smith,"The Discipline of Teams",Harvard Business Review,March-April, 1993,p.112.

6 Thomas M.Hout and John C.Carter,"Getting It Done : New Roles for Senior Executives", Harvard Business Review,November-December,1995,p.142.

7 Joseph Weber,"Mr.Nice Guy with a Mission",Business Week,November 25,1996,p.132.

8 M.J.Preitula and H.A.Simon,"The Experts in Your Midst",Harvard Business Review,January-February,1989,pp.120-124.

9 Eileen Shapiro, "When the Enemy is US",(Oxford England:Capstone Ltd.,March 1998). 当時刊行予定だった原稿より。

10 前出1と同じ出典。pp.110-127.

11 当時、同様のモデルが注目を集めていた。特にB.W.Tuckman「forming,storming, norming performing」の明確に四段階に区別したものが有名である。("Developmental Sequence in Small Groups", Psychological Bulletin,63,1965,pp.384-399.)。なお、W.Bennis and H.Shepard の "A Theory of Group Development", Human Reactions, 9、(1956,pp.415-437) のモデルが最初と言われる。Tuckman と同じく、業務内容ではなく、集団の変化に焦点があたっている。私たちは、Steven L.Obert の説("The Development of Organizational Task Groups",Ph.D.Dissertation,Case-Western Reserve University,1979) を気に入っている。

12 このモデルには二つの特徴があるため、使いやすい。作業チームから導き出されているので、仕事グ

ループの現場に近い。このため、有名なTuckmanのモデル（forming,storming,norming performing）よりも、各段階の特徴が企業に近く分かりやすい。たとえば、"norming"はTuckmanの説では単独のステージになっているが、"norm（規範）"は初期から設定されており、全段階を通して存在する。

13　Edgar E.Schein, *Process Consultation : Its Role in Organization Development, 2nd ed.,* (Reading, MA: Addison-Wesley, 1988),pp.41-49. 邦訳『プロセス・コンサルテーション―援助関係を築くこと』（稲葉元吉・尾川丈一訳　白桃書房　２００２年）。

14　前出1と同じ。pp.115.

15　組織における議論の価値について、素晴らしい書籍がある。参照されたい。Richard T.Pascale, *Managing on the Edge* (New York:Simon&Schuster,1991)

16　前出1と同じ。pp.115-116.

第6章　ビジョンの共有化

私たちが「Managing for Excellence」を書き下ろしていた一九八〇年代の初期、企業ではビジョンを知る人は少なかった。そこで、私たちはビジョンの概念を伝えるため、言葉を探したあげくに〝包括的な目標〟という言葉を用いた(注1)。ところが、その約一〇年後には、聞き飽きるほどにビジョンという言葉は知れ渡っていた(注2)。「ビジョンづくりには現場から離れた方がいいのさ」と、したり顔で言う人もいた。

ビジョンには、人々を本気にさせ仕事ぶりを一転させるほどの強大な力がある。しかし、ビジョンをつくっても実現されず、貴重な時間を浪費することも多く、マネジャーにとっては大きな意味を持たなかった。幹部層ではビジョンが明確なのに、現場では意味のない文章にすぎないこともあった。ビジョンの内容が、本業ではなく、職場の人間関係に関するだけの場合も少なくなかった。

それでも、私たちはビジョンには価値があると述べたい。現代、ビジョンは組織やチームが成功するために不可欠な要素だ。世界中のシニア・マネジャー二、六六四名から回答を得た調査によると、効果的なリーダーシップのためには〝具体的なビジョンの実現〟が最も必要で、この点についてマネジャーたちはうまくできていないと回答している(注3)。ビジョンの価値が理解されない背景の一つだろう。

また、研究者やコンサルタントが似たような概念や言葉を大量につくりだしたことも問題の背景にある。些細なニュアンスで言葉の意味を区別したことが、混乱を引き起こしていた。そこで私たちは、中心的な概念を以下のように定義しておく。

- ミッション～組織の事業、存在目的、機能についての客観的な説明
- 具体的なビジョン～組織の核となる存在意義／ミッションを、鮮明かつわくわくと描いた姿。価値観や信念が含まれることもあり、組織内のどの部門、部署にも適合するもの
- 戦略的意図～確固たる戦略的な目標。現在の組織の力量を超えているが、中長期的には達成可能な目標

ビジョンの必要性

ビジョンは、全てのリーダーにとって重要だが、特に、責任共有のリーダーシップにとっては極めて重要である。リーダーとメンバーは困難な挑戦のために、責任を共有しなければならないからだ。

- 非常に重要な課題の場合は一時的な対応では済まない。何を軸に我々は合意できるか？
- 担当分野の立場にこだわるのをやめよという根拠は何か？　どんな利点があるか？
- 部門運営の責任を共有するには、相互に影響を及ぼし合う必要がある。どのように個人攻撃を避けられるか？
- 上司は私に主体性を発揮せよと言うが、私の仕事ぶりが上司の期待に応えていないと評価は下がる。上司の判断基準は何か？

- 私自身が状況を直接掌握していないとき、他の誰かが正しい判断を下してくれるという確証はあるのか？　メンバー同士がどのように調整しあうのか？

メンバーがリーダーの共同経営者として振る舞い、主体的に考えて行動し、目標を上回り、その成果が組織目標に貢献するとしたら、そういうメンバーは全員、組織が目指す方向をしっかり向いているに違いない。そのとき、メンバーとリーダーの波長は合っているはずだ。ビジョンの狙いはまさにこれなのだ。

的確に描かれたビジョンを正しく活用すれば、より良い成果を生み出せるのだ。オートデスク社CEOのキャロル・バーツは、スタンフォード大学の経営大学院で学んでいた時にこう述べている。

「私はビジョンという言葉は嫌いです。ただ、正直に言いますと、会社のビジョンを従業員が明確に表現できるようにすることは重要だと認めざるを得ないですね。でも、さすがに、ぴったり九文字でおさまるビジョンをつくるために何ヶ月も費やされるのには気が狂いそうです。九文字自体が重要なのではなく、社内の全員にとって腹に落ちるもので、それによって会社が向かう方向が分かる文章にすることが重要なのです」。

ビジョンが活かされれば、スローガンより遙かに威力を発揮する。人を触発し、調整し、一つの方向に結びつける。

ビジョンが全員に浸透すれば、重要な意思決定の判断基準となり、予想外の出来事や予定外のことにも対応できる。また、ビジョンによって個々の懸念を乗り越え、部門全体に意識を向けられる。すなわち、個々のメンバーが、他のメンバー、部門、そして会社全体のベクトルと連動できるようになるのである。

ヘンリー・フォードは、実はクルマ作り以上のビジョンを描いていた。

「私は庶民向けのクルマをつくる。安い価格にして普通の人が買えるようにし、神が作り給う大地の喜びを家族と味わえるようにしたい。今後、道に馬は入らず、クルマが思う存分走ることになるだろう」(注4)。

このフォードの言葉には、フォードが設立した会社のミッションや戦略以上の意味がある。フォードは、クルマによって生活が変わり、家族が共に広い大地を休暇で楽しむという姿、つまりビジョンを描いて見せたのだ。彼のビジョンは人間の欲求に即しており、またレジャーを豊かにしたいという彼の熱意は魅惑的で、人々を潜在的に動機づけたのである。

ビジョンは本当に重要である。幹部にとってだけでなく、組織の中のマネジャー全てにとって重要である。もちろん、階層ごとに全社的なビジョンをかみくだき、部門の業務にひきつけて示す必要はある。仕事の進め方が確立し、全社的なビジョンが浸透している組織であっても、各部門が部門としてビジョンにどのように貢献するか、その部門固有の存在意義を定義する必要があるのだ。この章では、ビジョンを組織の中心に定着させ、浸透させる方法を見ていこう。

ダン&ブラッドストリートの元CEO、ボブ・ワイスマンはある日、売上管理部の側を通っているとき、〝私たちは売上を拡大します〟という張り紙を見つけ、仰天して立ち止まった。こういった部署のビジョンとしては奇妙だと思って尋ねると、部長はこう説明した。

「顧客が支払いをしないときは、その理由は二つしかありません。一つは、顧客が何らかの私どもの手違いで怒っておられるとき、もう一つは顧客のビジネスがうまくいっていないとき、です。私どもの手違いであれば、問題を解決すればお客様は支払いをしてくださいます。お客様の方で問題を抱えているときは、お客様が解決できる方法を見つける手助けを私どもがすれば、お支払いいただけます。しかも、感謝されます。どちらにしても、支払われないお金が入ってくるのですから、新しいビジネスを取り込むのと同じです。さらに注文をくださるかもしれません。それに、同じ仕事をするのであれば、滞納された支払いの催促をしていると思うより、売上をあげていると考えたいとは思いませんか？」

この部署のリーダーは、定型業務の中に、メンバーや顧客の発想を変えるような大きなビジョンを見いだしていた。しかも平易な言葉を用い、自分たちの業務に新しい意味を付与した。ビジョンが具体的で、仕事内容に直接関連し、組織全体のビジョンと整合していれば、人々の仕事の仕方も変えるのである。

具体的なビジョン

組織のビジョンは、その組織の存在意義と目指す姿を、鮮明にイメージできるように文章化したものである。〝私たちがすること〟を表現したものではなく、〝私たちがなりたい〟ことを描いたものだ。また、意思決定の基準にできるよう、具体性が必要だ。具体的なビジョンは、組織のいたるところで意思決定の役に立つ、実際的なものになる。

具体的なビジョンは、熱狂的に喧伝される言葉以上に人々の心を動かす。どのような製品で誰に貢献するのかが明記され、ときに部門の業務を超える。

具体的なビジョンは、具体的であるが特定的ではない。向かうべき方向を示すが、特定的な最終地点を指定するわけではない。喩えて言うなら、航海で用いられるコンパスのようなものだ。向かう方向、たとえば西はコンパスで常に分かるが、航海に終わりはない。なぜなら、〝西〟という特定の目的地があるわけではないからだ。ただ、地平線の向こうに向かうという方向性は明確である。

組織における具体的なビジョンは、「西へ航海する」ようなものだ。特定の地点に到達するのではなく、目指す方向に向けて進む。短期間で到達できるのであれば、それはビジョンではなく直近の業務目標である。業務目標とビジョンを混同していると、そこに到達したとき目的まで見失ってしまう(注5)。

ビジョンを描く

ビジョンは、様々なアイデアを検討し、アイデアが実践された姿はどうなるか、描きこみながらつくっていく。すでに表現されている中から、自分達にあったもの〝発見〟することではない。

どの部門でも、複数のビジョンが考えられる。たとえば、出版社の人事部門を例に取ろう。この部門のビジョンには、〝創造的な人々の仕事生活を楽にする〟とか、〝卓越した労働力を確保する方針を社員に提供する〟などが考えられるだろう。仕事が素早く進められ、低価格の出版が可能となるように支援する部門、とも言える。部門の業務の意味が深まる内容であれば、複数考えられるのだ。

コンピュータ産業や情報サービス関連の雑誌を出版するＩＤＧ社の人事部門を例に検討しよう。ＩＤＧは、動きが速く、起業家的で、雑誌ごとに編集者が自分の会社を運営する独立的な組織構造をとっている。成長の早さと起業家的なスタイルにより、風土は自由闊達だ。そのため、社員は、人事部門の決めた規則や役員の設定した価値観を簡単には受け入れない。そこで、人事部門の担当役員であるマーサ・スティーブンスは自部門のビジョンに工夫を凝らした。彼女の説明によると、この人事部門は自らが〝失業状態になる〟ことを目指しているという。少なくとも、伝統的な人事業務からは失業状態になることを目指すというのだ。

ＩＤＧのマネジャーは、人事業務について自分たち自身で決める責任を負っている。人事部門は、いわゆる人事関連業務の採用、退職、給与の支払い、教育訓練、労働関係の法的対応などのサービス提供を部門長と契約するか、または外部のコンサルタントのように部門長の相談に乗るかのどちらかを行っている。人事部門のアドバイスを採用するかどうかは、その部門長自身に委ねられている。本社の人事部門に従う必要はない。このサービス個別契約戦略では、個々の部門が発注するサービスだけが提供される。毎年、人事部門は各マネジャーとどのサービスを提供するかを話しあい、決めている。

この戦略によって、ＩＤＧの人事部門のメンバーは顧客である社員に歩み寄り、効率的かつ顧客から価値があると受け取られるサービスを提供しなければならないのだ。今やＩＤＧの人事部門は他社から指標とされている。

具体的なビジョン：二つの側面

具体的なビジョンには二つの側面がある。業務的な側面と組織的な側面である（注６）。業務的側面では、他社より優れていたい業務や製品の種類、サービス、技術などを示している。組織的側面では、部門がどのように運営されるのか、特にメンバー同士、顧客との関係が描かれる。人間関係ではどのような価値を大切にするのか？　リーバイ・ストラウスのロバート・ハースと幹部は、会社の成長の方向性を明示した〝決意表明〟をつくった。社員がブルージーンズやカジュアルウェア・メーカーの役割以上の存在として認め合い、どのように関わりあうかについて組織風土を描いたのである。また、ヒューレット・パッカードの〝ＨＰウェイ〟には、高度な品質の製品づくりへの決意が述べられている。ＨＰでは人間関係と財務的な方針に重点が置かれている。

責任共有のリーダーシップのビジョンでは、この二側面が不可欠だ。日常業務に直結する業務的側面を核としながら、組織的側面の内容によって、メンバー同士がどう関わりあい、互いに価値ある存在としてどう尊重しあうかを定義するからである。

部門のビジョンが組織的側面に偏っていると、製品やサービスの採算面が欠落しやすい。組織風土に関する先駆者的な著書を著したアラン・ケネディの体験を紹介しよう。彼は組織風土の威力に魅了され、先進的で人間中心的で配慮のある組織づくり支援のためにコンサルティング会社を設立した。後日その会社が行き詰まったとき、アラン・ケネディは、従業員の幸せばかりに偏りすぎ、事業を犠牲にしたことを認めている(注7)。昨今、流行のリーダーシップ手法に傾倒し、事業活動にほとんど注意を払わないマネジャーも見られるが、彼らはリーダーシップを発揮する目的を忘れているのだ。

責任共有のリーダーシップは、いわば、どのように仕事を進めるか、メンバーが互いにどうかかわるかを描いたビジョンだ。しかし、そのままで効果が出るわけではない。各々の状況や事情にあわせ、自分たちにとってどんな意味があるのかを見いだし、関係者全員で共通認識を築かなければならないのである。

中間層に具体的なビジョンが少ないのはなぜか

中間層では、力強さのあるビジョンが滅多にないという。それはなぜか。そもそも、ビジョンを描き、活かすときの障害は何か。ビジョンは、素晴らしいが、実践不能な考えでしかないのだろうか。確かに実行上、六つの壁がある。

1　組織が〝中間管理職〟という古い概念に従っている

従来は、ビジョンを描けるのは社長だけで、マネジャーはそのビジョンを実行に移す存在だと考えられてきた(注8)。そのため、階層が固定的な組織では、中間層のマネジャーが主体的に行動を起こし、前例にこだわらない発想をすることは構造上、許されなかった。ところが、変化のスピードが速い現代では、全員がリーダーシップを発揮して主体的に行動しなければ変化に対応できない。中間層も、単なる管理者役を超え、中間的な位置に立つリーダーにならねばならないのだ。

2　**意欲や感情の表出が歓迎されない**　マネジャーの多くは、合理的で客観的であるべきだと教わってきている。そのため、中間管理職たちはビジョンに対する決意や熱意をほとんど表さない(注9)。しかしながら、ビジョンは、感情に働きかけることによって威力を発揮するため、この点が壁となるのだ。マネジャーの多くは、目標が合意されているのか、達成可能なのかなど、実行することばかりに目を向け、自分たちにとっての意味を考えない。上司の掲げた実現不可能なビジョンに身も心も捧げ、燃え尽きてしまうマネジャーもいる。

3　**中間層の影響を及ぼす能力が不足している**　メンバーをビジョンに向かわせるためには、中間層のリーダーたちが影響力を発揮して達成を促す必要がある。しかし、現実はこの能力に不足し、磨いていない人が多いのだ。メンバーは普段、自分の担当を優先しているので、部門全体のビジョンに目を向けさせようとすると抵抗する。しかし、遵守すべき価値観や規範がビジョンに表現されていれば、時にはチーム内に対立が生まれるほど、高い基準を目指して切磋琢磨する。一方、明確なビジョンがないときは、誰もが対立に巻き込まれるのを嫌い、上司のさらに上司に調整を預けることになる。上位者が部門のビジョンを了承しないときや、ビジョンを軽視するような言動を取るときには、上位者に対し反論できずチームは動揺する。

4　**ビジョンでひきつけるにはカリスマ性が必要だという思い込み**　この思い込みのため、ビジョンはカリスマ的な英雄と関連づけられることが多い。たとえば、黒人解放のキング牧師、パットン将軍、英国の名宰相チャーチルなどだ。そういった英雄と自分を同一視できるものではない。しかし実際は、ビジョンを描き浸透させるのは、リーダーの人格とあまり関係はない(注10)。カリスマであっても、貧相なビジョンでは人々を長くひきつけることは難しい。ビジョンの中身とメンバーの心に響くかどうかが重要であり、それこそがビジョンの影響力なのである。いったん理解され、メンバーがそのビジョンに本気になったなら、仕事生活の質を大きく変える重要な要素になる。マネジャーであれば、自部門が目指したいイメージを何かしらもっているものだ。「自分の思うように部門を動かすことができるとしたら、あなたは何をするか?」と率直に問うてみると良い。マネジャーたちの目は輝き、自分の思い描くあるべき姿を能弁に語るだろう。そして、なぜそのようになっていないかを重ねて尋ねると、自分以外の要因を挙げる。たとえば、〝現状を変えるには自分は忙しすぎる〟とか、〝上司が邪魔する〟、〝社員たちがついてこないだろう〟などだ。マネジャーたちはより良い状態を求めている。その熱意が表に出ていないだけである。

5　**変化の早い状況では、本気になること自体が危険という考え**　状況が不安定なときは、マネジャーたちはどの方向へでも動けるような状態を好む。機動性は確かに重要な要素の一つだが、不安定であればこそ、メンバーには基本的な方向性、すなわち仕事の意味がよりいっそう重要になる。ビジネスに直結した固有のビジョンを共有できるよう明確化し、魅力的なものにするには、メンバー自身がビジョンの素案から検討し、洗練していかねばならない。これは容易ではない。あるビジョンの実現に決意すると、同時に他の選択肢を捨てることになるからだ。しかも、自分の求める方向性と異なる場合、または避けたいと思っているものだったら、どうするか？

6　ビジョンの方向性を誰が決めるのか

私たちはかつてビジョンを示さないトップのもとで仕事をしたことがあった。そのトップが引退を宣言した際、従業員は強いビジョンを持つリーダーがトップになるかもしれないと、わくわくした。ところが、人材の選定が進むうちに、従業員はビジョンが示されなかったおかげで、非常に自由だったと気づき、強くリードする人物では自分たちにとって〝不適切〟なのではないかと不安になっていった。強力なビジョンを持つリーダーは市場から乖離する可能性があるし、正しいことにこだわり、自己顕示的、または時代の情勢に疎いこともある(注11)。アップルのスティーブ・ジョブズやポラロイドの創始者エドウィン・ランドのように、常識を打ち破ることでは成功した一方、新製品開発で的を外し、競争に負ける話は少なくない。そういったユニークな起業家は自分の強い思い込みで成功した過去にこだわり、自己陶酔して失敗する可能性も同時にはらんでいる。

この六つの要素のゆえに人は惑い、ビジョンの文言選びが白熱し、フリップチャートに抽象的な言葉を際限なく出し合うことになる。

しかし、これら全て解消可能なものだ。ビジョンを具現化するのは確かに簡単ではないが、実行に移す機会は必ずある。あなたがビジョンを効果的に活用すれば、組織の中で有利に立てるのだ。

ビジョンを描く

ビジョンを描くのは考えるよりも難しくない。組織全体のビジョンが明文化されていなくても、受け入れられていなくても、組織の中間層のどの部署でも具体的なビジョンを描くことはできる。文章になっていなくても、組織の方向性とほぼ整合していれば良いのだ。組織の方向性は、トップの発言、業績報告書や組織の活動報告などから推察できる。効果のある具体的なビジョンを描くためには、リーダーは次をしなければならない。

1 メンバーを、ビジョンをつくる最初から深く参画させる
2 ビジョンをチームの仕事に結びつける
3 組織のより大きなビジョンが曖昧であっても、方向を整合させる
4 チーム内のメンバーのほとんどが持つ願いや夢とビジョンを関連させる

チームを巻き込む

ビジョンづくりではメンバーの参画は不可欠か？　不可欠というほどではないかもしれない。起業家的なリーダーの中には、素晴らしいビジョンをすでに持ち、その具現化のために優秀な人材を使っ

ている人はいる。
一人でビジョンを描くと短時間で済み、対立によって起きる問題を避けられる。しかし、メンバーが参画すれば、より豊かなビジョンを描ける。様々な角度から顧客ニーズや顧客に応える方法を検討できるからだ。メンバー自身がわくわくし、動機づけられ、意味を見いださなければビジョンは意味を失うので、そもそもメンバーを外すことは難しいのだ。チームをビジョンづくりに参画させること自体が、彼らにビジョンの実行に本気で取り組ませる鍵でもある。

多くの場合、リーダーがビジョンづくりを先導し、チームを参画させて描く。リーダーは、ビジョンづくりの重要性をはっきりとチームに示す必要がある。それによって、チームに覚悟が生まれ、具現化が可能になるのだ。実際にビジョンを描くことと、できたビジョンを言葉で飾ることは別ものである。実際にビジョンを描くことによって、チームはビジョンをつくりながら成長し続ける。また、リーダーがビジョンづくりに真剣なことが分かると、チームもビジョンづくりに本気になり、個人的な思い入れを脇に置ける。一方、具体的なビジョンを掲げる意義について、ほんのわずかでもリーダーの真剣さが欠けていると、チームはあらゆる理由をあげて協力しなくなる。たとえば、チームがビジョンを描くに足るほどに理解しているか、ビジョンは危険ではないのか、これまで産業界のリーダーたちは間違ったビジョンで組織に問題をもたらしてきたのでは、など、机上の空論が延々と続く。このような議論で、ビジョンが描けるわけではない。

ビジョンづくりのプロセスについては、私たちの前著「Managing for Excellence」でも触れ、ピーター・センゲの著書「学習する組織」などでも示されている（注12）ので、ここでは概略に止めよう。

ビジョンづくりを協働的に進めるには、リーダーと数名のメンバーがビジョンの候補について案を出してから始める方法もある。または、チームの将来を検討するセッションをもつ方法もある(注13)。

ビジョンを描くには、社内外の顧客に対し、どのように貢献するかを見定めるところから始める。部門の業務では、何が特徴的で、挑戦的で、価値創造的なのかを見いだすことによって、ビジョンの業務的側面を描き始められる。

または、メンバーがわくわくし、挑戦的だと感じることを各メンバーが出し合い、それらを統合するのもよい。具体的なビジョンが影響力を持つのは、結局のところ、メンバーの思いに触れるからだ。そして、組織全体がビジョンづくりに取り組めるように、チームは、どのように実行すべきか、組織風土と合った方法は何かを検討する。〝十戒〟と呼ぶ演習が役に立つ(注14)。この演習では、まず社内でうまくやっていくための暗黙の了解をチームで確認する。次に、チームが目標の達成を促進する新しいルールを検討し、合意し決めるのである。

チームが自己防衛や無関心にならず、オープンで探索的になれるなら、どの方法でも構わない。以下は、ビジョンづくりを進めるヒントだ。

- プランニングの段階では、オフィスから離れ、日常の職場では困難な発想、創造や思考が可能となる社外の会場で行う。普段の合理的・分析的な問題解決と異なり、創造性は時間と空間の転換を必要とする。また、ビジョンの威力を支える人間的要素、すなわち感情や希望、夢などを語るには、ある程度の時間が要る。

● 競合分析や市場動向、予測される技術的動向、顧客のセグメンテーションなどの分析的な準備を事前にしておくこと。ビジョンの業務的側面を検討する際に、核となる製品やサービスの領域を見定めやすくなる。しかし、ビジョンは究極的にはメンバーの心をつかみ、感情に訴えるものでなければならない。分析だけでは不足なのだ。したがって、メンバーは、何にわくわくし、挑戦する意欲がわくのか、それらをどう入手するのかを知る必要がある。すると、心底から賛同するビジョンをチームで共有できるのである。

● チームメンバー全員が参加しなければならない。チームが決定的に分断されているか、リーダーがビジョンの天才でない限り、リーダーの考えに支配されてはいけない。特に、最初の探索段階では注意が必要だ。メンバーは、我が身の安全を考え、リーダーが反対しそうな意見を引っ込めたくなる衝動を克服することが求められる。様々な提案が自由に行き交う状況があって初めて、ビジョンづくりが前に進むのである。

● 標語や聞きやすい文言にまとめようと急がないこと。様々なアイデアが出るにつれ、ビジョンのおおまかな姿がゆっくりと共有化され、形成されていくだろう。そして、最終的な文言の検討に入っていく。ビジョンは、様々な仮説や信念が相互作用した複雑なものであり、ビジョン・ステートメントといった言葉以上のものだ。ゆえに、まず十分に検討すべきである。そして、ふさわしい言葉が出てくるように話し合うとよい。

事例：ある組織でのビジョンづくり

かつて電力事業は、最も安定し予測可能な事業だった。しかし、それも一九八〇年代には変化してしまった。コストの増大（高価な原子力発電所建設や運営はその一部だろう）に、高い利率、環境保護のために需要を抑制する必要にすら迫られていた。同時に、規制緩和によって新しい競合相手が誕生し、米国内の電力業界は動きの遅い官僚的なやり方の変更を迫られていた。たとえば、個人宅の検査など新しいサービス、水温器向け絶縁カバーのような新製品、絶縁事業の他社との提携、契約者向けに新しくコンサルティングサービスを始めるなど、新たな施策が必要になったのだ。

変化に直面して脅威を感じ、トランスパワー・ガス＆エレクトリック（ＴＰＧ＆Ｅ）社の電気事業部門の役員チームは、昨今の変化を踏まえ、電力供給から環境保全とサービスへと焦点を変更することにした。彼らは、〝サービス全体をパッケージ化して売り込み、エネルギー供給に限定しない〟ことを決めた。そして、この変革にとって最大の障害は、組織全体の風土を反映した部門の風土だと考えた。

たとえば、事務職員の採用には三階層の承認が必要であり、ごくわずかな経費ですら本部長の承認を必要とし、事実上の終身雇用、勤続年数の長さによる昇進、対立を避ける全般的傾向などである。

この風土のゆえに、従業員は、「以前試したことはあるがうまく行かなかった」「今のやり方でこれまでもずっとやってきた」といって、新しいアイデアを潰すことに慣れてしまっていた。

幹部チームは、二日間の社外会議を開き、競争を勝ち抜くうえで必要な組織のあり方を決めた。現在の風土の特徴を把握するため、チームは二人組になって次の質問を検討し合った。「この会社に入ろうとしている友人が、この会社でどのように物事が動いていくか、どのように振る舞い、どのような非公式のルールに従うと良いかを知りたがったとき、あなたは何と言うか」。

メンバーの回答に基づき、〝我が社の現在の十戒〟が見いだされた。そこには、〝非難から身を守るために全ての情報を文書化すべし〟、〝目立つことはするな。出る杭は打たれる〟などがあった。

これら〝変革殺し〟の掟を読み上げると、爆笑の渦が巻き起こった。そして、幹部チームは、次第に自分たちがこれらの掟を破ってきたために、今ここにいることに気がつき始めた。これまでも、一人ひとりが個人的にリスクを冒し、良き結果を出すために行動を起こしてきたのだ。ルールに従えば問題に巻き込まれることはないが、それではその人にとっても組織にとっても何の役にも立たない。

ブレーンストーミングと議論を通し、変革を促す新しい掟がつくられた。〝単純化し、単純化し、単純化する〟、〝正しいと思うことをせよ、言われただけで行動するな〟などの新しい掟もあがった。また、参加している全員が掟を同じくとらえていることを確認する中で、異なる見方のあることも分かってきた。〝顧客第一〟とは、実際にはどういうことか？　クレームのあった請求書を笑顔で忘れるのか？　顧客の都合にあわせるために残業代を払うことか？　〝率直に正直に〟では、他者の面前で上司と対立しても許容されるのか？　などが出た。新しい掟に合意するまでに熱い議論が交わされ、その実践上の取り組み方についても熱心に話し合われた。

検討が進むにつれ、チームは部下からのフィードバックが欲しいと思った。単に新しいルールを宣言しても効果はないと分かったからだ。特定の意味合いにひっかかり、掟は意味を成さなくなってしまうことに気がついたのだった。

ビジョンを試す

ビジョンは、意味の明確さ、実際にどう行動するかの合意、実践しようというコミットメントの三つがあって、初めて価値を持つ（注15）。どのようなビジョン・ステートメントも、この三点を満たしていることを確かめる必要がある。ビジョン内で矛盾のないことも確認する必要がある。たとえば、〝顧客中心〟が、〝低コスト生産〟や〝新製品の最速開発〟に続くときは、〝最高品質〟と齟齬を来していないかチェックする、などだ。

ビジョンづくりは、一般化と特定化を繰り返し、抽象的な内容を具体的な事柄や行動、職場の活動に照らして検証する必要がある。チームがビジョンを試すには以下の四つの方法がある。組織の過去、現在、将来に照らしてみることだ。

- このビジョンを手引きにしていたら、過去の主たる意思決定はどのように異なっていたかをメンバーに尋ねる。このビジョンは十分に具体的か？　最近の組織改革の決定は、チームがビジョンの〝全面的に率直なコミュニケーション〟と照らし合わせてみると、どう見えただろうか？
- このビジョンに照らして、現在の担当業務分野はどのように変化すると思うか、メンバー一人ひとりに尋ねる。
- このビジョンは、今後、対応しなければならない非常に重要な意思決定にどのような影響を与えるかをメンバーに尋ねる。たとえば、部門のビジョンが〝マネジャーたちに、素早く使える情報を提供する存在となる〟であったら、メンバーは従来の何をやめるべきか、またどのような言動を避ける必要があるのか？
- ビジョンは組織の中心的な目的を表現しなおしたものとも言える。チームで、現在の活動と今

後可能性のある製品やサービスとの整合性について議論する

このプロセスによって、ビジョンの意味が明確化される。意思決定に活用できない不明確なビジョンは、何の意味もないし時間の無駄だ。

言葉選びの重要性

ビジョンが明確に描けたら、次は表現である。明確で印象に残る言葉には人々を奮起させる力がある。反対に、曖昧でくどい、もったいぶった言い回しではやる気が失せる。マーティン・ルーサー・キング牧師の有名な講演では、〝私には夢がある〟の言葉に何百万人もの人々が感動して涙し、行動や態度を変えた。もちろん、キング牧師の講演は、経験、価値観、意義を共有していたからこそ影響力があったのであり、言葉だけの威力ではない。

また、言語によっては、多義的な意味を持つものもあるので、ビジョンづくりをするとき、メンバーは必ずどのような言葉が共通の意味で使われているかを確認する必要がある。自分の理解が万人に共通すると思うのは危険である。

人々への浸透

ビジョンは、多くの人々の考え方と行動に浸透させることが最も重要である。しかし、実は見過ごされがちなことでもある。労力を注ぎ渾身の力を込めてビジョンを描きあげると、描いた幹部チームは発信さえすれば良いと思いやすい。チームのリーダーが気持ちに訴えるスピーチを数度行うとか、ポスターを作成し、各部署に配布すれば、十分やったと思い、安心する。〝我々には今やビジョンがある。そして、社員にそれを伝えた。これで全員がやる気を持ってビジョンに向かって進める〝と思うのだ。

しかし、ビジョンを伝達しただけでは、仕事は終わっていない。人びとの心の中でビジョンが生き生きと機能しなければならないのだ。仕事の中で自然と判断基準となるようにしっかりと理解され、心に深く刻みつけてもらう必要がある。

人々の心にビジョンを描かせるには、時間がかかる。また、新しく組織に加わる人には、ビジョンとその実践ついて教えなければならない。さらに、環境変化や組織の状況変化に合わせて修正する必要もある。その意味では、ビジョン内在化の働きかけに終わりはないのである。

ビジョンを組織の上から下へ展開するには、プログラムなど具体的な方策が必要だろう。現場の各部署では、ビジョンや期待される行動を、部署固有の状況と結びつけて解釈しなければならないからだ。組織全体のビジョンがどれほど生き生きと描かれていようと、部門、部、課、チームのマネジャーは、自分たちのために具体的なビジョンとしてかみ砕くことが不可欠である。

ビジョンは、関係者全員が自分の言動をビジョンと照らしあわせ、どう行動するかについて自分の理解をチェックし、会社と自分たち自身にとっての意味が見えて初めて命が宿るのである。

ビジョンの火を保つ

単にビジョンを伝達するだけではなく、組織に実りをもたらすように浸透させるのだ。そうすれば、ビジョンの展開に参画しているメンバーは、自分の所属部門でもビジョンづくりを始められる。部門全体で〝フィードバックと提案〟会議をひらき、ビジョンを描き込むとよい。また、ビジョンに照らしてどのような行動を取るべきか、べきでないかを明確化し、進捗を定期的に把握していくのである。

意思決定の手引きとしてビジョンを使う

ひとたび発表してしまうと、ビジョンについて言及しなくなるリーダーは多い。ビジョンを手がかりに意思決定できる時ですら、である。本物の決意は、ビジョンに沿った言動から生まれるものだ。ある会社では幹部たちがビジョンを会議室の壁に目立つように掲示したが、その後一年半以上、ビジョンについて全く触れなかった。その結果、幹部たちがビジョンの価値を信じていないことが組織内に伝わり、誰も本気にしなくなった。

このような事態を防ぐには、ビジョンを日常業務で意思決定の基準として活用することである。市場参入の時、製品やサービス開発の時、広告宣伝やマーケティング策定の時、組織のあり方を決める時、などだ。人材を採用するとき、担当者は「候補者の中で誰が私たちのビジョン達成に貢献してくれるか」を考えるべきである。トレーニング・プログラムの開発、サービスの質の評価、投資の判断でも、同様だ。例を挙げるなら、リーバイ・ストラウスでは、全社的に〝意欲の感じられない〟行動や〝私たちの願いに沿った〟行動について話し合う。業務の中でビジョンを活用することによって、社内に深くビジョンが根づいていくのである。

象徴として行動する

役員たちの日々の言動は、ビジョンを深く浸透させるうえで言葉や感動的な講話よりも影響力がある。役員たちの言動がビジョンと整合していなければ、疑いの念が起きるのだ。マネジャー向けの駐車場は、〝階層の区別はない〟というビジョンに合っているか？　人員削減のための退職勧奨プログラムは、社員を最も重要な組織の資産とする説明と相反していないか？　本部長の日本出張に、十五万ドルかかる自社機を使用するのは、ビジョンの〝費用の削減を生み出す〟と整合するか？　小さな村にある最も古い工場を閉鎖して海外に工場拠点を移動するのは、地域密着型のビジネスを標榜する方針と食い違わないか？　役員の言動は、象徴として非常に重要な意味があり、公式、非公式のどのような宣言よりも影響力が大きい。それゆえ、ビジョンを強化する方法として、役員の揺るがぬ姿勢や行動、すなわち、象徴としての行動が重要になるのである。

ＡＴ＆Ｔの役員たちは、かつてネットワーク事業のトップであったフランク・スタントンの象徴的な行動について私たちに語ってくれた。スタントンは、顧客サービスの質を自分のチームの最優先事項に据えようと、何年間も努力してきたが、うまくいかなかった。ネットワークは時間にして九〇％適切に稼働しており、それは最高のレベルなのです、とチームは言うだけだった。しかし、スタントンは九〇％以上では満足できなかった。その程度では〝卓越した顧客サービス〟というビジョンに応えていないこと、そのビジョンを達成しなければならないとチームに本気で思わせるには、何か劇的なことが必要だと考えた。そこでスタントンはある仕掛けをした。役員会議がホテルで開催されたとき、ステージ上のカーテンの後ろに何か隠されており、役員たちは怪訝そうな様子であった。スタントンが、「簡単な演習をしましょう」と言ってカーテンを開けると、そこには、ＡＴ＆Ｔの回線切替オペレータがずらりと並んでいた。そして、戸惑う役員たちにこう言った。「皆さんには、これからお客様から入る、サービス依頼の電話を二件、それぞれ受けていただきます。皆さんの役割は簡単です。二四時間以内にお客様の依頼に対応していただきます。ただし、皆さんの立場が社内の誰にも分からないようにしてください。なぜなら、立場が分かると対応した人の態度が変わってしまうからです」と言った。すぐに電話が入り始め、メンバーはしぶしぶ対応を始めた。スタントンは「二四時間後にまたお会いしましょう。そこでどうであったか、聞かせてください」と言って退出してしまった。

翌日、苦労した役員たちは、顧客サービスが大きな問題だと認めたのであった。たかだか二件のサービス依頼であったが、各役員はそれをうまく解決できなかったのだ。担当者からの反応は苦痛なほど遅く、誰が解決を助けてくれるのかを見つけるのがたいへんに難しかった。

フランク・スタントンの象徴的な行動によって、ＡＴ＆Ｔのマネジャーは厳しい現実に向き合うことになった。ＡＴ＆Ｔは業界では休止時間の短さで業界一位だったが、顧客の方は、ネットワークが動かないときは、どの会社の休止時間が最短かなど全く気にもしなかった。顧客の要望は、即座にネットワークを通常に戻して欲しい！だった。ビジョンで顧客サービスを挙げているなら、言葉だけでは何の意味もない。それは現実の問題であり、すぐさま対応しなければならないのだ。

適切なことを伝える

象徴的な行為は大きな威力を持っている。サンフランシスコ・クロニクル誌の元コラムニスト、ハーブ・カーンの話だ。消防士基金組織が厳しい財務問題に直面しているとき、ＣＥＯは全マネジャーを招集して大幅な予算削減の継続と経費縮小が必要であると、感動的な講演を行った。講演が終わるとすぐ、そのＣＥＯはペブルビーチのゴルフ・トーナメントに参加するため、待たせてあったヘリコプターに乗って急いで立ち去った。ヘリコプターにした理由は不明だが、これで経費削減に対するＣＥＯの信用が下がったことは容易に想像できる。この会合は組織が求める真の価値に沿っていただろうが、最も便利な交通手段とはいえ、役員の不誠実さの象徴となってしまった例だ。

容赦ない注目の威力

「エクセレント・カンパニー」を書いたトム・ピータースとロバート・ウォーターマンは、「容赦ない注目」という言葉で、変革を起こすには繰り返し述べることの必要性を強調している（注16）。これは、ビジョンの浸透についても言えることだ。現代の組織では情報があふれ、しかも様々な要請が次々に来るため、重要なことは繰り返して伝えなければならない。さもなければ、忘れ去られてしまう。ビジョンは、会議の場、連絡書、日々の会話、個別の評価など様々な形や場を使って、繰り返し伝えることができる。とにかく繰り返すこと。**何度も繰り返して伝えなければ、重要なメッセージでも消えてしまう。**

公の場で繰り返し話すと、自分なりに考えて言葉にするので、自分自身のコミットメントも強まる。繰り返して話をすることで、話しながらビジョンを定着させる他の工夫も思いつく。また、取り組んでいる当人が繰り返すと、関係者にも真剣に受け止められるのだ。繰り返すにしても、常に新鮮さを保つようにしたい。

定期的に調整する

何もない広大な地域を旅するときは、羅針盤が頼りである。悪天候で太陽や星すら見えないときでも、羅針盤の針は確実に北を指す。磁北が決まると、他の三つの方向も分かる。しかし、羅針盤の指す磁北が常に真北とは限らない。場所によっては、磁北と真北は一〇度くらい異なることもある。長い旅では調整することが必要になるのだ。

ビジョンは、この羅針盤のように、定期的に言葉の意味や活用の仕方について調整する必要がある。もちろん、あるビジョンを長期間頼りにできる組織もある。しかし、昨今の変化の激しい状況では、調整や修正が必要になる。ビジョン自体の変更というより、ビジョンの活用の方法の変更だ。この点、米国憲法のようだとも言える。変更はないが、様々な修正条項が不定期に加えられ、その時代の課題に対応して解釈されていく。変化の激しい現代では、短期的な目標と計画は、ミッション、戦略的な方針、戦術に基づいて調整される。変化の激しい時代における最善の戦略とは、〝長期戦略〟は効果が持続しにくいようだ。トム・ピータースは、変化の速い時代における最善の戦略とは、柔軟で機動的であり続けることだという。固定的な戦略を持たず、試し続けながら進むべきだと主張している(注17)。

かつて、IBMやAT&T、HP、シアーズなどのエクセレント・カンパニーでは、〝人の尊重〟がビジョンの中心にあった。そのおかげでレイオフが無く、さほど業績が良くない従業員も解雇されなかった。しかし、競争の激しい環境下では、この方針に基づくビジョンを持ち続けることは組織の存続に影響する。修正が必要なのだ。その結果、前記の企業はレイオフ無しの方針を諦め、別の形で人の尊重を実践することになった。たとえば、社員のエンプロイアビリティの向上や、退職時の社員支援プログラム、再雇用のためのカウンセリングや支援の実践に変更されている。

まとめ

ビジョンが組織内にしっかりと浸透していると、リーダーは部下に仕事を任せやすくなるため、強く管理する必要がなくなる。メンバーが自分と同じビジョンを持っている、すなわち同じく正確な羅針盤を手がかりに使っていることが分かっていれば、上司はメンバーと意思決定を共有しやすくなるからだ。そして、情報と専門性を持つメンバー同士が部門の運営で協力しあうことを促される。チームは、チーム全員、つまり上司もメンバーもお互いに影響を与えあう能力を持っているとき、最高の働きをする。この点を次章で検討しよう。

【注】

1　David L.Bradford and Allan R. Cohen, *Managing for Excellence* (New York:John Wiley & Sons,1984),pp.83-86.

2　例として、Gerard H.Langeler,"The Vision Trap" (Harvard Business Review March-April,1992,pp.46-55)や、ＩＢＭの当時社長だったルイス・ガートナーのビジネスウィーク誌のコメント（〝必要なのは業績であってビジョンではない〟）なども参考になる。

3　Developing Global Capability 調査のこと。コンサルティング会社のアーサー・Ｄ・リトルと国際幹部能力開発研究協議会の共同プロジェクトで、Douglas A.Readyが使用した。

4　R.Lacey, *Ford:The Man and the Machine*(New York:Ballantine Books,1986),p.93.

5　これは、念願のポリオ撲滅がかなったときに慈善団体「マーチ・オブ・ダイムス」に起きたことであり、ＮＡＳＡが１９６９年に初めて月に有人着陸を成し遂げときにも起きた。やり甲斐と興奮をもたらす目標がなくなると、新しい目標の設定に苦労する。

6　ビジョンに関して、また業務ベースのビジョンと組織ベースのビジョンの違いに関しては、James C. Collins and Jerry Porras, *Built to Last* (New York:Harper Business,1994). 邦訳『ビジョナリー・カンパニー―時代を超える生存の原則』（山岡洋一訳　日経ＢＰ社　１９９５年）に素晴らしい解説がある。

7　Terence Deal and Allan Kennedy,*Corporate Culture*(Reading MA:Addison-Wesley,1996).

8　John P. Kotter, *A Force for Change : How Leadership Differs from Management*(New York:Free Press, 1990). 邦訳『変革するリーダーシップ―競争勝利の推進者たち』(梅津祐良訳　ダイヤモンド社　１９９１年)。

9　Tom Peters and Nancy Austin, *A Passion for Excellence*(New York:Random House,1985).

10　James C.Collins and Jerry Porras, *Built to Last*(New York:Harper Business,1994). 邦訳『ビジョナリー・カンパニー―時代を超える生存の原則』（山岡洋一訳　日経ＢＰ社　１９９５年)。

11　Jay Conger,"The Dark Side of Leadership",Organizational Dynamics,Autumn 1990,pp.44-55.

12　Peter Senge,"The Fifth Discipline"(New York:Currency/Doubleday,1990). 邦訳『最強組織の法則―新時代の

チームワークとは何か』（守部信之訳　徳間書店　１９９５年）

13 Peter Senge, et al. *The Fifth Discipline Fieldbook : Strategies and Tools for Building a Learning Organization*(New York:Currency/Doubleday,1994). 邦訳『フィールドブック　学習する組織「５つの能力」企業変革を進める最強ツール』（柴田昌治他訳　日本経済新聞社　２００３年）。

14 この演習は、L.J.Bourgeois and David B.Jemison "Analyzing Corporate Culture" ,EXCHANGE:The Organizational Behavior Teaching Journal,1982年VII,3 を参考にしたもの。

15 Peter Vail, "Visionary Leadership". Allan R. Cohen,*The Portable MBA in Management* (New York : John Wiley &Sons,1993),pp.12-37.

16 Thomas Peters and Robert Waterman, *In Search of Excellence*(New York:Harper&Row,1982). 邦訳『エクセレント・カンパニー―超優良企業の条件』（大前研一訳　講談社　１９８３年）。

17 Tom Peters,"Truths We Hold to Be Self-Evident(More or Less)",Organizational Dynamics,Summer 1996,pp.27-32.

第7章　相互影響によるパワーアップ

ひと言でいうと、責任共有のリーダーシップは組織力の強化、すなわち組織内の各メンバー、各チーム、そして組織全体の能力を引き出し、総合力を強化することである。この目標には誰もが反対しないものの、影響力不足に悩んでいる管理職にとって、責任の共有という言葉には不安をかき立てられるだろう。やっと手に入れた勢力を手放さねばならないように見えるからだ。しかし、事実は逆である。責任の共有はあなたの勢力を拡大するのだ。

管理者の大多数は勢力を狭く考えすぎのようである。役職など公式の権限による統制を、まずは思いつくようだ。現実には、公式の勢力は弱体化している。以前の安定的な環境では、上司は全ての問題に気づき、専門的に優れた存在だという前提があったので、権限による統制が成り立っていた。

現代の組織でも、法的あるいは予防措置的な理由によって、行為または範囲などが明確に定義されているものもある。ある金額以上の経費の承認、企業の代表として契約書などへの署名／捺印、正式の採用や解雇等の決定権などがその例だ。もちろん、責任共有のリーダーも、自分の職位に応じて判断を下さなければならないし、ある種の微妙な問題では一人で対処すべきこともある。

しかし、権限による勢力は、組織の全側面では通用しなくなった。変化の速い現代の経済環境では、権限を振り翳すマネジャーは、社員の人権や考え方や文化的な違い、あるいは組織の複雑性の前に、身動きできなくなっている。知識が広範囲に分散し、技術や市場、競争における変化が速く、従業員の教育水準が高まったからだ。素早く対応するためには、あらゆる階層の従業員たちに勢力が必要だ。さもなければ競争に敗れてしまう。権限で動かせない同僚や上位者の協力を得られてこそ、組織にとって迅速な対応が可能な時代なのである。

勢力は希少なものと考えれば、管理者たちが他者と共有したがらないのは当然だ。その結果、フランスの作家モリエールの小説『守銭奴』に登場する、滑稽だが哀れな主人公のようになる。自分で抱え込み、守ることに必死になってしまい、活用してこそ大きく育つことに気がつかないのだ。同じように思っている管理者は少なくないのではないか。また、分かち合う方がよいと分かっていても、手放せない管理者もいるようだ。

影響力は勢力の一つ

結果を出すためには、責任共有のリーダーはもう一つのパワーに頼らなければならない。影響力である。影響力とは、どういう立場の相手でも、強制することなく、自分の要請に応えてくれるように働きかける能力のことだ。影響力は、他者を支配するより魅惑的とは言い難いかもしれないが、適切に活用されれば組織力を高められる。

影響力は、責任の共有や具体的なビジョンと並び、責任共有のリーダーシップにとって主要な要素である。責任を共有するチームは、組織力による問題解決と意思決定の場そのものであり、また、具体的なビジョンによって各メンバーと部門の全体的な目標とが結ばれる。しかし、この二つの要素は、リーダーとメンバーが相互に影響を及ぼしあう技術を持っていなければ、十分に機能しない。リーダーは、部下に共同経営者として主体的に仕事をさせなければならない。部下の方は、上司の間違いをただすときに、攻撃的になることなく反対意見を提示しなければならない。権限で動かせない相手から協力を取りつける方法が必要なのである。

効果的な影響力を発揮するには、相手に何を求めるかが明確であることと、率直に相手の反応を受容することが揃わねばならない。しかし、メンバーが率直さに欠け、影響を受けることに強く抵抗する時は厄介である。一方、リーダーが部下に遠慮しすぎると、うまくいかない。

リーダーは、自身が他の管理者の同僚であり、上司にとっては部下という共同経営者だ。同僚または部下として、彼らにも影響を及ぼす必要がある。同僚や上司がこのリーダーシップを理解しないようだと、大きな障害となる。彼らは影響を受けることに抵抗し、反対意見を歓迎せず、部下に責任を持たれることを歓迎しないかもしれない。

相互影響

これらの障害を越えるには、リーダーとメンバー双方とも決して一方的にならず、階層の上下にこだわらず、相互に影響を及ぼし合うことが必要だ。

相互影響は、同等の影響を及ぼすことではない。双方向に影響を及ぼしあうということだ。知識や公式の説明責任を多く担う上司の方が、より強く影響を及ぼせるのは明らかである。かつて集中的に情報や専門性を持っていた上司が、全てにおいて最大の影響力を発揮したのは当然だった。しかし、現代のような変化が速い時代では、それがかなわない。最先端の専門知識を持つ人は入れ替わり、問題によって専門家も異なる。リーダー一人に全ての意思決定を任せることは、もはや意味を成さなくなっている。

相互影響が組織力を高める

相互影響は、リーダー個人にとっても利点がある。情報が自由に流れるだけでなく、部門内で及ぼしあう影響の総量が増え、メンバーの自己宣伝的な抵抗が減ることで、リーダー自身の勢力が強化されるからである。これは、一人に勢力を集中させることで影響力が強まるという直観には反するが、心理学的にみれば正しいのである。成人の大半は依存している状態を好まず、依存から抜けようとする傾向がある(注1)。そのため、上司が部下を依存状態にすれば、あらゆる手段を尽くして反発する。以下が例だ。

- 何においても逃げ腰で、真剣に取り組まない
- 意味のないことをするなど、間接的に抵抗する
- 〝しっぽをつかませるな〟的戦術をとる
- 不注意からくる〝間違い〟を犯す
- リーダーの陰口をいう

• 部下は主体性がなく、厳しく観察・管理されなければならないという上司の考えや信念を支持することを全て行う

依存状態に抵抗する人でも、相互依存の状態は歓迎する。人は、自分からの影響を受け入れてくれる人の影響は受け入れるからである。相互的であれば、「レシプロシティの原則」によって〝持ちつ持たれつ〟という状態になるので、抵抗感が少ない。相互影響では交わされる影響の総量が増える、と前述した。相互影響のもとでは、上司と部下という立場ではそれまでほぼ受け取る一方だった部下からも、同僚や上司に対して影響力が発揮されるので、影響力の総量が増えるのである。ゆえに、上司は、双方の互恵的な影響の及ぼしあいを推奨することによって、結果としてより大きい影響力を発揮することが可能になるのである。

他者から影響をより多く受け取ると、相手に対する自分の影響も増大できる

矛盾すると感じるかもしれないが、命令－支配から相互影響への転換によって、勢力は小さく分割されるのではなく、拡大するのだ。この矛盾の謎を解く鍵は、影響力の特性にある。言うまでもなく、影響力は形のある、固定的な物質ではない。可変である。経済活動における資本を考えると良いだろう。活かせば活かすほど、投資すれば投資するほど、増大するものである。同様に、影響力も活かせば活かすほど大きくなり、組織の総合力は増大する。

影響力の総量を大きくするには、二つの条件が必要だ。第一の条件は、互恵的な結果をめざし、創

造的に問題解決をすることを広く受け入れる柔軟さだ。一方だけが勝つという従来の発想（「私の考えが正しいことを証明するために、あなたの考えの欠点を見つけるぞ」）ではなく、関係者全員が問題を創造的に解決すること（「最善の解決策にまとめあげるために、あなたの意見を理解したい」）に焦点づけるのである。したがって、正しい解がないときは妥協せず、全員に資する他の選択肢を模索するべきだ。

二番目の条件は、影響力が及ぶ範囲を広げることである。たとえば、別のグループとの間でも相互に影響を及ぼしあう方法を見つけるなどだ。信頼関係が不十分な人間関係では、しばしば物事が滞る。〝よく知らない〟相手に対しては、影響を及ぼす機会を見いだしにくいからだ。しかし、相手について理解が進み、信頼が芽生えると、関与し合う範囲は広げられる。上司と部下が相互に理解しあうと、各々の目標や希望、懸念などについて話しあいやすくなり、それぞれの考えをより正直に話せる。すると、上司は重要な情報をさらに得ることができ、また、その部下の関心に結びつけて自分が期待する行動を要請しやすくなる。そして、部下のキャリア目標についても理解が進むと、上司が部下に適切な仕事を担当させられ、指導は効果的になるのである。部下の方は、自分の個人的な思いにこだわることなく、上司への反対意見を述べたり、配慮すべきことをつかんで上司の期待を尊重する方法が分かってくる。

信頼は影響を及ぼすために不可欠だと信じられている。確かに、信頼を獲得すると仕事がしやすくなる。ただ、前提条件というほどではない。実際は、影響力を発揮する能力に熟達する方が重要なのだ。この能力があれば、さほど信頼関係がない相手とも建設的な対話が可能となる。対話できれば、価値の交換を成り立たせることができ、その結果、信頼関係が深まっていく。ゆえに、深い信頼関係ができるまで影響を及ぼすのをためらう必要はないのである。

組織運営に影響を及ぼす

部下が自分よりも専門性で秀でているときは、上司でもその部下の話には耳を傾ける。つまり、影響を受け入れる。判断を下す必要に迫られたときは、誰でも適切な情報を十分に得たいと思うからだ。ところが、組織運営のやり方に関しては、部下から影響を及ぼされることに抵抗する管理者は多い。たとえば、質問の仕方、話の聴き方、答え方、情報収集のやり方、会議運営、などである。旧来の発想では、部下は上司のやり方を受け入れるべきであり、部下の方が調整するものだったので、上司の特権が侵される感じがするからだろう。私たちの影響力の研修に参加したある管理職は、ある時それを吐き捨てるように言った。

「私はこれまでずっと上司のやり方に合わせてきました。上司が私のやり方に合わせてくれたことなどありません。簡潔な文書を好むなら、それに応えましたし、仕事があろうがなかろうが、上司が土曜日の午後に出社を求めるときは、忠誠を示すために会社に行きました。上司が会議の議題を事前に決めずに時間を浪費しても、会議では興味を示すよう努力しました。ところが、私が昇進したら、あなた方は私に変われと言うのですか？　不公平です！」

この人に対して私たちはこう応えた。「確かに公平ではないかもしれません。でも、あなたは影響力のあるリーダーになりたいのですか？　それとも、正しさを主張したいのですか？　長年の義務を果たした報酬として、部下に自分にあわせるように要請することはできますが、それで仕事がうまくいきますか？　あなたが従順だったことで、卓越した成果が出ましたか？」。メンバーと互いに満足のいく関係をつくりあげ、部下を協力者として貢献させ、全員が最大の成果を引き出す土台を醸成すること全てが、リーダーの利益となる。もちろん、上司は自分の運営方法や好みを捨て去る必要はないし、部下も同様である。互いに歩み寄ってこそ、双方の満足度と生産性が高くなるのである。

組織力を高める相互影響

全員が相互に影響しあう関係を構築することによって、責任を共有するリーダーとチームは以下の利益を享受する。

- **より率直なコミュニケーション**　反対しても安全、つまり叩きのめされないことを分かっているので、メンバーはリーダーの先入観に迎合することなく自分たちの考えを進んで述べる。
- **より質の高い判断**　互いにオープンになれば、より良い情報が集まり、報告がもっと寄せられるため、創造的な判断が可能となる。英雄志向のリーダーにとって反対意見は前進を阻む障害だが、責任共有のリーダーはそれを不確実性の証左ととらえ、再検討して見直す可能性が得られる。
- **より強いコミットメント**　部下は上司に勝てないことが分かっている。自分の見解を自由に述べることができ、真剣に耳を傾けられる状況では主体性が高まるので、最終的な結果に対して本気になれる。また、メンバーは、討議することによって、自分の部下に判断の理由を説明する能力が向上する。

- **責任感が増す**　相互影響は問題を指摘したり、上司に上申するだけではない。メンバーは、何かおかしいことがあるときはそれを取り上げ、協働して解決する責任を負うことになる。その結果、当事者意識を強く感じる。

- **上司を強くする**　メンバーの意見が尊重されるようになると、上司は部下を圧倒するのではないかという恐れから解放される。強いリーダーにとって、この不自由な状態は苛立ちの元だ。DECのマネジャーであったシェル・ディビスは、「部下に自分たちにはパワーがあると感じさせるために、私の方も弱くありたくない。私は全員で最大のパワーを発揮したいのだ」と述べている。部下を黙らせる上司は、その場では勝ったように見えるが、戦いには負けている。負けた方は当然のごとく恨みを抱き、英雄志向のリーダーの目が届かない現場で、関心とやる気を失うという形で上司に仕返しする。

- **メンバー同士の相互影響の増加**　役割を果たしていないメンバーがいるときに、上司だけでなく全メンバーがその人に改善を要請する能力が培われる。

- **他部門に対してメンバーが能力を発揮しやすくなる**　効果的に仕事をするためには、メンバーは組織の壁を超えて協力しあう必要がある。相互影響によって、権限を使わない影響の及ぼし方が分かるので、さらに効果的に働きかけることができる。

これらを踏まえると、メンバーが影響力を持つことを恐れる方が、事業の障害といえる。確かに緊急の仕事では、反対意見を持つ人や対応が厄介な人がいると意思決定が遅くなる。米国議会の様子を見たことのある人は、これは避けたいと思うだろう。しかし、リーダーとチームが責任を共有する状態であり、具体的なビジョンを共有していれば、そうはならない。著名な経営学者ロザベス・カンターの研究によると、影響力がないと感じている人は違反ばかりを恐れ、発言が少ないという(注2)。一方、自分が影響を及ぼせると分かっている人は、反対のときも、否定的な形で抵抗することは少ない。責任共有のリーダーは、厄介なメンバーを一人で背負うことはない。メンバーが仲間の軌道修正をすることになるのだ。

なぜ、相互影響はあまり見られないのか

昨今のリーダーは相互影響の利点をあまり否定しない。しかし、部下は自分の意見が尊重されないと相変わらず文句をいう。では、上司に影響を及ぼすことが難しいと思う部下が多いのはなぜか。二つの障害がある。リーダーと部下の心の中に旧来の英雄志向の前提が染みついていること、そして双方ともオープンな関係に抵抗感があること、の二点だ。マネジャーは自分の判断から自分のリーダーシップに至るまで、意見を言われることに強い恐れを感じる。対立が起きるのではないか？ 制御や尊敬を失うのではないか？ そのため、部下は上司から組織運営に意見を求められ、反対の時ははっきり言ってほしいと言われても、上司が本気かどうか疑ってしまう。正直に述べれば、上司との関係と自分自身のキャリアが危険にさらされないか、と考えてしまう。相互影響の利点を知ってはい

ても、こうして旧来の習慣と葛藤が立ちはだかる。真の原因は、コミュニケーションの貧困さ、すなわち情報の発信と受信の両方の中にあるのだ。

矛盾したメッセージ

リーダーの矛盾したメッセージが原因の一つである。反対意見は悪くないと思ってはいても、それを歓迎すれば寝た子を起こすことになるのではないかと心配し、気づかぬうちに矛盾したことを言ってしまう。「私のことは気にせず、批判は自由に言ってくれ。大丈夫だから。率直に言ってくれた方がより良い判断が下せる」と言う代わりに、「単刀直入に言おう。私は君たちの言うことにはどんなことでも耐えられる。何と言っても、君たちが優しいことはよく知っているんだ」。この締めくくりの言葉は、冗談めかして言われるが、これで上司の本音が伝わってしまう。メンバーが正直さと相互影響が不可欠だと納得している場合は、この上司の弱気な姿勢は無視されるが、部下に疑念があると、わずかな後ろ向きの兆候にも否定的に反応してしまう。

リーダーだけではない。メンバーも矛盾したメッセージを出している。上司の意見に反対のときは、上司が攻撃的になったときのことを考え、暗号のような言い方をしてしまうのだ。その結果、本当の考えを率直に伝えないまま、「上司には言ったのに」とうそぶき、上司と本気でやり取りしない。

つまり、否定の可能性を含んだ暗号の形で伝達するのである。「その件でニックとはもう話しましたか？」とは、実際には「それは重大な間違いです。ニックはそれに絶対反対していますから、関与するチャンスを与えなければ全てを投げ出してしまいますよ」という意味かもしれない。上司がこの意味をくみ取れなくても、その部下は〝上司にはニックと話してください、と言ったのに〟と言うだけだ。部下は形の上では〝真実を述べた〟のだが、上司には判読困難である。

誤解されるメッセージ

コミュニケーションは常に複雑である。しかも、権限と階層がかかわると、いっそう誤解しやすくなる。部下の立場を経験したことは誰でもあるだろう。部下でなくても、子供、生徒など、指導を受ける立場は分かるはずだ。この経験を積むと、上司の言葉に先入観を抱くようになる。そして、気軽な上司の提案を命令と誤解したり、たいした意味のないしぐさから期待を読み取ろうとしてしまうのだ。

チャブ損害保険会社のある役員が、自社でフロリダ州デイトナにある洒落た邸宅を購入した際の失敗談を語ってくれた。ある日、その場を地元のマネジャーと共に歩いていたとき、役員はこういった。「ここは本当に美しい所だ。これは良い買い物をしたね。このビルと海の間に椰子の木があったらもっと素晴らしいだろうなあ」と。役員は、次に同じ場所を訪れたとき、椰子の並木を見て仰天した。熱心な地元のマネジャーは、役員の話を命令と受け取ってしまい、十万ドルはする椰子を植えて並木をつくったのだった。

様々な階層の人たちが集まる会議では、リーダーのどんな些細な発言でも本音の兆候として解釈されやすい。私たち著者の一人は、フォーチュン五〇に名を連ねる、ある会社のプロジェクト会議での参加者の発言を覚えている。「この解決策は提案できません。（プロジェクトの委員長である）モーガンはこれを好まないでしょう。それに、この会社では事実を上司には言えません」。その発言者は説明した。「テディ・ライリーのことをご存じですか?」その場の全員が頷いた。「彼は経営会議で現場の状況を正直に話したところ、翌週には会社に彼の姿はなかったのです」。

つまり、一〇年前、テッド・ライリーは生産目標に対する在庫状況が部門長の報告よりも不足すると正直に話した。部門長は「君は間違っている。他社はもっと少ない在庫状況で進めているんだ。もちろん、もう一度在庫を確認するが」と反論した。その直後、ライリーは解雇された。しかし、生産目標は達成されず、しどろもどろの言い訳がされたうえ、しばらく問題は解消しなかった。ライリーは問題点を正直に話しただけにすぎず、解雇の理由にはなり得なかった。しかし、一〇年経ってもこの事件は鮮明にその場にいた人たちの心に残り、彼らは社内で正直になると復讐されると思い込んでいたのである。

相互影響の突破口

誤解の悪循環と相互影響に対する恐れを絶つ責任は、リーダーとメンバーの両方にある。リーダーには権限があるため、普通はリーダーから行動を起こす方が簡単だ。どの程度の主体性と反対を許容するかを決められるだろう。しかし、メンバーの方も影響の及ぼし合い方を変えられるので、その点も検討しよう。

リーダーができること

相互に影響を及ぼしあうために、まずリーダーにできることは、新しい規範をはっきり示すことである。たとえ、リーダーに対する反対意見でも、率直かつ正直に言うよう、明確に求めるのである。メンバーの方は、具体的な行動を示さなければ、上司には強く反対しないというこれまでの規範に従ってしまうため、宣言するだけでは不足なのだ。映画配給会社MGMの前身、ゴールドウィン社を設立したサミュエル・ゴールドウィンは、「自分の職を賭けてでも真実を言え！」と怒鳴っていたという。表7－1のリストは、メンバーが率直になる風土の醸成のためにリーダーができる言い方の例である。

表７－１　相互影響を促す上司の行動

上司の相互影響の行動例	言い方の例
あなたが必要なデータを見ておらず，重要な問題を真剣にとらえないなど，間違っていると思うときは，はっきりと指摘するよう，メンバーに求める	「私は全てを把握することはできないので，私が間違ったときは皆さんの指摘に依存しているのです。」
矛盾したメッセージを解消させるとき	「あなたの意見に反対しても，すぐにがっかりしないでください。もっとデータを集め，内容を詰めてください。我が社では，自分のアイデアに承認を獲得するまでに上司から四度，突き返されることを覚悟してください」
メンバーに関わる問題について意見を求めるとき	「皆さんが思っていることを全部聞けたでしょうか？」
あなたの意見に反対するよう求めるとき	「私の考えは話しました。あなた方の考えと，どこが違っているでしょうか」
非言語のシグナルを見つけたとき	「ためらっているようですね。気になる点を話してください」
自分の理解が適切かを確認する時	「あなたの言い分を十分に理解できていないようです。別の言い方ではどうなりますか？」
自分の言動についてフィードバックが欲しい時	「私は上司としてどうでしょうか。反対意見を潰していませんか？　どのように反論を止めているか，ヒントをください」
メンバー同士で影響を及ぼし合うように促す時	「あなたは同僚の仕事ぶりに満足していますか？満足でないときは，はっきり言ってください」

新しいルールを新しい行動で実践してみせる

部下からの影響に抵抗するマネジャーは、自分に対する意見を個人攻撃とみなして防衛的になり、すぐさま批判を始め、相手をこきおろす。一方、相互影響を歓迎するマネジャーであっても、部下に自分の協力者になって欲しいと言いながら、新しい規範を活用する技術が不足し、部下が主体性を発揮するように自ら働きかけない者も多い。

私たちは、「ブラッドフォードとコーエンのリーダーシップ・スタイル質問紙」(注3)を使い、様々な業界の一〇〇〇人以上のマネジャーから回答を集めた。

その結果、次の三つの質問の回答が最下位であった。

あなたの期待に比べて、あなたの上司は、

- 自分の意見への反対を表明することを勧めるか?
- 自分自身の仕事ぶりについて、部下からのフィードバックを求めるか?
- 仕事を共にするときに、そこで発生した問題について率直に話しあうか?

これらは部下から声をあげにくいことではあるが、変革の好機である。上司の方は、これらの問題について話し合える風土を目指せば良いのである。

相互影響という新しいやり方を取り入れることだけが重要なのではない。新しく具体的な行動も提示して支援する必要がある。部下に新しいやり方に挑んでもらうためには、上司のあなたが模範となり、できることを示さなければならない。

メンバーが反対意見を述べたら、楽な状態に甘んじることなく一歩を踏み出した勇気を褒めよう。そして、部下があなたの期待を超える言動をとったのなら、あらゆる機会に良い例として言及しよう。

上司のあなたが態度や行動を変えて相互影響を推進する姿勢を示せば、旧来の行動を止められる。もちろん、反対意見全てに対応することはない。しかし、悪い情報やアイデアをもちこんだ部下を叩きのめしてはいけない。

自分が影響を受け入れていることを話す

リーダーの多くは、特に男性では、部下からの影響を認めるのを嫌う傾向がある。ある経営幹部の一人は、「学ぶことは大好きだ。でも、それを知られたくはないんだ」と冗談めかして言っていた。しかし、そのために激しい議論をしたり、絶対に受け入れない様子を示した後でその意見を取り入れるのは率直ではない。単純に、「ありがとう。そのことには気がつかなかったよ。その件について見方を変えよう」と言いさえすれば、相手のその後の言動を変化させられる。

常に、部下はあなたが本気かどうか、じっと見ていることを頭に置きたい。部下は上司の真剣さに非常に敏感であり、兆候を見逃さない。リーダーは、相互影響の実践を試されていることに注意し、必要な場面ではとるべき行動を取り、相互影響を心から望んでいると明示すべきなのだ。機会をつかまえては、あなたやメンバー間で率直に意見を述べるように勇気づけよう。

相互的な関係になる：メンバーの行動

相互影響とは、定義で言えば、双方向で関わり合うということだ。それはリーダーだけに求められるわけではない。そこで、メンバーに視線を転じ、相互関係の構築を検討しよう。組織力は、部下に影響力の発揮を促すリーダーの存在に支えられているが、部下の方も待っているだけではいけない。相互影響は言葉通り相互的で、どちらが動きを開始してもよいのである。たとえ、相手側が乗り気でなくても働きかけを始められる。相互影響を阻む要素は二つある。実力よりも影響力を発揮しない部下と、部下が上司の影響を受け入れる能力を高める方法を知らないことだ。

人は影響力をしばしば自ら放棄している。最もよく見られるのは、上司や同僚の意見に反対でも、黙ってしまうことだ。沈黙は危険が少ないとはいえ、理解不足のために相手が的外れな解釈をしたり、相手を不安にさせがちだ。また、相手への反対を質問の形で表す場合もある。これは、否定を表現する安全な方法ではあるが、相手にはあまり響かない。もし、上司が部下に反対されていることに気づかないと、部下の質問に答えるだけになる。すると、部下の方は上司の考えを変えることは不可能だと思い、結局、引き下がる。これでは上司を動かせない。部下は、上司側が影響を受入れようとしないと拙速に決めつけて、自身の影響力を低下させるのである。

自分が持つ前提を確認しよう

上司の意図を拙速に決めつけず、上司側の準備を確認しよう。

ある半導体加工工場の事例

マーティ・グランドは、半導体加工工場で生産スケジュール管理を担当する管理職だった。彼の上司、ルーク・ダミーゴは、人は良いが、会議の運営は下手だったので、いつも討議は彷徨ってしまうのだった。確固たる結論に至ることは少なく、半導体加工の欠陥率に影響する重大な問題に対応し損なうこともあった。ダミーゴは独裁的ではなかったが、討議が問題の核心に近づいてメンバーの感情が高ぶると、割って入り収束しようとした。そのため、周囲にはダミーゴがこういった対立を好まないと思われていた。

グランドはこれをどうにかしなければと思っていた。意思決定の欠如だけでなく、全体で真剣に問題を解決することすらできず、工場の業績を落としていたからだ。あるとき、例のごとく意味のない会議の終わりに、とうとうグランドは問いかけた。「ダミーゴさん、この会議に苛立ちを感じているのは私だけでしょうか。こういうやり方にダミーゴさん自身は満足しているのですか?」。

仲間はこの発言に息をのんだ。ダミーゴは驚いたような顔をしたが、ため息をついてこういった。「いや、そうではないよ。意思決定するのが本当にたいへんだし、皆、本音を話さない。私たちが直面している問題に前向きに取り組んでくれるよう、自分だけが一人で奮闘しているような気分だよ」。

このダミーゴの発言で、メンバーの中には自分の苛立ちをぶつぶつ言う者もいた。グランドも、ダミーゴの反応に驚いた一人だった。「私たち一人ひとりが何をすべきか、話し合いましょう。私はあなたがこのやり方を好んでいるのかいないのか、よく分かりませんでした。でも、この状態に腹を立てているようでもないですね。私は自分から進んで発言する方ですが、正直言って、あなたの方が会議を荒立てることを嫌っていると思っていました。今日も、重要ですが、微妙な話になると、何度も議題を変えてしまいました」。

「え?そんなことを?　いつしたんだろう?　そういうつもりはなかったんだ。それどころか、どうして誰一人問題の核心を突こうとしないのか、と考えあぐねていたんだ」とダミーゴは答えた。

グランドはチームと上司に貢献している。チーム内の関わり方と上司ダミーゴの組織運営を検討す

る場をつくったからだ。グランドは、歓迎されないと思っていた相手に影響を及ぼしたのである。これまでは、影響を及ぼす可能性があるにもかかわらず、メンバーのほとんどが早々に諦め、チームに非協力的だとか、リーダーに反対していると思われる恐れから、自分の意見を引っ込めていたのだった。誰も邪魔者にはなりたくない。しかし、常に否定的に受け取られるとは限らない。率直さは想像以上に通じることが多いのだ。

リーダーの側に立つ

リーダーとメンバーの対立は、最終的な目標ではなく、達成の方法についてであることが多い。たとえば、リーダーは市場の占有率の拡大によって目標達成したいと思う。賞賛を受けられる目標だ。そのため、新製品を十分に試験することなく市場に出そうと言い出す場合もある。市場の占有率の拡大は悪い目標ではないが、実行の時期には反対が出るかもしれない。たとえば、インテルがバグを発見する前に高価な半導体を出荷したことなどが一例だ。

部下から全く影響を受け入れない、逆に全て受け入れるといった極端なリーダーは滅多にいない。どのように影響を及ぼされるかが、リーダーが受け入れる程度を決めるのだ。ルーク・ダミーゴのように、反対意見を意識しないで止めてしまうことがあり、メンバーの方が気づいている場合はある。〝リーダーの側に立つ〟もう一つの方法は、上司が意識しないでとっている行動によって上司が望まぬ結果が生じていることを、本人に知らせることである。もちろん、その伝え方は重要だ。

リーダーは、目標達成のため役立つ提案には進んで耳を貸す。部門の目標についてそれなりの合意があるときは、目標達成にとって最善なことを上司に理解させればよい。より大きな目標を支持していることを表明すること、たとえば「この目標の達成に貢献したいのです。でも、このアクションは目標達成に役立つとは思えないのです」などの言い方ができる。

この方法は、業務上の問題に対して反対するよりも効果的だ。メンバーは対立的になることなく、リーダーの言動がどのように目標の達成を妨げているかを示せる。前著『Managing For Excellence』で紹介した〝支持的対決〟という手法を使うと、本人の行動によって本人の目標が遠ざけられていることを示して相手を動かせる(注4)。別添を参照されたい。

グランドとダミーゴの例に見られるように、本人の意図と結果の食い違いを指摘することで、新しい可能性が開ける。特定の行動について検討できるくらいに、相手との距離を縮められるのである。たとえば、「この会議で何を達成したかったのですか?」「データ全てがお望みなのですか?」といった問いかけによって、リーダーの本当の願いを見いだすことができる。お互いの関係が良好であれば、「真剣に市場の占有率をあげたいと思っておられるのはよく知っています。でも、営業部隊が攻撃されたと感じてしまったらうまくいきません。競合状況の厳しさを認める言い方をされれば、営業の方から良い手応えを得られるのではないかと思います」といった言い方もできる。部下のあなたの方が上司の行動の結果を知っているのであり、上司が効果的に振る舞うよう助ける責任を担っている。そして、上司も、部下に対して同様の責任を担っているのだ。

影響力の事例

ショーン・オサリバンは、非常に優秀な経営者であった。彼は、常日頃から部下に意思決定に参画するよう促していた。しかし、問題が発生しても、判断を変えたくなるような反対意見や論拠がメンバーから出てこないことが悩みだった。

最近、会社がチーム体制を検討すると聞き、オサリバンは嫌な気持ちになっていた。もうチーム体制については聞きたくなかった。彼には「うまくいかないことが分かっている」からだった。役員会で激しい議論がされた後、彼は「分かった。もう結構。私たちはこれを推進しない。以上だ！」と一喝した。長い沈黙が訪れ、役員会のメンバーはうつむいて資料を見るふりをしながら、この微妙な問題で上司のオサリバンと対立しないにはどうしたらいいかを考えていた。

その時、オサリバンをよく知る上級役員のマーク・アジャニアンが静かに発言した。「オサリバンさん、あなたがなぜこの問題にこうもこだわるのかが分かりません。このチーム体制について詳細を検討するのは今回が初めてです。あなたは論理的でデータを重視することに誇りを持っている方なのに、この件ではいきなり立ち、討議を邪魔しています。私たちが見落としていることがあるのではないですか？」

オサリバンは表情を変えずに答えた。「うーん、考えてみよう。明日の運営会議の時に話すよ」。

翌朝、オサリバンはチーム体制を推進するための新しい案をもって現れた。すでに出ていた案はありきたりで、新しい選択肢が必要なことを彼は知っていた。オサリバンがチームとリーダーの関わり方を二種のやり方で試すことを説明すると、アジャニアンはすぐにそれらに賛成し、細部が詰められ、より良い判断に作り込まれた。他の出席者は、アジャニアンが昨日の出来事の後でもオサリバンに協力する能力に驚いていた。彼らは、アジャニアンはおそらくオサリバンに面と向かって話せないだろうと思い込んでいたのである。

アジャニアンが上司であるオサリバンに対して影響力を発揮できたのは、オサリバンのリーダーとしての立場に尊重の姿勢を示していたからである。アジャニアンは、オサリバンは十分な情報がないためにチームに反対するのだろうと考え、オサリバンが論理的であることに誇りを持つ点に焦点を当て、メンバーに対する昨日の態度が本来のオサリバンらしくないのではないかと問いかけたのであった。

上司に反対すると、自分のキャリアが損なわれると信じ込むのは、大げさというものだ。リーダーも効果的な仕事をしたいと思っており、目標達成のためになるのであれば、ある程度は影響を受け入れる覚悟はある。上司の関心事に結びつけて働きかけ、上司の立場に立っていることを示せれば、大きな心配はいらないはずだ。ただ、個人攻撃したり、上司の動機を非難したり、上司の根本的な目的を見下してはいけない。上司を攻撃することと、影響力を発揮して上司に判断や言動の修正を求めることは全く別なのである。別添の〝パワートーク：支持的対決のための実践ガイド〟では、相手の立場に立ちながら率直に話をする方法を詳説している。

支援の獲得と提供

一人で叫んでも関心はなかなか集まらない。一人では、グループに影響を及ぼしたり、グループの見解に対抗するのは難しい。曖昧に言葉を濁して引き下げたくなってしまうものだ。とはいえ、賛同者が一人いれば勇気が出る(注5)。たとえば、誰か別の一人が、「それは良い指摘だ。その点も真剣に考えよう」とか、「彼の意見に私も賛成だ。他にも賛成の人がいると思う」と述べれば、最初の発言者は自分の意見を主張しやすくなる。

上司の関心が自分から遠ざかるのではないかという恐れが働いているときは、メンバー同士で助け合うことが少なくなる。また、誰かが上司の盲点を突いてしまったときは、その人がどうなるのだろうという物見高い気持ちが働き、助けを忘れる場合もある。「よし、部長と君とで勝負だ」と面白半分に口にするが、仲間を支援すると固く約束しても(「君が立ち上がるなら、我々もバックアップするよ」)、実際に上司との議論が始まると腰抜けになってしまう人も少なくない。とはいえ、口火を切った仲間への支援の気持ちをほんの少しでも素直に表せば、対話は始められるのである。

役割が求める相互影響

リーダーとメンバーの双方から、信頼関係と相互影響を規範とする環境を築きたい。そういった環境では、リーダーは、メンバーが何のアイデアも提案せず、自分の案への意見も出さない会議を心配する必要がなくなる。また、メンバーも、リーダーの勢力に圧倒される恐れを持たない。職場は自由度が増し、より楽しくなるので、全員から最大の能力を引き出しやすくなるのである。

これを希望的観測としか感じられない人も、ぜひ安心して一歩踏み出してほしい。あなたが上司をどんなに頑固で、官僚的で、扱いにくい人だと思っていても、上司には、あなたを含めてメンバーから最大の能力を引き出して目標達成する役割がある。その点を踏まえれば、上司に影響を及ぼすことは可能なのだ。影響力を高めるには、相互影響が鍵となることを思い起こして欲しい。あなたはチームの一員として、上司がより良く組織運営できるように影響を及ぼそうと思い、上司としては、あなたの役割である部門目標の達成のために部下に能力を最大限発揮してもらいたいはずだ。それは、自分の出世のためではない、役割を果たすためではないか。

上司に影響を及ぼす方法

- リーダーの目標を受け入れ、細部にこだわらない
- 部門全体の成功を意識していることを示す
- 自分の担当業務をやり遂げ、目標を達成する
- チームへの忠誠心を示す：チームの目標達成に貢献する
- 自分固有の価値によってできるかぎり貢献する：経理の専門知識、予算状況、市場データ、技術動向、など
- 顧客に関する情報を提供する：どこが購入しそうか、サービスに不満を持っているのはどこか、価格に抵抗を示すのはどこか、どこが離反しそうか、など
- 組織内の情報を提供する：誰が急成長しているか、誰が不人気か、どの部門でいつ組織改編が起きそうか、など
- 上司の良き相談相手となる：上司の言動が目標達成を推進しているか・いないか、悪感情や抵抗を引き起こしていないか、やる気を削いでいないかなど、本人の意図にかなっているかどうかを言える存在となる

上記のうち、あなたの上司が最も価値を置くものを提供し、その代わりにあなたの欲するものを手に入れればよいのだ。上司にとって重要なこととあなたの要請や見解を結びつけられれば、それはかなう。

まとめ

上司への影響力に関する考え方は全て、同僚や部下を動かすときにも活用できる。同僚は互恵的な関わりによって動き、部下も同様だ。メンバー全員が相互影響の能力と意欲を持って初めて、チームとして重要な問題に合意できるようになる。したがって、命令はできるだけしない方がよい。パートナーシップの発想を強化し、部下に責任を共有する組織運営に参画するように促すためだ。

責任共有のリーダーシップでは、部下に態度と行動を大きく変えることを求める。あなたは、部下が変化したがるように影響を及ぼさなければならない。彼らの協力を得るためには、一人ひとりに対してそれぞれが価値を置く何かを提供する必要がある。影響力の法則を、全ての方位に向けて活用するのである(注6)。

責任共有のリーダーシップ、すなわち、具体的なビジョン、責任を共有したチーム、相互影響の三つが連動すると組織に変化が起こる。この本の第三部では、ファーマコ社の事例を用いて、責任共有の組織運営とその結果を描写しよう。あなたがこの三つの要素を自分の組織に応用できることを目指そう。

【注】

1 Cris Argyris, *Interpersonal Competence and Organizational Effectiveness* (Homewood, IL: Richard D. Irwin, 1962).

2 Rosabeth M.Kanter,"Power Failure in Management Circuits",Harvard Business Review,57,July-August,1979,pp. 65-75. *Men and Women of the Corporation* (New York:Basic Books,1977),pp.189-195.

3 「ブラッドフォード&コーエン・リーダーシップスタイル調査」。David L. Bradford and Allan R.Cohen, *Managing for Excellence* (New York:John Wiley&Sons,1984),pp.292-295.

4 David L.Bradford and Allan R.Cohen, *Managing for Excellence* (New York:John Wiley&Sons,1984),pp.146-154.

5 V.O.Allan and J.M.Levine,"Consensus and Conformity"The Journal of Experimental Social Psychology,5, 1969, pp.389-399.

6 上司や同僚に対して影響を及ぼす方法については、この本で詳しく解説してある。David L.Bradford and Allan R.Cohen, *Influence Without Authority* (New York:John Wiley&Sons,1989). 邦訳『影響力の法則－現代企業が生き抜くバイブル』（髙嶋成豪・髙嶋薫訳　税務経理協会　２００８年）。相手が価値を置くものと交換に協力を得るという、権威を使わずに相手を動かす影響力の原理（レシプロシティの原則とカレンシーの交換）について解説してある。

第三部　責任共有の体制を構築する

第一部では、英雄志向のリーダーシップと責任共有のリーダーシップについて、基本的なものの見方と考え方を比較した。英雄志向のリーダーシップでは、メンバーとリーダーがリーダーシップについて英雄志向を共有し、互いに強化しあうため、変化を受け付けない組織運営体制ができあがってしまう。組織力を全開するためには、責任を共有するという全く新しい考え方を身につけなければならないことがお分かりいただけたと思う。そして第二部では、責任共有のリーダーシップの三つの主要な要素、責任を共有するチーム、具体的なビジョン、相互影響を解説した。この第三部では、組織がこの三つの要素をどのように取り込み、実践していけばよいのか、責任共有の仕組みをつくる方法について事例をもとに解決していく。

第1章で、戦略、チーム、組織内の人間関係の問題に直面しているファーマコの事例を紹介したが、次の第8章～11章にわたり、この会社の役員チームがどのように課題に取り組み、それらを乗り越えていくかを紹介する。この事例を題材に、どのように責任共有のリーダーシップを取り入れるかを見ていこう。機能不全に陥っていた役員チームが短期間で生産性の高い組織へと変貌する姿が描かれる。みなさんが応用するときの良き手がかりとなろう。

第8章　チーム再構築1：変革を準備する

責任共有のリーダーシップ導入準備

責任共有の仕組みを取り入れるのは、組織にとって大きな変革である。他の変革と同様、十分に計画を練り、適切な人々を巻き込み、明確なビジョンで目標地点を示さなければならない。そして、やる気を引き出し、目標達成の道程を示し、変革を組織内に広げ、予期せぬ出来事に備える必要がある。ある部門単独で責任共有の仕組みを取り入れる場合でも、その部門を取り巻く周囲を巻き込まなければ変革は継続していかないものだ。

変革を進めるには、まずリーダーシップに対する根強い考え方を変える必要がある。全員が責任共有のやり方を受け入れる必要はないが、どういった状態を目指すか、理解を得ておきたい。新しいやり方を実践する土台づくりとして、人々の期待を変えなければならないのである。

ファーマコ社：これまでの経緯

ファーマコ社は、ＤＤＴが市場から消えた頃に化学者のジーン・ロバーツが新しい殺虫剤を開発し

図８－１　ファーマコ組織図

- ＣＥＯジーン・ロバーツ
  - 社長兼ＣＯＯボブ・ミッチェル
    - 農薬関連担当役員ビル・ボイヤー
    - 動物薬担当役員ジョン・コッホ
    - 遺伝子工学製品担当役員リック・ベントレー
    - 動物飼料担当役員テッド・キャスティン
    - 診断器機担当役員スティーブ・ロッコ
    - 国際事業担当役員フレドリック・エントーブン
    - 人事担当役員マリー・チャドウィック
  - ＣＦＯエド・フィッシャー
  - 研究開発担当役員カート・ヘルムホルツ
  - 広報担当役員マイルス・ダンカン
  - 法務行政対応担当役員デビッド・ウィリアムス

て創設した企業で、農業関連の薬剤において高い品質と新技術開発で名が知られていた。この分野では開発力が重要だったため、ファーマコは大きな成果を挙げていた。そして、動物用のワクチンの分野へも進出し、生物遺伝子工学による製品を開発している小さな企業を買収し、さらに別の会社から動物実験用診断機器の開発・製造の事業部をまるごと手に入れ、拡大してきた。創業者のロバーツは、普段はあまり語ることはなかったが、〝ファーマコ社の製品に囲まれた農業従事者〟というビジョンを胸に秘めていた。

ファーマコは、創業の地である米国の大平原諸州で強かった。次第に南部や西部、そしてカナダ、南米までビジネスの場を広げていった。アジアは市場として有望ではあったが、まだ具体的な進出計画はなかった。

抑制不可能な企業家、それがロバーツであった。彼は自分がつくりだしたあらゆるビジネスに関わっていたかった。新製品のラベル制作から顧客との雑談まで、何でもであった。彼は直観的に動き、くだらないマネジメント技術よりも自分の〝第六感〟を信じていた。事実、ロバーツの本能は長年にわたってたいへん役に立ち、先見の明すらあった。彼の剛胆な古き良き時代の男気のあるスタイルは、卸会社や仲買人に人気があったが、社内ではそれほどではなかった。彼は自分のスタイルが独裁的で威圧的に映っていることに気づき、片腕に忍耐強く、人間関係の能力に秀でた人物を選んだ。COOのボブ・ミッチェルである。

ロバーツの下には、ミッチェル以外に財務、研究開発、広報、法務、行政対応等を担当する役員ら一一名がいた。ミッチェルの直属部下は、各事業部の部門長、国際担当の部門長、人事の部門長である。財務担当の役員は、副次的にCOOのミッチェルに報告していた。また、ミッチェルは幹部たちが参加する運営会議の議長でもあった（図8－1参照）。

ファーマコの事例：パート一

第1章で紹介したように、農薬関連事業の担当役員ビル・ボイヤーは、ロバーツと運営会議に対する苛立ちをミッチェルに訴えていた。ボイヤーにとっては、ロバーツはこの会議を混乱に陥れる気まぐれで邪魔な存在でしかなかった。

ミッチェルは、ボイヤーの不満は当然だと思った。運営会議は問題解決の場ではなく、単なる討議会のようだった。ロバーツは、その貢献度と創造性の高さの一方で、問題の一因であった。CEOが出席しなければ会議はずっとうまく進められる、とミッチェルは思っていた。

しかし、ロバーツだけが問題なのではなかった。五つの事業部が独立して活動し、それぞれが競っていた。ボイヤーとジョン・コッホ、遺伝子工学製品の事業部を担当するリッキー・ベントレーは衝突することが多く、彼らのライバル意識は会社にとって障害となっていた。

各事業部は、それぞれ営業、マーケティング、生産、財務、研究開発部門をもっており、同じ顧客に複数の営業が訪問することもあった。農薬事業と生命工学事業、動物薬事業と動物飼料事業はライバル同士であった。有機農業の登場で、市場に新しい分野が誕生していたので、ミッチェルは各部門が補完的に存在し得ると考えていた。

国際事業部は営業とマーケティング業務中心で、ファーマコの全製品を海外販売していた。そのため常に各事業部は、国際事業部の関心を得ようとしのぎを削っていた。現時点ではこの国際事業部は会社の主要な稼ぎ頭ではなかったが、それでも成長性は多大であった。研究開発部門は対立しあっていたが、その一方で、カート・ヘルムホルツが担当する基礎研究はあまり関心を持たれていなかった。その結果、五つの事業部は各々独自路線を歩み、多大な重複が生じていたうえ、基礎研究分野にはほとんど投資がされない状況になっていた。ロバーツは製品開発研究を信頼していなかったため、この事態は放置されていた。

財務担当のフィッシャーもまた、厄介な人物だった。フィッシャーは、ロバーツに社内での動きをつかむために使われていたからだ。そのため、事業部長たちは、自部門の財務部署にフィッシャーに問題は一切知らせるなと言っていた。これは皮肉にも、悪いことが隠されているのではないかとロバーツの疑念をかき立てていた。幸い、フィッシャーとミッチェルとの関係は良好であった。

これら数多くの要因が社員や会社の業績に深刻な悪影響を与え、運営会議を非生産的なものにしていた。ミッチェルは気づいていた。会社全体が危機に瀕しているのだ。たとえば、診断機器ビジネスは予定通り開始できておらず、必要な開発予算がつかないと担当役員のスティーブ・ロッコは文句を言っていた。

ミッチェルは、診断機器ビジネスや他の会社の存続に関わる戦略的な課題が運営会議で検討されていないのは確かだと思った。会社の規模拡大の課題もその一つだ。競争が激化するこの市場では、成長しなければすぐに隅に押しやられてしまう。ファーマコには、地理的に優位な市場（アメリカ大陸、特に米国）での製品ラインナップを増やすか、または新しい市場に参入するか選択肢があった。アジア市場の潜在的な勢いを考えれば、後者はかなり魅力的に映っていた。

地域の拡大は会社にとって大きな変化を意味した。新たにアジア営業担当の役員のもとで組織がつくられるのか、既存の事業部からアジア担当を集めて国際事業部の営業・マーケティング機能と統合するのか。ボイヤーとコッホは自分の領分を減らされまいと争うだろう。この事態を収拾するのは自分しかいない。ミッチェルはそう思っていた。

ミッチェル個人にとっても、この会社の状態は自分の将来に影を落としているのだった。ロバーツは、以前は「私が引退する時期が来たら」ミッチェルを後継者にすると仄めかしていた。ロバーツは六六歳になったばかり、ロッキー山脈にある山小屋でもっと時間を過ごしたいと言う。しかし、その日は来るのだろうか？

そういったことがあって、ミッチェルは、責任共有のリーダーシップという新しい考え方を取り入れて会社を変革したいという思いに駆り立てられていた。問題は三つ。

まず、ミッチェル、ロバーツを含めメンバーの誰もが運営会議で会社にとって重要な戦略的な決断ができず、それが限界に来ていること。二番目は、ミッチェルのキャリアが頭打ちになっているということ。三番目は、下からのプレッシャーだった。責任共有のリーダーシップの概念はミッチェルの価値観と合致していた。以前、ミドルマネジャー向けのプログラムとして導入を承認したとき、その存在を知った。プログラムは大好評で、参加したミドルマネジャーたちからは、運営会議の役員たちが責任共有のリーダーシップと逆行しているとの声があがり始めていたのだ。

コンサルタントとの議論

ミッチェルは、一歩踏み出さなければと思った。これまで非公式ではあるが、直属の部下たちとは個別に前記の問題について話し合ってきた。役立つ情報は得られた。しかし、どれも見方は限定的で、しかも率直に話してくれている保証もなかった。とはいえ、ミッチェル自身、部下の意欲を削ぐことを恐れて言わないこともあるので、お互い様だった。

やはり、本音を話せる相手が必要だとミッチェルは思い、リンカーン・ターナーというマネジメント・コンサルタントにコンタクトした。ターナーは、長年にわたって能力開発のコーチとしてこの会社とつきあいがあり、他の役員たちとも良い関係を築いていた。さらに、ミドルマネジャー向けプログラムの開発を手伝っていたので、ミッチェルが導入したい責任共有のリーダーシップについてよく知っていた。

その週の土曜日、ミッチェルはターナーと自宅で会った。ミッチェルは、ロバーツや運営会議メンバー、組織全体に対する不満と自分の将来についての不安を話した。約一五分間、彼はいかに自分が〝ロバーツに対して忠実であり、毛の先ほども反抗したことがない〟こと、そして現在の問題の原因は主にロバーツにあるとぶちまけた。

ターナーは、ロバーツの言動は確かに大きな問題を引き起こしているようだと述べた。しかし加えて、ミッチェル自身も問題の発生に関与している可能性があるとも言った。ミッチェルがCEOと他メンバーとの緩衝役になっているために、他メンバーがCEOに直接、不満をぶつけられず、問題が明確化されないままだというのだ。「理不尽な攻撃から部下を守っているのですか、それとも、対立を避けているのですか?」とターナーは尋ねた。

ミッチェルは防衛的になり、ロバーツが自分に反対した者に対してどんなひどい仕打ちをするかを説明した。また、今後この会社でCEOになれるかどうかが見えず、足踏みさせられているようだと気持ちを打ち明けた。

ターナーは、非生産的な結果を生み出しているCEOの言動に関して本人と対決することと、ミッチェルがCEOになれるかどうかをはっきりさせること、二つの課題がある、と述べた。さらに、「確かに、CEOに正面から対決するのは困難なことでしょう。でも、ミッチェルさん、これら問題の解決だけでなく、あなたのリーダーシップの幅を広げる必要があると思いますよ。あなたに対するCEOの懸念に耳を傾け、CEOとして承認を得るために何が必要か、合意しなければなりません。今、あなたは四八歳、CEOを引き受けるに最適な年齢だ。しかし、これから七年そのままということも考えられる。でも、それではあなた自身が別の仕事を得る機会は狭まってしまうでしょう。ファーマコ社でCEOになることが選択肢でないのなら、何が選択肢になり得るのかを今知る必要がありますね」とターナーは言った。ミッチェルは渋々認めた。

ターナーは続けて、ミッチェルがどんな場面でもCEOのパートナーとして振る舞い、困難な問題にも対応できることを示す必要があるし、また、問題全てが能力を示す良い機会になるだろうと語った。これらの問題を避けていれば、ロバーツにはミッチェルがトップの座にふさわしくない、すなわちCEOの職に耐えられるようには見えないだろうと言うのであった。

ターナーはミッチェルに、ミッチェルが好みの、個別に一対一で対応して問題を解決するスタイルは、今回チームの総力を集めるうえでは適切ではない、と告げた。強いチームをつくる唯一の方法は、チームを大きな問題の解決に参画させることであり、大きな問題に取り組むミッチェルに協力させる必要があるという。対立や感情的な言い合いが起きるかもしれないが、いずれにしても、チームとして決めたことはミッチェルやロバーツが一人で決めたことよりも質は高い。チームのメンバーは、賢いCEOでも持ち得ない洞察や情報を持っているのだから、彼らが必要なはずだと言った。

ミッチェルはターナーに同意したが、どのようにしてロバーツにこれらの問題で対決すれば良いか分からないのだと告白した。ターナーは、CEOの関心に結びつけ、他の人たちの多くも同意見だと示すことで、効果的に話はできるはずだと勇気づけた。

チームビルディングの機会が、ほどなく訪れた。社外で行われる戦略検討会議である。この会議の公式の目的は、依頼していたコンサルティング会社からの提案を検討することにあった。これは、議論が白熱しそうだった。しかし、役員チームで困難な意思決定を下すことを含めて運営が改善されるなら、役員、そして会社全体が責任を共有する状態へ、変革を促進する良い機会になる。またミッチェル個人にとっては、ロバーツとの関係をパートナー関係へと活用できる良い機会になり得るものだった。

CEOロバーツとの面談

ロバーツとミッチェルは、毎週月曜日の午後、二人で定例ミーティングを開いていた。その日の朝、ミッチェルは戦略提案書の内容に懸念を感じるので午後のミーティングで話しあいたいとロバーツに申し出ていた。

ミッチェルはストレートに切り出した。「ロバーツさん、例のコンサルティング会社の報告書ですが、私たちは全社的な戦略に欠け、各々事業部の個別戦略しかない、という指摘がありました。私は、我々の判断と実行能力が成長か停滞かを左右するという点に、あなたもご賛同いただけるものと思っています」。ロバーツはミッチェルの強い調子に驚いた様子だったが、無言で頷き、賛意を示した。

ミッチェルは、運営会議ではメンバーが意見をはっきり言わず、チームとして機能する能力が欠けており、大きな時間の浪費になっていると言った。ロバーツはそれに同意し、くだらん会議で物事は決められない、メンバーは会社にとって重要な問題より、自分の見栄えや他との軋轢を避けることばかりを気にしている。リーダーシップを発揮するには、素早く物事の本質を突く必要がある、と大声で言った。

ミッチェルは、防衛的にならないように努めながら、「問題があることが分かったときに厳しく問い詰め、状況を知ろうとするのは、そのためなのですね」と共感を示してみた。ロバーツはそうだ、さもなければ話が堂々巡りをしてしまうだけだと答えた。どうやらロバーツの懸念の一つに触れられたようだった。ロバーツは、創業当初の起業家精神を忘れてはいけない、会社は運営会議が象徴するようにのろまの官僚的な組織になりつつあると批判した。

ミッチェルは、自分がＣＯＯというより保護者のような振る舞いをしていたことを率直に認め、流れを変えたいので協力して欲しいと要請した。

ミッチェルは、この問題状況は、悪循環にみんなが嵌り込んでいることも関係している、ロバーツが〝検察官〟の役割を果たせば、他メンバーは自己防衛に躍起となり、ミッチェルは火消しに走り回るサイクルになっていると単刀直入に話した。ロバーツは、隠したり無駄なおしゃべりをしなければ自分も追求しないと、興味を示した。ミッチェルが、本人が自ら困難な問題を開示するときは責めないで欲しいと求めると、ロバーツはそれが可能なのかと疑った。

ミッチェルは、自分が強いチームをつくりたいと思っていること、戦略上非常に重要な課題に対して責任を共有できるチームを目指すこと、そのためにこの戦略会議を利用したいこと、提案内容を検討することを通して、全員が貢献をすることのできる、強いチームをつくっていきたいと語った。

ロバーツは半信半疑の様子だったが、ミッチェルの話に真剣に耳を傾けた。二人は、チームがどのように協力できるか、対応すべき問題の種類、会社全体に対しても当事者意識を持たせる方法や、ミッチェルとロバーツ自身のスタイルがもたらす意味などについて話し合った。

そして、ミッチェルはさらに一歩踏み込み、財務を私の下につけて欲しいと求めた。ロバーツは一瞬詰まり、「今の作戦がうまくいく証拠は何もないうえ、私に情報が遅れなく届く保証がないではないか」と言い、自分がチームを掌握する頼りの綱の財務を渡すことにためらいを示した。

そこでミッチェルは、ロバーツがその数字を使って現場に直接指示してしまうため、自分のCOOとしての仕事が妨げられていると率直に述べた。二人は、それぞれの役割について議論し、財務のフィッシャーと法務および行政関係担当のウィリアムスにロバーツとミッチェルの両方に報告義務を持たせ、ロバーツはCOOの仕事ぶりについてチェックすることになった。

ミーティングを終えようという時、ミッチェルは自分がロバーツの後継者になれるかどうか、能力に懸念があるのなら教えて欲しいとストレートに尋ねた。

ロバーツはホッとしたように、ミッチェルの決断力としたたかさに懸念があったと率直に述べ、会社は重要な起業家精神を忘れつつあり、自分は仲良しクラブが嫌だ、しかし今日のような調子だったら懸念はかなり減ると答えた。

二人は、ミッチェルは問題を指摘する役割を果たしチームを保護しないこと、ロバーツは運営会議の進行を邪魔せず、チームの誰かがロバーツに問い詰められるときは、ミッチェルがロバーツに対決することに合意した。そして、この合意に反したときは、それをはっきり指摘することになった。

ミッチェルは、ロバーツとのこのミーティングに満足した。ロバーツと自分の関係の本質が変えられた感じがしていた。後は、運営会議の場でロバーツと交わした合意事項を説明し、行動化に向けて詰めねばならなかった。

運営会議

運営会議は火曜日の午前である。ミッチェルは自分たちが今後半年間に直面することになる問題について語り始めた。そして、突然、メンバーの仕事の進め方に自分が不満を感じており、メンバー自身も少なからず同様に感じているはずだ、我々は変わらなければならない、今後数ヶ月で直面する問題の解決策を見つけるには全員の協力が必要なのだ、と強い調子で言い放った。

参加のメンバーは空気の変化に気がついた。かつて同様の問題提起があったときに何も変わらず、メンバーは落胆したこともあった。〝罰金箱〟を導入したときは、会議は少し調整がしやすくなったが、相変わらず誰も率直にはならなかった。メンバーは、ミッチェルが問題の存在をはっきり認めたことを歓迎し、ロバーツもミッチェルのこの言動に好感を抱いた。

ミッチェルは、CEOと自分が合意した内容を説明した。メンバーは驚き、何人かの視線がロバーツの方に向けられたが、ロバーツの表情は変わらなかった。ミッチェルは、自分がチームにどうなって欲しいのかを説明し始めた。これから、我々はファーマコのマネジメントの責任を全員で共有する、と宣言した。具体的には、メンバーは各自の担当領域の責任に加え、会社全体にとって何が最善かを考え、行動せねばならない。ファーマコにとって必要なのは、個々の領域の問題を開示し、できる限りメンバー同士助け合い、高い業績基準に合った仕事に責任感を持つこと、より高所からの目的を意識すること、これらがこの会社にとって、自分たちチーム全体にとって最善の結果を出すのだ、と述べた。

ミッチェルはここまで宣言すると、この日の議題に戻った。運営会議は少しだが、率直な意見が出始め、自己防衛的な姿勢が減ったようだった。ロバーツもメンバーの一人として話に加わっているが、支配するような動きはしなかった。その日の会議の終わりに、ミッチェルは社外で行われる戦略検討会議について触れた。

戦略検討会議の後に一日追加し、コンサルタントのターナーに入ってもらい、チームビルディング・プログラムを持つことを提案したのだ。

すでに話し合いを繰り返してきているので、追加のセッションは不要だとの大きな反対の声があがった。マリー・チャドウィックが最後に、この戦略の検討を通してチームビルディングしてはどうかと提案した。コンサルタントのターナーに、自分たちが行き詰まった時の助けと、短い講義や演習で支援してもらうというのである。皆、仕方なくこの意見に同意したものの、一日は長過ぎると断固反対した。ミッチェルは、半日は必要だと感じていたので、日程は半日に決定した。

そして、戦略検討会議では戦略に関する提案をコンサルティング会社から受けること、提案報告書のコピーを自分の担当領域の視点からではなく、全社的な視点から読んでおくよう求めた。

翌週、状況や責任共有に対するミッチェルの本気度や進め方をよりよく知ろうと、数名の運営会議のメンバーがミッチェルのオフィスを訪れた。新しい試みの可能性に賭けたいという熱意が少し見られた。人事のマリー・チャッドウィックともう一人はミッチェルの努力を強く支持し、支援を申し出た。ミッチェルは少し安堵した。

事前準備

ターナーは、戦略検討会議に向けた準備を手伝うために、ミッチェルの要請に基づいてロバーツと会った。CEOの考えを理解することが主な目的だった。ロバーツも二人体制は無駄であり、しかも全員で目指すべきビジョンが二人の間でも共有できていないという不信を持っていた。彼は明らかにタフなマネジメントチームを求めており、ミッチェルには業績の劣る者に改善を迫って欲しいと思っているようだった。

ロバーツはミッチェルの今回の計画に半信半疑だったが、自分の言動が戦略検討会議でのミッチェルの努力を左右することは自覚していたので、渋々戦略検討会議でミッチェルを支援することには同意した。本当は仕事以外にしたいことがあるが、ミッチェルの準備ができるまでは会社から目が離せないのだとも語った。

ミッチェルとターナーはその週の後半に会って、戦略検討会議の議題を検討した。ターナーは、チームビルディングと戦略検討を統合するというチャドウィックの提案を取り入れ、金曜日の午後から戦略案のプレゼンテーションを受けることになった。戦略の検討をチームづくりの素材にするというのであった。

ミッチェルは、CEOと同様、この計画がうまくいくかどうか、自信はなかった。ロバーツがこらえてくれるか、チームが率直に全社的な視点で考えてくれるのか、重要な問題を率直に話しあうように促したら、この社外会議が大混乱のままに終わるのではないかなど、気がかりは消えない。ターナーは、最悪でも今の非効果的な状態が続くだけだとミッチェルを励ました。

ファーマコの事例に見られる問題

ファーマコのような行き詰まりや悪循環を打ち破るために、ミッチェルの立場にあるリーダーには何ができるのだろうか。何から着手し、チームからどのようにして協力を取りつけ、効果的なパートナーシップを結べばよいのか。見解が食い違う上司とはどう協力しあえばいいのか。

ミッチェルは板挟みに陥っていた。ロバーツとチームが戦略的に不可欠な判断を下し、かつそれを受け入れなければ何の意味もない。会社としての判断を下すには、チームが合意する仕方を知らねばならない。彼には、チーム全員が全力を出すよう影響を及ぼす必要があったが、その前に、自分のリーダーシップに対する不安を払拭しなければならなかった。

また、彼らは問題解決や意思決定の仕組みを持っていなかった。しかも、社員は同じベクトルに向いておらず、建設的なオープンな話し方をせず、ビジネスのために前向きに話し合うこともなかった。そのためミッチェルは、共通のビジョンを設定してチームがどのように機能すべきかの目標を示し、そしてそれをやり遂げることに焦点を当てさせなければならなかった。このビジョン達成に向けた進め方に合意を獲得し、新しいやり方で取り組めるチームをつくり、ロバーツの協力を得るために影響を及ぼす必要があったのだ。まずは、この社外会議の機会に、自分たち全体の課題のために時間を割くよう、ミッチェルは説得しなければならなかった。

システムの視点で組織をとらえる

責任共有の状態をつくる最初のステップは、状況を客観的に把握・診断することである。何と何が連動しているか、会社がどう動いているのかを、システムとして客観的に把握する必要がある。背後にある行動パターンを見つけなければならないのだ。ファーマコの場合、新しいリーダーシップを取り入れるには、ミッチェルが言動をある程度変えるだけでなく、同じシステムの中にいる他の人々がどのように変わるべきかを理解しなければならない。ロバーツとの関係を改善して自由に動けるようになったら、次にミッチェルが欲しいのは、チームメンバーから全面的な協力である。チームはもっと協力しあい、この運営会議をもっと行動的にする必要がある。会議が変わらなければ、ミッチェルが決断力の点で向上したとしても、ロバーツは評価しないだろう。

ロバーツ自身も変わらなければならない。運営会議のメンバーは、ロバーツがチームに介入する限り、さらに協力しあうことはないだろう。その一方、ロバーツが言動を変えたときに、運営会議メンバーが変わらなければ、ロバーツの変化も継続しないのである。それには、ロバーツは新しい自分の役割を受け入れ、チームとミッチェルの協働体制が自分を会社のマネジメントからはじき出すわけではないと理解する必要がある（注1）。

矛盾を乗り越える

新しいリーダーシップを導入する際、リーダーは自分が役割以上に努力する必要があることに葛藤を感じる。しかしながら、真新しいリーダーシップを買ってきて、次の日に使えるというようなことはない。リーダー本人がリーダーシップの一部なのだ。リーダーが新しいやり方に対して本気なのか、誠実か、前向きかなど、周囲から一挙手一投足、観察される。生半可な取り組みは失敗のもとになるだけである。

一方、未経験のことに深くコミットするのは容易ではない。本気で取り組むために、リーダーは事前に予想される結果を考え抜き、ある程度は試し、必要に応じて修正しつつ実施計画を作成せねばならない。矛盾をそのままにしておくと、問題が起きやすい。変革を渇望する部門、または何かのプロジェクトチームで試行するとよい。もっとも、そういった試行がかなわない場合は、いきなり本番に入るしかない。

ミッチェルは、すでに自分自身の状況のとらえ方や行動にも問題があることをターナーから指摘されていたので、自己防衛に陥らずに前進できた。ミッチェル自身が問題の一部であり、解決の鍵でもある。ミッチェルが方針と考え方に納得できなければ、何も変えられないのである。

新しいリーダーシップと重要な意思決定を結びつける

戦略検討の社外会議をチームが新しいリーダーシップのもとに生まれ変わるきっかけにしようというミッチェルの考えは、リスクを伴うが賢くもあった。現場の重要な意思決定と関連しないリーダーシップなど意味がないからだ。リーダーシップは日常業務の一部であり、また業務の運び手でもある。難しい判断においてどのように実行され、どのようにメンバーが協力しあうかにもはっきり現れる。

チームづくりと最優先課題である戦略検討を結びつけたことで、単なるお遊びではないかという疑念が減った。一方、リスクはまだある。話しあいは紛糾するかもしれない。チームは合意を前にしてすくんでしまうかもしれず、ロバーツやミッチェルが従来の習慣に戻るかもしれないし、チームのメンバーには責任共有のリーダーシップで必要な技能が欠けているかもしれないのだ。

正しい理由のもとに実行する

責任共有のリーダーシップを取り入れる最終目的は、業績の向上にある。ミッチェルにとっては、リスクを相殺するほどのビジネス上の成果が見込めたので、意味があったのだ。人間関係に焦点を当てている人は、変革による犠牲や危険を正当化するためにチームの結束や良い雰囲気を持ち出しすぎる。これらが重要なものとはいえ、業務で良い成果を出せなければ変革の持続は難しい。業績が向上するとチームの雰囲気は良くなるが、雰囲気が良いからと言って、業績が良くなるという保証はどこにもないのである。

帰属欲求の高い人々は、強硬な上司を阻止できると期待し、この新しいリーダーシップを気に入るかもしれない。仕事は深い満足を与えてくれるし、楽しい。また、他者とつながる機会でもある。しかし、それは仕事の結果として得られるのであって、目標そのものではない。厳しいマネジャーが、会社は仲間を作るための集まりではない、仕事の場だと怒鳴るのは正しいのだ。

期待を変える

どのような変革でも、始める前に関連する人や部門への対応も考えておいた方が良い。目指す姿や会社にとっての利点を上司や他部門のリーダーたちに説明し、起こり得る変化を同僚に伝え、必要な資源を入手する必要があるのだ。

常に上司のマネジメント・スタイルを変えさせる必要があるわけではない。とはいえ、できるだけ不安や誤解、反対は減らしておいた方が良い。そのため、あなたがしようとしていることは何か、どのような影響がもたらされるか、その結果、上司の求める最終目標がどの程度満たされるのか、確実に上司に理解してもらうのだ。ファーマコではロバーツが鍵だった。そこで、ミッチェルは困難な業績の問題にすぐさま進んで取り組む気概を持っていることを、ロバーツに理解させようとしたのである。

変革はどこからでも始められる

システムの観点から考えると、各部は連動しているので、どこからでも変革を始められる。変革を始めるのがリーダーである必要もない。事例では、ロバーツの方が変革に向けて一歩を踏み出すことも可能だった。もちろん、運営会議のメンバーも同様だ。誰であっても、重要な問題に対応できない事態に対して疑問を呈することができるのである。ビル・ボイヤーは自分なりに始めたのだ。ただ、やり方が不適切だったので、その効果は期待を下回った。ボイヤーが効果的に問題を指摘し、対応策を提案できていれば、ファーマコを正しい方向にリードできたかもしれない。

変化を起こすことと、変化を維持することは、本質的に異なる。ファーマコの誰もが変革を起こすことができる。しかし、ミッチェル、ロバーツ、ターナー、ボイヤーの誰であっても、他メンバーの支持がなければ維持は不可能なのである。

ファーマコの事例を超えて

ファーマコの事例から、英雄志向から責任共有のリーダーシップへと転換するには、大規模な変革で必要なあらゆる働きかけが求められるのが分かるだろう。変革には時間がかかる。特に、会社の風土を変革するときは覚悟が必要だ。以下が重要になるだろう。

- **抵抗を予想しておく**　新しいやり方が後で素晴らしい結果をもたらすとしても、すぐに分かるよい変化も必要だ。人々はあらゆる理由を並べて、変化を避けようとするものだ。知らないことへの恐れ、自分の将来にもたらされる変化、人間関係、担当してきた仕事内容、過去の似たような変革の体験、目指す姿や到達の道筋をイメージする能力の欠如、低い実行能力等、言い訳はたくさんある。
- **持続し、柔軟に対応する**　持続できなければ、慣性がはたらき、元にもどってしまう。組織は極めて弾力性に富み、元の状態に簡単に戻る。変革の目標をひたすら目指すことが不可欠である。また、抵抗や新しいデータ、この変革推進の中で自ら体験したことに応じて調整するなど、柔軟な対応が求められる(注2)。
- **変革が達成されたときの魅力的なビジョンを掲げる**　心ときめくビジョンがなければ大きな変革は起こせない。人々は努力がそれ相応の価値をもたらすと思いたいのだ。生き生きとしたビジョンの威力は強大である。その魅力を伝えるためには、実際にそのビジョンに到達している人々に会わせるのも良いだろう。百聞は一見にしかず、である。
- **到達のための明確な道筋を示す**　ビジョン到達までの道筋が明確であること、そして到達が可能なことを示す。ビジョンがもたらす可能性に惹きつけられても、到達する道筋が分からなければ変革は行き詰まってしまう。人は、変革で求められる役割、計画、チーム、重点項目、技術、またそれらを獲得する方法を知りたがる。跳躍というイメージは刺激的だが、一度で高い所まで飛べるものではない。まず、地面を飛び立つ方法を具体的に知る必要がある。

- **目標と整合した活動と方針**　システム的な視点をもつこと。責任共有の考え方を組織に浸透させるには、組織の活動や方針も責任共有に沿ったものに変えなければならない。たとえば、報酬制度、キャリアパス、組織構造などを変える必要があるかもしれない。変革のプロセスでは様々なことが起きるので、変革を維持するためには社内の体制も連動させておかなければならないのである。

責任共有の準備

全社的な変革を推進する場合、前記の五つ全てが必要になる。ファーマコもそうであった。さらに、その組織固有の状況に対応する準備が必要だ。あなたが変革のリーダーであるなら、以下の問いに答えなければならない。

- **組織の状況に、責任を共有するやり方は合っているか？**　責任共有のリーダーシップは、組織の問題の万能薬ではない。次の場合に効くのである。
  - ―　業務の相互依存度合いが高い
  - ―　組織を取り巻く環境が複雑で、変化が速い
  - ―　リーダーを含め、必要な専門性・知識の全てを持っている人がいない

— チームとリーダーの目標と価値観が基本的に合意されている
— 卓越した成果が求められている

これらの条件が満たされていなければ、英雄志向のリーダーシップで十分に成果は出せる。苦労は少なくて済むだろう。ファーマコでは上記の条件が全て満たされていたため、変革に取り組んだのだ。

• **人々は変化を求めているか？**　社内で強く求められているのでなければ、大規模な変革は困難である。ボブ・ミッチェルは、難しい戦略上の選択をするために、運営会議の現状を打破する必要に迫られていた。さらに、自分自身のキャリアの不透明感を払拭する必要もあった。

危機は人々をアクションへと奮い立たせるので、変革の推進力となり得る。新規の競争、市場シェアの落ち込み、優秀な人材の退職、M&Aの脅威、主要な顧客の喪失、人材の疲弊、利益の大幅な減少など、通常のビジネス活動以上のものが求められる状況がある場合だ。卓越した業績を出すことに熱意が持てなければ、変革の要請は薄れていくだろう。その場合、責任共有のリーダーシップとはどのような状態なのか、何ができるかを、明確に表現することが求められる。それは製品や戦略に関するビジョンと同様に重要なのだ。痛みを伴う変革の旅程を進むには、明確に目指す姿が見えないままでは困難すぎるからである。

上司と交渉する

新しいリーダーシップへ転換するときの切り札は、上司を味方にすることだ。組織の中間層の立場からあなたが変革を進める時は特に、上司があなたの味方になってリソースも提供してくれると、非常にスムーズに進められる。責任を共有するマネジメントは、英雄志向の上司の下でも可能だ。重要なのは、あなたの上司があなたの求めるリーダーシップのとり方を不愉快に思わないことだ。以下は、上司にスタイルの変更を求めずに、あなたのやり方に馴染んでもらう方法である。

結果ではなく、方法を交渉せよ

英雄志向の上司から責任を共有するマネジメントを取り入れる自由度を獲得するには、達成すべき目標と何をもって達成とみなされるかを明確化し、目標達成を約束することである。約束は明確に言明する必要がある。たとえば、「優先度に従い、この期限までに、この目標を達成することが部長の期待ですね。これを達成することをお約束します」などだ。上司の目指す目標に同意し、達成を約束すれば、達成のための方法を交渉しやすくなるはずだ。あなたの取り入れたい新しい方法がいかに達成に効果的かを示すのである。

上司の懸念を理解する

前項のように、目標達成を約束しても上司が渋る場合、上司が感じている懸念に目を向けよう。もしかすると、「チーム」という言葉が、遅い意思決定や妥協に流れた二流の判断、仕事の放棄という懸念を抱かせるのかもしれない。ビジョンを強調したために、生ぬるいスローガンを押しつけられる恐れを感じていないだろうか？　責任共有のリーダーシップを知らないだけかもしれない。上司がためらう理由をつかめれば、交渉の糸口が大幅に増える。

全ての上司が抱く最大の懸念は、責任共有といって結局誰も責任をとらない事態が生じることだ。だからこそ、このリーダーシップでは、担当分野の責任を軽ろんじるわけではないことをはっきりと伝えよう。最終的に上司が知りたいのは、あなたが担当分野の責任をきちんと果たすかどうかなのである。

上司の使う言葉を用いる

変革を急ぐと、しばしば自分の考えを受け手にとって馴染んだ言葉で表現することを忘れる。あなたの考えをよく知らない相手だと、特殊な言葉の意味や言い回しのニュアンスが分からず、否定的な意味合いで受け取ってしまうこともある。責任共有のリーダーシップで使われる言葉、たとえば協働、責任の共有、合意などの言葉を、意味のないマネジメント用語や心理学用語と誤解することもある。そういった場合、責任共有のリーダーシップとは、〝仲良しクラブ〟から脱却し、〝部下からより多くを要請し〟、〝大人として扱い〟、〝お互いに協力させ、または胸襟を開かせる〟ものだと表現してもよいだろう。組織の中には軍隊用語による比喩を使うところもある。〝命令とコントロール〟とか〝命令に従う〟といった言葉が使われ、協働を〝総攻撃〟、〝兵士の声を聞け〟、〝戦友を泣かすな〟というものもある。重要なのは、ごまかさず明確に伝えること。郷に入っては郷に従え、である。

組織の目標と価値観に結びつける

どの組織にも大切にしている価値観がある。よく言われるのは顧客重視である。技術革新、起業家精神もあるだろう。責任共有のマネジメントでは、社員全員が当事者意識をもって組織の目標達成をめざすことが重要なので、あなたがマネジャーとしてどのような気持ちで全社的な目標達成に臨み、業務に取り組んでいるかを示すのは効果的である。また、それによって、この変革が一方的に変化を押しつけるのではなく、共に目指す目標を達成するためにやり方を革新しようとしていることが伝わる。

責任をメンバーと共有するリーダーの強みは、最も重要な全社的な目標と価値観に焦点を当てることによって、めざす目標達成に向けて部下同士が協力しあう状態をつくりだす点にある。

チームメンバーの役割

マネジメントのやり方を変革できるのは、リーダーやマネジャーだけではない。部下も可能だ。上司自身は実は自分のマネジメントを気にしている場合が多く、現場の懸念を伝えると、案外と歓迎される。

メンバーとリーダーがチーム全体の問題認識を共有すれば、具体的な解決策や進め方で合意に至らなくても、大きな変革に乗り出す気持ちの準備も共有できる。またメンバーは、リーダーの変革に対する思いを別の面から支援することができる。たとえば、以下は可能だろう。

- 従業員の意識調査を行う
- 顧客の不満をまとめる
- ベンチマークを行う
- 他社の人たちとリーダーが話す機会をつくる
- リーダーに、気になっている問題への対応に関する書籍や専門家を紹介する(注3)

懸念を表出させる

変革に関するアイデアがメンバーから出される可能性は少なくない。しかし、上司のやり方によっては埋もれてしまうものもある。あるソフトウェアの会社では、役員会のマイナス志向に失望していたCEOが、意を決し自分の懸念を役員たちに話した。自分と同じようにプライドを高く持ち、戦略的な課題に進んで取り組んでもらいたいと思っていたのだ。しかし、開発担当のある役員から思わぬ反論が起こった。マイナス志向なのは、CEOがどんな議論も潰してしまうからだというのだ。常に明るく楽天的にいろという暗黙のプレッシャーがあって、自分のたちの懸念をなかなか口にできない、すぐに〝どう対処するか〟を迫るが、問題の理解が不十分なままではマイナス志向にならざるを得ない、というのだ。多くの役員が同意していた。驚いたCEOは、すぐに解決策の検討に入ろうとする衝動を抑えることを約束し、その代わりとして、役員たちに実際的な解決策を見つける責任を大幅に増やした。役員チームは早速、競合に対抗する選択肢を考え出すプロジェクトを発足させることに同意し、行動を開始したという。

下からの支え

タフで押しの強いリーダーでも、状況によっては支援を必要としている。ミッチェルが責任共有のリーダーシップ導入を覚悟できたのは、チャドウィックらが支援を申し出たおかげだと言ってもよい。メンバーはフィードバックや現場の情報を提供することによってリーダーを支援できるのだ。

リーダーシップを刷新した後でも、多くのことを成し遂げなければならない。次章では、ボブ・ミッチェルがいかにチームを動かしたかを描こう。

【注】

1　マレーというマネジャーの事例は、David L.Bradford and Allan R.Cohen, *Managing for Excellence* (New York: John Wiley & Sons, 1984) の p.249-277 に載っている。このマネジャーは、変革を進めるうえで上司を巻き込むのを忘れ、変革はうまくいったものの後日解雇になった。

2　Rosabeth Moss Kanter, *The Change Maters* (New York:Simon&Schuster,1983). 邦訳『ザ チェンジ マスターズ－21世紀への企業変革者たち』(長谷川慶太郎訳　二見書房　１９８４年)。

3　私たちが出会ったマネジャーたちによると、私たちが書いた本を部下に読ませたところ、リーダーシップに関して振り返る良い刺激になったという。この本も役立てられると嬉しい。

第９章　チーム再構築２：変革を開始し、動きを推進する

変革を推進する

ひとたび変革を開始したなら、その勢いを維持したい。現実には、次々にあらわれる困難な課題を解決することで変革が進んでいく。これが結果的には近道でもある。しかしながら、重要なのはシステム全体を変えることだ。組織は各部分が相互作用して動いているので、それらを同時並行的に変える必要がある。

ファーマコの場合、運営会議メンバーはまず具体的なビジョンづくりから取り組んだ。それからチーム内の相互影響に関する問題、リーダーシップの実践、そして組織の目的と方向性の検討を行った。彼らは戦略討議の場をリーダーシップに対する考え方を変える機会として活用し、マネジメント方法の転換と戦略課題の検討を同時に行ったのであった。

ファーマコの事例：パート二

ミッチェルは、オフサイトの戦略検討会議を責任共有のチームづくりの機会に決め、コンサルタント、ターナーの支援を得て周到な準備を行ってきた。そして、会議当日、ミッチェルは会場に向かう車中、成功の見込みはどの程度かを考えていた。「CEOは約束を守って本当に態度を変えてくれるだろうか？　チームの誰かが私をバックアップしてくれるだろうか。知らぬ顔をして、翻弄される私を見ているだけということはないだろうか。もし、〝我々〟対〝CEOの手下〟に分かれることになったら、どう対応しよう」。我に返ると、会場のリゾートホテルに着いていた。いずれにせよ、すぐに答えは出るのだ、とミッチェルは思った。

社外会議

戦略検討に先立ち、コンサルタント会社が分析結果と提案をプレゼンテーションした。焦点は成長率であった。ファーマコが技術を重視するなら、研究開発分野への大規模な予算投下が必要になると指摘されたが、それは製品ラインナップの拡大やアジア地域の市場開拓向け予算の削減を意味していた。

午後、提案に対するプラスとマイナス両面の討議に入った。討議が進むうち、ミッチェルはメンバーは全社的な視点で検討しようと努力しているものの、ファーマコが拠って立つ土台や方向性に関する共通認識がないため、討議が足踏みしていることに気がついた。振り返ってみれば、これまで戦略的判断は、ビジョンとは無関係に個々のビジネス機会だけを考えて下されていたのだった。

ミッチェルは討議をさらに深めようと思い、ターナーと相談後、戦略の検討は明日まで休止し、議題をビジョンとミッションに変更することをチームに提案した。

動物薬事業担当のジョン・コッホが賛成の意を表し、他のメンバーも頷いた。ターナーは、戦略についての提案書をもとに、ファーマコの主たる顧客とコア・コンピタンス（組織としての強み／能力）を土台にしてファーマコの将来を検討する枠組みを説明し、ミッチェルの提案の意図を補足した。

ＣＥＯの突然の離席

チームは、午後のセッションを前進できたという気持ちで終わることができた。休憩に入ると、ＣＥＯのロバーツはミッチェルとターナーを引き寄せて言った。「前にも話をしたように、娘と孫がこの週末に家に来る。将来に向けて会社を動かすことになるのは君だから、私のビジョンというより君のビジョンが大事だ。この午後、私は抜けても構わないかね？

チームが決めたことであれば、これまでの起業家精神の風土を維持する限り、私は賛成する」。ミッチェルとターナーは、ロバーツの求めを受け入れ、OKした。夕食時、CEOの不在に気づいた人はいたが、大きな問題にはならなかった。

しかし、夜のセッションが開始された直後、農薬関連事業のトップ、ビル・ボイヤーが突然発言した。

「ミッチェルさん、再開する前にあなたとターナーさんに不満を言わせていただきたい」会場は静まりかえり、全員がボイヤーを見つめた。「あなたたちは責任共有のチームをつくるといったが、さっきCEOと裏で取引をしませんでしたか？　これまで、CEOがそういった個別対応をすることでチームが損なわれてきたわけですが、それをまだ続けるのですか。このチームは我々のものか、あなたのものか、どちらですか？」

ミッチェルはすぐさま反論の姿勢を示し、CEOの意図を代弁した。その様子を見てターナーが割って入った。「ミッチェルさん、今、防衛的な気持ちになっていませんか？」。ミッチェルはハッとし、確かにそうだと答えた。そこでターナーは、ミッチェルのCEOへの対応と意図が善意からのものだったと思うと肯定的に支持した上で、ミッチェル自身が率直にメンバーと向き合うことを促した。

話し合ううち、二つの問題が浮かび上がった。一つは、ロバーツがメンバーのマイナス面を引き出してしまうということだった。「我々が本気でファーマコのビジョンをつくっても、ロバーツさんがだめだと言ったらどうする？」という言葉が象徴していた。もう一つは、ミッチェルがＣＥＯとメンバーの間で調整している点だった。ボイヤーは、ミッチェルはＣＥＯからチームを守り、チームからＣＥＯを守っているようだ、一枚岩になるのであれば、チームがＣＥＯと直接やり取りすべきだ、と述べた。

ミッチェルにしてみると、これらの指摘は確かに核心を突いており、耳に痛かった。ただ、指摘を認めると上司を裏切るような感じがしたし、チームのために事態収拾に努力してきた自分の苦労が認められていない気持ちもした。さらに、早い段階で調整するのは手間が少なくて良い反面、チームの機能を損なうという事実は、どうにも受け入れがたかった。ターナーに促され、ミッチェルはこのような自分の気持ちを表明し、どうしたらいいか分からないと正直に述べた。

ジョン・コッホから、明朝チーム全員でＣＥＯに話をしてはどうかという提案があった。ミッチェルは、この提案は正しいが、それでは自分が板挟みになるとも思った。そこで、ＣＥＯに事前にこの話をしなければ不意打ちになってしまうが、事前にミッチェルが話をすれば、また間に入ったと責められ、自分は板挟みだと率直に述べた。チームはミッチェルのジレンマを理解し、明朝のセッションが始まる前にターナーと共にミッチェルがＣＥＯに簡単に話をするという別の提案が出され、収まった。

この件が決着したので、チームはファーマコのビジョンについて検討を再開し、熱心に話を進めた。そこで、ここまでを第一案としてまとめることになった。現在と将来の顧客やファーマコのコア・コンピテンスが提供できる付加価値を特定したあと、新しく別の地域に市場を拡大することが会社の競争力を最大に高める方法だという結論に全員が達した。現行の製品ラインナップの拡充は続けながら、それらを新しい市場に販売展開していくことが会社の長期的な成長に大きな力となると、チームは判断したのである。

ターナーは、戦略的な方向性を明確化できたら、次にビジョンを支える価値観の検討が必要だと説明した。しかし、夜は更けていたので、明日行うことになった。

その夜、ミッチェルとターナーは会議開始前に打合せしていたバーでその日を振り返った。ミッチェルは、チームの提案によってCEOに話をすることになったことで気落ちしていたが、ターナーは、今回の目標の一つ、チームに当事者意識を持たせるためにこの機会が役に立つと励ました。ミッチェルは渋々認めた。

チームの新しい夜明け

翌朝、ミッチェルとターナーは駐車場で偶然、ロバーツに会った。昨晩のことを話したところ、CEOは落ち着いて受け止めた。「それでは、きちんと決着をつけないといけないな」。

二日目のセッションが始まった。チームは、自分たちがロバーツの行動に困惑したことを表明した。ロバーツとミッチェルがメンバーを飛び越えて取引すれば、チームは関与できないので依存せざるを得ないこと。また、ロバーツが会議に気まぐれに介入したり、いなくなったりする問題にも話は及んでいった。

ロバーツは、静かに表情も変えずに話を聞いていたが、おもむろに口を開いた。「昨晩の議題は重要なものではあったが、自分が参加しなくても決定的な問題ではないと思ったのだ。私はどうしても娘に会わねばならなかったし、君たちが決めたビジョンを受け入れるつもりでいたからだ。そのビジョンは、ミッチェル君のもとで実現が目指されるものだ。離席しても、大きな損失にはならないと思ったが、私は間違ったメッセージを発信していたようだね」。前日発言したボイヤーが感情的に言った。「ロバーツさん、あなたがご自分の娘さんを思う気持ちは分かりますし、その優しさは素晴らしいと思います。私たちだって、率直に言ってくれさえすれば喜んで賛同したと思います。でも、陰で話をつけてしまわれると、我々の〝思いやり〟を示す機会が奪われてしまうのです」。ロバーツはびっくりした。相手と距離を置くスタイルのロバーツは、メンバーの多くが感じている純粋な思いやりに戸惑っていた。が、正直な表明に感動したようでもあった。

最終的には、ロバーツはチームに率直に問題を開示することを約束し、ミッチェルも陰で工作しないことに同意した。ミッチェルは寂しそうに「今までの私の気持ちを分かっていただけたら嬉しいのですが」とロバーツに言った。メンバーの前で、ミッチェルがロバーツにこのような発言をしたのは初めてだった。これがきっかけでチームの雰囲気はさらにオープンになり、新しいレベルへと引き上がっていった。メンバーは、今後ロバーツの言動に対して、おかしいと思った時はすぐに表明することになった。

午前の休憩時、ターナーはミッチェルと相談し、まずチーム内の信頼関係についてフォローアップをすることをロバーツに提案した。先の件で、役割に関する問題を開示する利点を体験できたので、チーム内の人間関係上の緊張状態について検討する良い機会だという。ミッチェルはこういった内容が話し合えるのか心配したが、ロバーツはこの提案を了解し、話し合うことになった。

ターナーが次のセッションをリードした。「私たちの今の良い状態を定着させるため、チームで協働して良い仕事をするうえで障害になっていること、つまり人間関係の障害を解消することを提案いたします。皆さんが了解してくれるなら、ここで一五分ほど私が「効果的なフィードバック」について話し、それからこのフィードバックの練習をしたいと思います」。

メンバーはどうなっていくかが分からず、様々な意見や感想が出されたが、ターナーの、この問題を今話し合わなければいつできるのか？　という問いかけに、メンバーは最終的には決意した。

行動に焦点付けたフィードバックについて短いレクチャーをした後、ターナーは、各自、このチームで仕事をするうえで難しいと感じている三人の名前を書き出すように言った。

「名前を書いたら、三人それぞれのどの行動を厄介だと思っているか、それに対してそれぞれあなたはどう反応しているのか、具体的に書いてください。自分の立場から見えること、です。また、相手の動機ではなく、あなたが取っている行動を書いてください」。と伝えた。

一〇分後、ターナーは演習の進め方を説明した。「あなたが書いた三人の中から一人、相手もあなたを選んでいる人とペアを組みます。そして四五分間、自分が苦手だと思っている相手の行動についてフィードバックしあいます。何にあなたが困っているのか、どのように自分の反応を変えることができるかを話し合ってください。私が回って援助しますので、行き詰まった方は声をかけてください」。

戸惑いながら何とかメンバーはペアを組んだ。コッホとボイヤーが組み、フィッシャーはミッチェルを捕まえた。HR本部長のチャドウィックはロバーツに相手を頼んだ。メンバーは各自、難しい相手と組んだ。ターナーは援助が必要な人がいないか歩き回ったが、必要はなさそうだった。

終了の時間になり、ターナーは再び声をかけた。「いかがでしょうか。倒れそうな方はいますか?」みんなは笑った。事実、全員がこのフィードバックの演習を歓迎し、予想よりもひどいことはないと感じていた。ターナーは、リストにある残りの二人と一－二週間のうちに個別に会う約束をし、同じようにフィードバックしあってくださいと締めくくり、その演習は終わった。

昼食後、チームはファーマコの戦略とビジョンに戻った。昨晩はデータを脇に置き、まず考え方や直感によってビジョン案をまとめていった。二日目は、この案を事実で検証し、さらに将来的な見地から他の案についても検討した。最終的な判断に向けて、市場への浸透や機器類の販売などに関し、データとつきあわせて詳細に調査すべき項目が詰められた。何が買い手にとって魅力となるか、統合された営業部隊のメリットとデメリットは何か、などである。そして、これらの項目は優先度で整理され、担当者とグループが決められた。

二日目の終わりに、チームは満足を感じ、進捗度合いに少し驚いていた。ターナーは、基本的な枠組みは定まったが、まだすべきことは残っていると、二回目の会合を提案した。同じように生産的になれないのではないかと危惧し、チームは気乗りしない様子だったが、次回を一ヶ月後に決めた。

ボイヤーは時間ができたと言って、自ら分析を担当すると申し出た。また、チームはターナーの提案を受け入れ、各自のリーダーシップ・スタイルに関する三六〇度フィードバックを周囲から集めることになった。

会議のフォローアップ　ミッチェルとロバーツの関係

社外会議後、最初のミッチェルとロバーツの定例会議では、ＣＥＯはこの社外会議に満足したと言った。ミッチェルがいつもより責任感を示し、より自己主張していたことが良かったという。それをロバーツは求めていたのだというのだ。土曜日の朝も予想していたほどではなく、結果も良かった、後は行動だと前向きな態度を見せた。

ミッチェルはロバーツの様子を見て、自分の胸の内にあったもう一つの懸念、二人の役割について切り出した。運営会議をリードするのは誰か、ロバーツの役割はどうあるべきかであった。

このミッチェルの働きかけから、これまでで最もオープンで有益な話しあいが生まれた。初めて、ロバーツが、この会社が自分自身にとってどういう意味があるかを話してくれたのだった。ロバーツは、この会社は自分の子供のようなものであること、ゆえに父親として子供が強く成長し、厳しい環境の中でも自分を守れるように促さなければならないと感じていると語った。ただ、それもそろそろ終わりに近づき、自分は次に歩みを進めるときが来たようだ、とも言った。

ロバーツは続けて、ミッチェルに対する期待を語った。もっと積極的になり、何事もひるまずに進んで欲しい、特に人に関することについて取り組んで欲しいという。自分は日常の細かいことを管理したいとは思わないし、業績の良くない人に毅然と対応してくれれば、引退しやすいというのである。

話しあった結果、二人は今後ミッチェルが運営会議を仕切り、ロバーツは意見を述べたいとき以外は口をはさまないことに合意した。ロバーツが討議を脇道にそらした時の対応についてミッチェルが尋ねると、ストレートに言われるのがいい、遠回しは止めて欲しいとロバーツは答えた。そして、ロバーツが部下を責めたてるやり方は、新しいリーダーシップのあり方にそぐわないので、ロバーツはやめる努力を約束した。

ミッチェルは、自分たちがロバーツの意見を必要としていること、ただ、言い方が問題になるので、ターナーの支援を受けてはどうかと提案した。意外にもロバーツはその提案に素直に同意した。そこで、運営会議にターナーを同席させ、ロバーツが細部に入り始めた時に合図してもらうことにした。また、ロバーツに、社内外で債権者や株主、顧客に対して、もっとシンボル的な役割を担ってもらうことにした。「是非、ファーマコがどういう方向に進もうとしているのか、私たちの目指すこと、そのプランはどういうものかを、もっと人々に語っていただきたい。この業界のスポークスマンになっていただくと、私たちは規制対応や方針を立てやすくなります」とミッチェルは要請したのだった。

ファーマコの問題—ビジョン、チーム、相互影響の相関

ファーマコのオフサイトのセッションでは、会社の戦略とチーム内の関係改善が同時に取り組まれた。これは責任共有のリーダーシップを浸透させるのに効果的だった。戦略に関する提案を検討しながら、チーム内の人間関係の問題を取り上げたことで、会社の成功に対するＣＥＯとチームの責任共

有が進んだのである。

社外会議の前、ミッチェルは責任共有の状態をつくりたいという思いとメンバーに対する自分の期待とを表明していた。これは、非常に重要なステップであるが、その思いを具現化し、かつ持続させるためには、行動化が不可欠である。具体的な行動が取られなければ誰も本気にしないからだ。

チームの結束を高める働きかけや組織の根本的な方向性の検討自体、珍しいことではない。先の会議では、ミッチェル、ロバーツ、他のメンバーが互いに影響を及ぼしあった結果、葛藤が表面化したり、責任を問う声があがったりした。新しい点は、これらを結びつけ、チーム、そして会社全体に対する当事者意識をつくりだそうということにある。

ただし、ここには数多くの障害がある。

- **リーダーたちのコミットメント**　チームメンバーにとっては、リーダーたちがこの新しい方法にどれくらい真剣なのかを知る必要がある。これは良い時だけなのか、リーダーの望む方向にチームが向かっている時だけなのか？　ミッチェルはコンサルタントの支援を得て戦略検討会議をリードしたが、重要ないくつかの転換点では自ら議論を深めていった。ミッチェルがロバーツの離席を拙速に受け入れてチームの怒りをかったとき、彼の反応は重要なポイントであった。ミッチェルは会議の舵を手放さず、しかも過去に同様のことをしたと言ってロバーツを責めることもしなかった。このミッチェルの行動によって、ロバーツは自分に対するチームの怒りを前向きに受け止め、メンバーの率直さを非難しなかった。そして、ミッチェルのその真摯な態度が、チームの彼に対する信頼度を増したのだ。また、戦略上の問題に取り組みながらチームづくりをする決断には、ミッチェルの真剣さが現れていた。

- **リスクを取る理由の正当性**　責任を共有するリスクをとる明確な根拠がなくては、チームメンバーは足踏みし、早期に諦めやすい。会社は戦略的な選択を迫られていた。これは間違いなく会社の危機を意味していたため、チームが全身全霊で合意による意思決定をしなければならない重大な理由であった。責任を共有しないリスクが、全面的に共有するリスクとほぼ同等だったのである。
- **ビジョンへの賛同**　重要な問題で適切な判断を下すには、今どこにいて、今後どこに行こうとするのか、ビジョンの共有が不可欠だ。そのために、チームは戦略検討をしばらく脇に置き、チームのビジョンづくりに取り組んだ。ミッチェルはこの点にこだわったが、中核的な課題で質の高い意思決定をするには、全体的な方向性について合意がとれている必要があると見抜いていたからだ。もちろん、ビジョンを事前につくりあげておかなければならないということではない。戦略選択の議論を通してこそ、合意しておくべき部分が見える。また、ビジョンの共有が意思決定の有益な指針になることもわかる。
- **相互影響**　重要な意思決定で責任を共有する必要条件の一つは、協働し、チーム内の様々な専門家の意見から学ぶ能力である。相互影響は、知恵の〝交換〟を可能にする。事例でのきっかけは、チームから反論が起きたときに始まった。チームは、ＣＥＯが離席したときの判断のされ方に不満を表明し、不満の理由をミッチェルが理解するまで譲らなかった。その結果、チームが協働して対応案を生み出すことができたのだった。この出来事によって、ミッチェルはチームの意見を傾聴する価値を知り、さらに、上司に率直に発言しても無責任な騒動が起きるわけではないと感じることができた。全員がこの出来事から学んだのだ。

責任の共有は、影響の及ぼしあい、チーム、ビジョンが相互作用して築かれていくのであって、三つの要素が一つひとつ徐々にでき上がっていくわけではない。必要に応じて進んでは戻り、戻っては進むのだ。繰り返し問題に立ち戻りながら、話しあいが深まっていく。ビジョンづくりは戦略策定に似て、具体的な問題と抽象的な原則の間を行きつ戻りつする相互的なプロセスである。この相互作用なくして、意味のあるものはつくれないのである。

ファーマコの役員チームは、まずビジョンづくりから開始し、次いで実際のデータで検証する作業にとりかかった。チームが未成熟で協働を避けるようだと、ビジョンや戦略の決定は困難になる。逆に、現実の問題を開示しあい、正解のない問題について多様な視点を取り入れて検討していく姿勢があれば、前進できる。チームとして成長している彼らでも、大きな対立にこれからも取り組む必要が出てくるだろう。彼らは、スタイルの違いという困難な課題に取り組むことを通し、相互影響の幅を拡げ始めた。リーダーシップ・スタイルの三六〇度フィードバックによって、後でさらに体系的に学習することになる。

ファーマコのチームづくりは、業務上の必要性から始まった。意思決定の不足が戦略上の致命的な障害となっていたのだ。また、ビジョンを検討したのは、それがなければ、会社の方向性について合意できなかったからだった。そして、ロバーツやミッチェルの調整に対するチーム内の感情を解かなければ、ビジョンの合意はなし得なかったのである。

チームの変革を求め、業務と切り離された働きかけがとられることが非常に多い。しかし、それではメンバーのコミットメントが得られないばかりでなく、学んだことが組織に共有されにくい。実際の仕事に関係のない演習に止まるからだ。

現実にはチームの状況は多様であり、ビジョン、チームの成長、相互影響のうちの一つでも当事者意識を持たせることができれば、チームは大きく前進し得る。責任共有の状態が築かれる中で、次第に三つ全てが機能していくのだ。

セッションでは、練り込んだ計画にもかかわらず、運営会議に大きな影響を与えるような予期せぬ出来事が起きた。もし、二日目の朝のやり取りでミッチェルとロバーツが防衛的になったり、攻撃的であったとしたら、メンバーが従来のように不満を隠し続けたら、会議の結果はどうなっていただろうか。ロバーツとミッチェルの裏取引に対するボイヤーの感情的な発言が、図らずも大きな成功につながった。ミッチェルやロバーツと同様に、オープンかつ学ぼうという姿勢によって、チームは前進し続けたのである。

ファーマコを超えて

ファーマコの事例の中に、集団が責任共有のチームへと成長するためのヒントがある。集団が協働できるチームへと発達する段階を復習してみよう。

1　メンバーシップ

2　サブグルーピング
3　対決
4　個々の分化
5　協働状態（責任共有）

集団発達の初期段階に戻る

戦略検討会議でチームのあり方を変える前の運営会議は、第二段階と第三段階の間くらいにあったと思われる。チームの一員として当事者意識は低く、互いの相違点や問題点に対処しようともしなかった。あるメンバーによると、〝互いのことをあまり好きではない〟状態だったのだ。会議から抜けようとするメンバーがおり、CEOは時間の浪費だと見ていた。運営会議の責任者ミッチェルは、当時どうすれば生産的に機能させられるか途方に暮れていた。

こういったグループに責任を共有させようとすれば、所属感の点でメンバーは必然的に第一段階に戻る。最初メンバーは「この新しいやり方に自分はどれくらい真剣になって良いのだろうか」「個人的な努力をする価値はあるのか」「上司は本気なのだろうか」という疑問を持つ。ファーマコの例でいうと、チームメンバーは、「ミッチェルは本当に新しい方法をやり通すだろうか？　CEOは支持するのか。例の強い調子で全てを台無しにしないだろうか」と様子をうかがっていた。状況によっては表向きの真剣さだけで十分だが、第五段階に行くには、どんな集団もメンバーが進んで努力をしなければならない。

チームの成長：リーダーの行動がコミットメントの鍵

チームの初期段階では、リーダーには主に三つの目標がある。

1 自分が期待するチームのあるべき姿を明確に表明し、それを強化する
2 新しい責任共有のやり方に本気であることをリーダー自身の行動で示す
3 メンバーがチームにコミットするように直接的に手助けする

これまで述べてきたように、メンバーは大きなメリットを感じられるとき、責任共有に向けてさらなる努力をする意欲を強めるのである。

チームメンバーの期待と役割の新しい定義

リーダーのチームに対する期待を明確に示せれば、メンバーもそれに呼応してやるべきことを受け入れ、コミットしていける。ただ、全く新しいことを期待する場合は、道しるべが重要だ。たとえば、リーダーとメンバーの基本的な姿勢はどう変わるのか、会議では何が討議され、何が決められるべきか、どのように反対意見に対応するかなどを、明確に示す必要がある。取るべき行動が分かったからといって実行できるとは限らないが、どう異なるのかを言語化することで、変革の方向は明示できる。

メンバーが不信を感じているようであったら、懸念を開示するようにリーダーから促そう。そうすれば、これまでのやり方をやめることに納得させられるだけでなく、リーダーの変革プランの質をさらに高めるヒントが得られる。リーダーは、メンバーが新しい仕組みを十分に取り入れるまで、新しい期待を繰り返し強調する必要に迫られるだろう。考え方を一度聞いただけで行動を変え、あらゆる場面で行動に移せる人は滅多にいない。動いてみることは重要なのだ。体験は新しい疑問を生むが、洞察も与えてくれるのである。

リーダーの本気は行動で

責任共有に本気であることを行動で表すには五つの方法がある。一つまたは複数の組み合わせによって、メンバーの本気を引き出していくとよい。

1　**主要な問題に取り組む**　第5章で示したように、メンバーが今後一二－一八ヶ月間で成功に不可欠だと思っていることと会議で議論されていることでは、多くの場合に乖離が見られる。些末な議論を止め、重要な問題に取り組むことが責任の共有を築く最も基本的な方法である。

2　**適切な意思決定の方法をとる**　当事者意識は、最も重要かつ困難な問題に取り組み、合意で決定することでも強まるので、メンバーはリーダーの相談相手に止まっていてはいけない。もちろん、全てを合意によって決める必要はなく、選ぶべきだ。表9－1は、意思決定の使い分けについて示してある。

表９－１　意思決定方法の演習

1	チームと四つの意思決定の方法（リーダー単独型，委任型，相談型，共同型）について話しあう
2	次の会議に向けて，メンバーは最近決めなければならない課題を７－10個リストし，各々，どの方法を用いるべきか，を書き入れる
3	次の会議において，メンバーでペアを組み，互いのリストを検討し，合意によってまとめる
4	フリップチャートくらいの大きさの紙を四枚用意し，意思決定の方法を一つずつ書く
5	全ペアは，各意思決定方法の紙に，合意した課題を書く
6	チームで，記入された内容の違いについて議論し，意思決定の方法を決められなかった課題をどうするかについて合意する
7	議論の中で，どれが望ましい意思決定の方法か，意見の食い違いが出たときは，以下の方法を用いる。
8	チームと責任共有の考え方を確認する
9	今後の重要な問題にどう取り組むかについて合意する
10	意思決定の全てで合意が必要なわけではないことを示す
11	責任共有の原則に反しないように，リーダーが単独で意思決定する状況に納得を得る
12	どういった場合に合意が必要か，実際の課題を一つ取り上げて練習する
13	リーダーは，真摯な支援者かつ，メンバーの中で新しいことにオープンで合意している成熟した人物として，討議に加わる

3　**組織の他の主たる動きと結びつける**　変化の速い世界では、組織のメンバーは日常業務でその速度についていくのに精一杯だ。新しい方針が出されても、それが長期にわたることが明確にならなければ本気にしない。目前の対応が優先されるのだ。この点を踏まえると、本気で責任を共有させるには、すでに動き始めている他の施策と結びつけると進めやすい。たとえば、責任の共有は会社のグローバル化に役立つか？　品質向上には？　製品開発サイクルのスピードアップには？　責任共有の状態を目指すことが目前の対応につながると分かれば、努力をしようという気持ちになる。

4　**具体的なビジョンを示す**　新しいやり方を他の全社的な変化と結びつけるとビジョンを目指す気持ちは強まるが、明確な目標がなければ、リスクを冒し努力する気持ちにはなれないものだ。明確な目標によって本気になれる。メンバーは、全体的なより高い目的を理解し受け入れることで、責任共有に向けて自分自身のエネルギーを投入すべき理由が分かるのである。

5　**実際のやり方を示す**　メンバーの当事者意識を高めるには、リーダーシップや人間関係の問題に取り組むのもよい方法である。リーダーの本気が伝わる。それにはリーダーシップの現状に関して、メンバーからフィードバックを受け活用するのが効果的だ。同僚だけでなく、可能であればリーダーは上司からもフィードバックを受けるとよい。多面的評価ツールが役立つ。フィードバックを活かせば、メンバーに変化していることを伝えられる。私たちの経験では、集まったフィードバックの内容をメンバーと共有し、共にリーダーが取り組むべき優先事項を決めることが非常に有効である。リーダーは、メンバーと共に決めた新しい行動を取るために、メンバーの支援を求めるとよい。ただ、成長のためとはいえ、初期段階であまりにも多くの情報や責任を共有しすぎると、メンバーは圧倒されてしまい、押しつけ的な強いメッセージに聞こえてしまう。そうなると、たとえ、リーダーがメンバーとパートナー関係になろうとしても、一歩踏みこんでリーダーを支援したり、フィードバックを提供したり、成長の支援をする人は出て来ないだろう。

人間関係上の対立が仕事に支障を及ぼしている場合は、最初にその対立問題に取り組むとよい。従来のグループでは、そういった厄介な問題は滅多に開示されず、検討もされない。しかし、こういった問題を放置すると、次第に問題は大きくなり悪化していく。新しいやり方では、オープンで率直な意思疎通に価値を置くため、みんなが抑圧し我慢していたことを解決できる。

一方、人間関係上の問題がない場合、いきなり個人的な問題や人間関係の問題に取り組むのは得策ではない。ビジネス課題の方がより客観的で適度な距離を感じられるため安全である。人間関係に取り組むのは仕事に支障を来している時だけにした方が無難だろう。

リーダーの本気度を示すには、実際の定例会議や話しあいのときなど、日常の言動、態度で表すのがよい。リーダーの真剣さが疑われているときは、オープンに表現するように促そう。どの組織でも、新しいことを始めようとするリーダーを試す方法が様々に編み出されている。あまりにも多くの熱く新しいアイデアがすぐに消えるからだ。リーダーは、自分の本気度を試させる機会を意識的に提供するとよい。

リーダーが気に入った方法に、メンバーがあまり乗り気ではないときも、リーダーの本気の度合を示すよい機会となる。胸にあるのに発言されていないことは何か、自分が見落としていることは何かなど簡単な問いかけを発すれば、メンバーを説得する相手ではなく、自分と対等なパートナーとして扱っていることを明確に示せる。

リーダーは、チームがメンバーのものであり、リーダーのものではないという姿勢を何らかの形で示す必要がある。グループの初期段階では、メンバーはリーダーの様子を陰からじっと見つめ、本音では何を大事にしているのか、何に喜ぶのかをうかがうだろう。リーダーがメンバーやチーム全体の効果性を真剣に考えていると感じると、チームは前に動き出せるのである。

メンバーを本気にする方法は、全て責任共有の核となる三つの要素を活かすこととつながっている。ビジョンが機能すれば、メンバーは自分のエネルギーを投入する価値を見いだせる。チームこそが意思決定の場であり、仕事を前進させる原動力となる。メンバーが話すたびに相互影響が起こり、リーダーもメンバーを沈黙させずに高い水準の仕事を要請する方法を学ぶのだ。

これらの五つの方法において、リーダーは単に形のうえでそれらしいことをするだけではいけない。チームが当事者意識を持てるように管理を緩めることが不可欠である。メンバーは、責任を共有する体制を構築する上で非常に重要な役割を担っている。上司の言動ややり方について指摘するリスクを進んで冒し、上司に受け入れられることだけでなく、実際に自分たちが見たことを言葉に表す必要がある。とはいえ、誰でも自分のキャリアを阻む行動を取りたくないので簡単なことではない。しかし、メンバーが相互に影響を及ぼしあっていれば、思ったことを言いやすくなる。新しいリーダーシップを目指すリーダーを支援するには、リーダーの実際の言動と目的とのギャップを示すことが鍵だ。目的は、リーダーの過ちを責めることではなく、リーダーがより効果的に行動できるように情報提供し、チームがリーダーのパートナーとして協力することなのだ。この点については、別添を見ていただきたい。

チームが十分成熟していない段階でも、チームはよい成果をあげられるが、さらなる努力が必要であり、リーダーの援助も要る。リーダーは、チームが明確かつ適切に問題を把握し、重要な判断を下し、効果的な解決の選択肢を考え出せると確信しなければならない。メンバーは、チームが成長するにつれて責任を共有し影響を及ぼしあえるようになっていく。しかし、メンバーがグループ内において受容、影響力、役割に確信を持てないようだと、メンバー同士で切磋琢磨するのは容易ではない。

メンバーがチームに本気でコミットする理由は様々だ。仕事でわくわくできるからという者もいれば、影響力が増すという者もあるだろう。また、優秀なチームの一員になれるという理由もある。やる気の源はどうであれ、この段階では、リーダーは、個々人のニーズとチームの目的とを結びつけ、共通の利点を示してメンバーが互いに協力し合うように支援するのが仕事である。

これら全てによって、対立や意見の相違が生じるような非常に重要な問題にも取り組めるチームができる。次章では、ファーマコのチームがこの壁をどのように乗り越えたのかを見ていこう。

第10章　チーム再構築3：メンバー同士の相互作用を促す

対立を活かす

責任共有の体制を構築するためには、効果的に対立に対応しなければならない。戦略的な方向性から影響力の強い人は誰かまで、業務上の様々な意思決定や人間関係で意見の相違が現れる。対立にどう対応するかによって、協働に向かう動きを止めるか、エネルギーを解放して変革を促進するかが、分かれる。リーダーは、対立の持つ価値を理解し、対立によるエネルギーが建設的に活かされるように状況を整えなければならない。変革は、組織が対立を乗り越えられるまで停滞する。変革を推進するためには、リーダーは対立に取り組む方法を見つけておく必要があるのだ。準備があれば、対立を恐れずにメンバーにオープンで率直な意見交換を求め、主要な問題の解決のためにチームの力をさらに発揮させることが可能となる。

さて、ファーマコでは、責任共有の状態を目指し、主要な戦略策定の場でチームビルディングに取り組んできた。最初の戦略検討会議では、戦略を検討しながら、ＣＥＯのロバーツやチーム、ＣＯＯのボブ・ミッチェルとの人間関係上の困難な問題に取り組むことができた。

ファーマコの事例：パート三

二回目のオフサイト会議　一ヶ月前

チームメンバーは、毎週の運営会議が格段に良くなったと言う。メンバーは重要な問題により多く取り組み、コミュニケーションは率直になり、婉曲的に相手をおとしめるような冗談も影を潜めた。メンバーは相変わらずCEOのロバーツに正面から立ち向かうことをためらっていたが、ロバーツの言動が改善されたため、対立する必要性も減っていた。

次の会議までの間、メンバーは頻繁にミッチェルのオフィスを訪れた。どんな会話でもCEOに話が及んだ。CEOは変わったが、いつまで続くのか？　CEOはこの新しいやり方を本当に受け入れているのか。重要な問題に関するチームの結論を蹴散らさないだろうか。こういった問いが繰り返されたため、とうとうミッチェルはメンバーがある懸念を抱いていることに気づいた。CEOが元に戻ってしまったとしても、ミッチェルはCEOに立ち向かってくれるのか、である。公式に運営会議に権限が委譲された後でも、メンバーはそれを信用して良いのか疑問を持っているのだった。

二回目の社外会議に向けて準備が進められていた。調査を担当した人たちはデータの収集に余念がなかった。ターナーとミッチェルは会議の構成を話し合い、ポイントを三つに整理した。今回は組織再編を検討することにしており、会社の規模縮小にも話が及ぶ可能性があった。ゆえに、メンバーには、自部門に引きずられずに全社的な視点に立って討議してもらう必要があった。視野拡大の重要性を強調するだけでは不十分ではないか？　社員一人ひとりが公平に扱われることをメンバーが心底理解しなければ、安心して討議できないだろう。ミッチェルは、人事担当のチャドウィックにこういった場合の対応策を頼むことにした。

二番目のポイントは、意思決定の仕方を変えることだった。研究開発企業として、ファーマコのマネジャーは物事を徹底的に吟味する傾向があった。この傾向のゆえに、ロバーツはファーマコが起業家精神を失っているという恐れを感じ、決断を急がせていた。二人は、二回目の会議では分析と素早い意思決定とのバランスを見つける方法を学ぶ必要があると考えた。

三番目は、運営会議の協働体制を継続することだった。最初の会議で人間関係上の問題では大幅な前進が見られたものの、確執はまだ残っていると二人は感じていた。リーダーシップ・スタイル調査の結果を回収し、各メンバーは事前にターナーと結果について個別面談をすることになっていたので、協働に向けて能力開発計画の土台ができるだろう。また、各自の強みと改善点について、次の会議でオープンに話しあうためにまとめておくことにした。ミッチェルが運営会議で提案したところ、メンバーは渋々だが同意した。

そうこうするうち、チャドウィックがミッチェルの先の要請に沿って早期退職プログラム案をつくりあげた。チームはこれを歓迎し、部分的な修正が話しあわれた後でプログラムを完成し、導入を決定した。

二回目の社外会議

まず、ミッチェルは、会議の始めに、全社的な視野で物事を見る重要性を強調してメンバーの意識を喚起しながら、前回のビジョンづくりを振り返った。ビジョンを戦略的問題と結びつけ、自分たちが各担当分野の枠から出る必要のあることに同意を求めたのだ。もちろん、全員了解していた。それを確認してから、各自の個人的な将来の可能性について、「ご存じのように、今、我々は組織再編を検討しようとしています。これは組織の縮小につながる可能性があります。我々がこの問題を出来る限り客観的に判断するため、どのような結果になっても我々の将来が脅かされない保証が必要です。これが早期退職制度の狙いです。この制度を導入することで、組織全体にとって何が最善なのかを落ち着いて検討できると思います」と述べた。

次いで演習に入った。ターナーが、各自が事前にまとめた〝チームワークをサボるときの行動傾向〟シートを壁に貼り出し、演習をリードした。これら〝違反〟行動はユーモアを込めて振り返られたため、抵抗は少なかった。この演習は、大きな障害となる前に、潜在的な問題を表に出しておくことがねらいだった。

メンバーは戦略の検討に戻り、まとめてあった内容を検討した。財務指標面での予測、市場の状態、競争的位置、会社のコア・コンピテンスについて考え、成長の可能性を探った。それらに基づき、チームは組織再編の基準を決定した。会社は、より市場志向になるべきであり、顧客に対する統合された営業窓口が必要で、経費を削減したスリムな経営をすべきだとした。これらは全て午前中に決められた。昼食時、メンバーは、検討すべき対象を全て扱えたことだけでなく、メンバー同士で相互影響できたという良い気分であった。かつてのような、自分の担当領域だけを防衛する言動は大幅に減少していた。また、メンバーはお互いに影響を及ぼし合うことを楽しんでいた。協働の楽しさが分かってきたようであった。しかし、ミッチェルとターナーは、投資や事業停止、組織再編について討議するときに緊張感が生まれるだろうと予期していた。

昼食後、チームはリーダーシップ・スタイル調査の結果に取り組んだ。各自、自分が改善したいリーダーシップ行動を選び、壁に貼られたシートに書き出した。部屋中を歩き回ってシートを眺め、内容を確認する者もいた。リーダーシップ・スタイルを一人ずつ、シートを元に全員で振り返った。このシートのおかげで検討しやすくなっていた。どの行動がどんな反応を引き起こしているかが明確化され、その行動の理由から真の意図を明らかにし、共有化を進めた。そして、修正が必要なことではどう行動を変えればよいのか検討していった。

エド・フィッシャーの番が近づくにつれ、メンバーの緊張感が高まっていった。彼のシートには、〝上司の機嫌を取ることを気にかけすぎる〟とあった。ジョン・コッホが深いため息をつき、こういった。「これが君を信用しにくい理由なんだ。財務情報を控えるのは、悪い情報だと君がCEOにすぐに知らせるからだ。そうすると、我々は問題に対応するだけでなく、CEOにも対応しなければならなくなるんだよ」。何人かのメンバーから、自分達が誤魔化しているかのように扱われたことに不快だったという声があがった。

フィッシャーは「考えてみてください。私だってスパイだと思われたくはありません。でも、CEOから悪い数字を調べてこいと言われていて、せざるを得なかったのです」と、自分がつらい立場にいたのだと弁明した。フィッシャーは話しながら感情が高ぶったようで、目に涙をうかべてロバーツの方を見た。

しかし、このことがきっかけで、メンバーはフィッシャーを性格的に卑怯で社内政治に走ると誤解していたことが分かった。フィッシャーの方が問題を知らせに来ることに同意するのなら、メンバーは喜んで彼の役割を尊重し協力すると表明した。そして、メンバーは、CEOに重要なデータや業績の不振を放置するつもりはなく、悪い結果でも自分たちが対応できることを信じて欲しい、と求めた。

フィッシャーとCEOとの関係について感情が表出されたことで、CEOに反対するのがいかに困難であるか、ここで不満が表面化した。それに対してロバーツは、このことはもう話しあった、率直に言えばかみついたりしない、と言った。そして、このまま前進し、問題があったら言って欲しいとメンバーに要請した。メンバーは静かになり、CEOにより率直に話すこと、また、メンバーの見解に対してCEOにも考えを述べる機会を提供することを約束した。

夕食後、チームはその日を振り返り、翌日取り組みたい内容を選んだ。チームは、この新しいやり方が非常に生産的で、結果も納得できると賛意を表した。

翌朝、戦略的な問題に戻った。会社のコア・コンピテンスと、考えられる成長シナリオについての話しあいは熱を帯び、なかなか収まらなかった。メンバーのうち何人かは、診断機器の分野は突出した優越性が自社にはほとんどないのに莫大な投資を必要とするため、会社にとって最も弱い事業だと主張した。診断事業担当のスティーブ・ロッコは、診断機器への投資に対する反対意見は近視眼的で、彼の施策の大きな可能性を理解していないと強く反論した。ロッコはチームの中で最も好かれている人物だったので、この機器分野に関する彼の激しい防衛姿勢にメンバーは動揺した。誰も彼を責め、追い落としたいと思う者はいなかったが、論理的に考えると、リスクと見返りの点で彼の担当分野を取り上げないわけにはいかなかった。全員がロッコの見解を理解しようと熱心に耳を傾けたが、彼の主張を受け入れるのは難しかった。

とうとう法務担当のデビット・ウィリアムスが口を開いた。「私は君のことが本当に好きだし、尊敬している。でもスティーブ、個人的な気持ちとビジネスの議論は混同できない。君に賛成したいが、他の製品の地理的な拡大を考慮しても、我々が診断機器に対して投資を継続できる根拠が出てこないんだよ」。長い沈黙が訪れ、何人かウィリアムスの意見に同意を表し、ロッコ以外のメンバーは、診断機器事業部の停止が最も筋が通っていると判断した。

この判断の後、メンバーはロッコにこの事業部がなくなってもその事業に携わりたいのか、ファーマコ内の他の役割でも構わないかを尋ねた。彼は、今の新しいやり方で取り組めるので会社に残るのはとても魅力的だが、自分はこの事業の技術にコミットしているので、この事業部を受け入れてくれる他社に行こうと思う、と答えた。そこでメンバーは、この事業部が買い手にとってより魅力的になるように、経費削減の方法を考案するようにロッコに依頼した。ロッコはそれを受け入れ、全体の雰囲気はかなり和んでいった。

メンバーは、会社は既存の製品で新しい市場に向けて戦略的な攻勢をかけるという合意に基づき、詳細を検討することとなった。アジア市場だけでいいのか。販路を確立している日本企業と合弁会社をつくるべきか？　研究所は、残される二製品の生産ラインと近い場所がいいのか？　事業部ごとに営業部隊をもつのが良いのか、それとも営業担当の役員を据えてまとめるのがいいのか。マーケティングについて同じように考えるべきか？

メンバーはブレーンストーミングを行い、問題をリスト化し、最も重要なもののいくつかを決定していった。その結果、日本企業との合弁を検討することに合意し、ビル・ボイヤーが選択肢を調査してくることになった。

　この話合いの中で、遺伝子工学事業を農薬関連事業に統合するのが望ましいことがメンバーには分かってきた。これで、またしても複雑な引き継ぎと責任者の変更が発生する。メンバーは、まず事業構造はどうあるべきかを議論し、この二つを統合した事業部のヘッドを誰にするかは後日決定することにした。

　その日の終わり近く、チームはビジョンづくりに戻った。どんな会社にしたいのか？　この時点では、お互いに信頼が高まり、新しく協業することへの意欲が強まっていた。活気に満ちた話合いによってどのような結束を望むのか、共通認識がはぐくまれていった。ジョン・コッホは意見をまとめ、ビジョン・ステートメントを提案した。〝結束した組織、集中的な資源活用、統合された地域〟であった。チームはそれに合意し、後のミーティングで全社に広めることを決めた。

　チームは今や協働、戦略立案と新しい責任共有による進め方の両方を融合させて取り組んでいた。これで、より論議を呼ぶ、潜在的に対立が起こりうる問題に取り組む準備ができたのである。全社の構造は、二つの事業部のもとに統合されることになった。関係者全員、組織再編が何を意味するかを明確に理解していた。仕事がなくなる者も出るし、上司が変わる者もいる。ある人は昇格し、ある人は変わらないだろう。翌日は、できるだけ自由に話し合うために人の配置は決めず、会社の新しい組織構造を検討することにした。

翌朝はやる気満々の雰囲気で始まった。組織再編に関する意見は予想通り分かれた。あるメンバーは地理的な基準で再編すべきだといい、別のメンバーたちはファーマコの将来は新製品開発だと信じ、事業部を組み合わせて研究所をその下につけるべきだと主張した。各々、会社の成長を促進すると考えての意見だった。

そこでチームは、それぞれの立場から具体的な例を描くことにし、分かれて検討した。各グループが戻ったとき、予想通り、具体的なことではいっそう意見に相違が生じ、チームは合意に達することができなかった。もしも、新しいリーダーシップのやり方が消えそうな場面があるとしたら、これがそうであった。明らかに行き詰まり、メンバーの多くがロバーツやミッチェルが決めてくれればという思いを抱いていた。しかし、彼らはそうはしなかった。ターナーが行き詰まりを突破する方法を提供したのである。各メンバーは反対グループの人とペアを組み、自分の立場の欠点と相手側の利点を述べあう。そして、各ペアは最善のアイデアを出しあってまとめ、解決策を見つけることになった。

この二人組は、マトリックス組織を模していた。四つの地域に分かれた営業分野、アメリカ、アジア、ヨーロッパ、インドとアフリカを含む東アジアと、二つの主要製品ラインナップである。組織再編では、営業は製品ラインナップから離れ、新しいグローバルな営業担当役員のもとに統合されることになっていた。営業部隊は生産部門とマトリックス的に関係するが、他の部門も複数の事業部と関わることになっていた。特に、研究開発はそうであった。

真剣な話しあいを通し、マトリックス組織を機能させマネジメントする難しさが浮き彫りになってきた。メンバーは、マトリックス組織ゆえの資源や優先順位をめぐる対立に取り組めるのか？　それほどの成熟度はあるのか？　ミッチェルは、会社がこの事態に対応できると結論づけた。マトリックス組織は、個々の分野の視点とより広い全社的な視点の双方を必要とする点で、責任共有の体制と似ていた。一方、メンバーの方は、困難なアイデアに関して建設的に議論できるため、各自が異なった意見を出しあえることに喜んでいた。

二番目は、動物飼料事業を根本的に変更するかどうかの判断であった。現在は、既存の製品を営業することに焦点が置かれているが、それを大きな成長の源にするかどうか、だった。成長のためには、新製品開発、戦略的な提携、買収が必要だった。誰を事業部のヘッドにするかも非常に難しい問題であったが、後日検討されることになった。

昼食後、メンバーは運営会議メンバーの数を減らす議論に入った。効果的な意思決定組織であるためには多すぎるという点で全員が合意していた。診断機器事業の売却が合意されていたので、その分の一つが外された。化学薬品と遺伝子工学部門の統合ではもう一つ減らすことが可能だ。社内コミュニケーションも全員が運営会議から外すことに賛同したので、三つ削減できることになった。

これらの組織再編は、新しい役割に誰をつけるかという複雑で微妙な意思決定を伴う。しかしながら、メンバーは人事について判断を下す準備がまだ整っていないと感じていた。しかし、だからといって単にミッチェルに預けることはしたくなかったため、個別にどの役割に誰がつくかを話し合う期間として一ヶ月の猶予を求め、結果をその次の社外会議で発表することにした。そこで全体で話し合って決めるというのである。新しい組織の整合を取るためには、かなり多くの仕事が残っていた。

ファーマコの問題

運営会議のメンバーは、意欲的に責任共有に取り組んだ。全社的な視点で討議し、互いに高い基準を求めて自分の見解や懸念を述べ、難しいフィードバックにおいても率直で、パートナーとして重要な問題に全力で取り組んでいった。

この二回目のミーティングでも、チームは責任共有の状態をつくりあげる三つの要素に取り組んでいる。ビジョン、チームの成長、相互影響である。これらに繰り返し取り組み、次第に参画度を高めていった。チームはさらに自発的になって当事者意識が強まり、検討内容の質が確実に増してきている。

ビジョンが活用され、試され、話しあいによって深められ、意思決定の手がかりとして設定した最初の全般的な合意を土台に、作り込まれていった。そして、率直な話しあいを通して理解し本気になり、最終的なビジョンのまとめができあがった。「結束した組織、集中的な資源活用、統合された地域」は、メンバーが総力をあげて検討した結果でなければ、陳腐だったかもしれない。会社が拠って立つこと、互いの関わり合い方についての様々な見方がまとめられた結果だ。

相互影響もまた広まった。リーダーシップ・スタイル調査の結果を見せあい、話しあうことによって、人間関係の問題について親身に検討する土壌をつくったのだ。フィッシャーの件から、ロバーツに対してメンバーの自由とメンバーへの信頼を要請するという結果になった。さらに、チームはそれらに伴う責任も引き受けた。チームはCEOに対して正面から向き合うようになり、CEOも言うべきときは言った。彼は、チームに自分が直接的に言われることを好むと率直に話したが、それによって、リーダーがオープンさと正直さを高める規範を設定できることが分かる。メンバー全員が率直に話し、正面から指摘されたときにもそれを受け止められるようになってきていた。どちらが勝つかの争いや受動的な妥協ではなく、彼らは創造的に解決するようになっていたのである。

ビジョンを共有したこと、そして影響を与え合う能力が増したことによって、チームは会社にとって中核的な問題や人間関係の問題、事業の停止、組織再編、幹部チームの人員選定に取り組めるようになったのだ。こういった困難な問題を解決するごとに、彼らはより困難な問題に取り組む能力をつけていった。

組織の構造変革の議論で行き詰まったとき、ミッチェルやロバーツに審判役を頼んだほうがチームにとって簡単だったはずだ。しかし彼らは、可能性を考え抜いて別の道を見つけ、チームで意思決定を行った。人事に関してはまだ準備できていなかったが、チームはミッチェルに案を後日まとめて出す承認を受け、自分たちの責任を放棄しなかった。上司に判断を丸投げせず、また十分に検討しなかったといって責めることのないように、心がけたのだ。

集団の発達段階

集団の発達段階は、進んだり戻ったりする。二回目の社外会議ではメンバーシップの段階に一部後退したが、それは残っていた課題を解決する必要があったからだ。CEOの変革に対する真剣さに不信があり、もちろんミッチェルの真剣度も問われていた。ロバーツと一回目の社外会議で対決したことによってメンバーは解放され、定例の運営会議でも仕事を進める体制が整っていった。しかし、二回目の社外会議で非常に困難な戦略的問題に取り組む機会が近づき、ロバーツとミッチェルのコミットメントが再び疑問視された。責任共有が維持されないのに、なぜ努力をしなければならないのか、一回目はまぐれだったのではないか。しかし、これらの問いに対する答えが、チームを本気にさせたのだった。チームは責任共有のリーダーシップが現実化していると思うとき、初めてさらに努力しようと思うのである。

サブグルーピング段階への早い移行

コンサルタント会社の提案が戦略上の問題を明確に示していたため、チーム内の考えの違いがすぐに表に現れた。また、フィッシャーに対してくすぶっていた感情は、個々人のリーダーシップ・スタイルについて互いに話しあっていたことが助けとなって、比較的早く消えた。チームが全員を味方だと思えたため、それほど大きな問題ではなかった。仕事の場を離れ、コンサルタントを利用したことが功を奏した。結果として、チームは短期間でサブグルーピングから対立の段階に入ることができ、やり方、構造、戦略における対立に取り組めたのだ。

チームでは、業務に関する対立や個人的または人間関係的な問題で停滞することがあるが、それらは関連しあっていることが多い。個人や小集団が将来に関する意見で分かれるとき、背景には基本的な方向性に関する違いがある。人と問題とを分けることは非常に困難なものだ。しかし、ファーマコのチームは人間関係の問題が障害となっていることが分かると、いったん人間関係に焦点を切替えて取り組み、その後、元の議題に戻って責任や業務を明確化していった。

彼らは、業務と仕事の進め方の問題の間を行ったり来たりしながら困難な問題を話し合い、自分たちの仕事の進め方を吟味し、意思決定の質を上げていった。ロッコへの好意と組織目標の優先順位とを分けたことは好例だろう。

ファーマコを超えて

対立は、多くの組織において厄介なものだと考えられている。そこで、この章では対立に焦点を当てよう。組織内で対立は避けがたく、対立の望ましい面が理解されていない場合は、全面的な責任共有は極めて困難になる。

ファーマコのチームは、サブグルーピングの段階から対決の段階に移行し、対立に建設的に対応する方法を学習している。多様さを内包する現代の組織では対立は不可避であり、また健全なことなのだ。対立は受け入れられるべきで、避けたり、抑圧すべきではない。複雑化が進む現代では、事前に正解を知り得ることは困難である。異なった見解が示され、弁護され、質問されるべきなのである。

これまで対立はさほど問題ではなかった。問題が単純であったときは、誰かが、特に上司が答えを知っていて、こういった切れ者に判断を任せれば良かったからである。しかし、今日、一人の人間が、市場の出現、グローバルな競争、技術革新、陳腐化の進行、新しい経費削減方法、継続的に改善すべき分野、突破口をつくる製品などについて、全ての正解を知っていることなど滅多にない。したがって、答えの糸口を見つけるために、メンバーの最善のアイデア、意見、直感が求められ、批判的に吟味され、成功確度の高い解決策に到達していくのである。

議論は以下をもたらす。

- 問題の焦点を明確化し、時間を節約する
- メンバー各自に自分の立場について考えさせ、やるべきことをさせ、最も声高に叫ぶ人の意見が自動的に優勢にならないようにする
- 集団思考や、メンバーが不快な対立を避けて拙速にお互いに同意してしまう状況を遠ざける
- 各自の立場を明確化する
- エネルギーを活性化させ、関心と行動を引き出す
- さらに創造的な解決策をつくりだす

● 対立を乗り越えると、メンバー間の信頼関係が深まり、本気で解決策に取り組む責任共有のリーダーシップとその実践によって、オープンに異なった意見を出しやすくなる。なぜなら、全員がチームの成功のために努力し、結果に責任を持つよう促されるからだ。ファーマコのように、チームが根本的な戦略上の問題に取り組むときは、相違点がより多く浮き彫りになる。リーダーが意思決定の責任をメンバーと共有していれば、感情や意見は抑圧されないのである。

不適切な対立の解消によって浪費されるもの

対立すれば高い業績が得られるわけではない。チームが互いの相違を効果的に活かせないと、会議は解決不能な非生産的争いに陥り、時間が浪費される。目標の実現があらゆる思惑に優先することを忘れてはいけない。

また、社内政治的になりすぎるという落とし穴もある。注意深く、議論の分かれる議題を避け、現在また将来の危険を避けるために微妙な問題を覆い隠してしまう。ゲリラ戦や舞台裏での駆け引きは、会議を混乱させる。この段階に止まっている集団は、中傷しあいながらいつまでも正面から相違に向き合わなかったり、または、紛糾を恐れて重要な議題を全て避け、会議を儀礼化してしまう。お茶会のような会議になってしまうのだ。

チームが対立段階に停滞し衝突しあうのと、ビジネス課題についての健全な議論で核心に迫っていくのでは、大きな違いがある。停滞しているチームでは、どんな犠牲を払ってでも勝つことが最優先され、傲慢な行動（主に上司）や、問題自体ではなく立場や性格をめぐる争い、同じ議論が次第に大声でしかも怒りが加わって繰り返される。相手を傷つけるために発言され、対立の回避とののしりあいのどちらも、否定的な結果に至る点では変わらない。メンバーのエネルギーは、しばしば裏取引や内紛に費やされる。多大な時間が無駄になり、メンバーの参画で得られるはずの利点はほとんど得られない。意思決定は遅くなり、決定したとしてもメンバーは合意もコミットもしていないため、実行の努力を惜しむことになる。

対立への恐れ

対立や相違点をオープンに出すことがそれほど重要であるにもかかわらず、なぜ組織の中で率直な発言が少ないのだろうか。また、対立は良くないと言う人も多い。この背景には、生育歴や文化的なものも考えられるだろう。個人レベルでは、親の躾や家庭内の不和などが背景にあるかもしれない。または、論理的であることを尊び、強い感情の表出を未熟さの現れと見なす文化的な価値観も作用しているだろう。組織も然り、である。著者の一人がコンサルティングしたある保険会社では、トップが部下から強い調子で反対されることを非常に嫌っていたため、社運を賭けた重大な判断を間違えそうになっても止める者がいなかったという。トップの機嫌を損ねないようにすることが優先されていた例だ。

また、リーダーがコントロールを失うことを恐れている場合もある。熱意を込めて異なった見解が語られたら、その結果がどうなるのか予測しがたい。英雄志向のリーダーは、自分が結果を掌握すべきだと考えているので、重要な問題についてはコントロールの手を緩めないのである。

メンバーの方も英雄志向に染まっていると、同僚や上司に対して明確な反対表明はしにくい。そういった人にとっては、反対という行為自体が単純に危険なのだ。上司と異なった見解を持つことが判明すれば、厳しい攻撃にあって後悔する羽目になると恐れている。敵をつくるようなことを言ってしまったり、ミスがばれたり、準備のなさを露呈したり、上司の秘蔵っ子を脅かすようなことをしてしまうのではないか、と恐れる。その結果、上司もメンバーも共に対立を避けてしまうのである。

マネジャーの中には、対立に否定的な言い方をする人がいる。あるとき、十億ドル規模の事業部のトップが部下のアイデアに対して、「そんな馬鹿げたアイデアは聞いたことがない。君たちは高給取りのくせに、誰一人まともな分析ができないのか！」と怒鳴った。こう怒鳴られては、このトップが近々引退すると分かっていたとしても、防衛的になってしまう。対立の価値が理解されない例だ。

対立に対する恐れは他にもある。対立によって、自分が立ち往生してしまうのではないか、職場が緊張状態になるのではないか、事実以外は言えなくなるのではないか、という恐れだ。全体的なビジョンで合意していなければ、意思決定の共通の土台が欠如しているため、対立は解決しがたく嫌なものになる。

しかし、最も大きな恐れは、仕事上の対立が個人的な対立につながるのではないか、ということだ。熱心な話しあいは現代の組織で必要だが、それは対立が仕事に限定されていればの話だ。

個人攻撃が起きる可能性は減らせても、全て消えるという保証はない。そこで、リーダーは対立を避けるために介入し、対立がもたらす建設的な側面が活かせなくなるのだ。彼らは「会議の後で話をしよう」と言って止め、本質的な相違点が現れそうになると議題を変えるなどして反対意見を退ける。マネジャーが対立を恐れると、責任を共有させるのは困難だ。チームはサブグルーピング段階で停滞し、第五段階の協働まで到達できないのである。

継続している問題を取り上げ、解決する

対立を最大に活用するために、対立の三つの形を知っておきたい。業務関連、役割関連、個人的なものである。業務と役割に関連するものは、卓越した成果をあげるためには避けがたい。一方、個人的なものは、役割と切り離すのが難しいが根本的に異なった問題で、我慢する必要もないし、すべきでもない。

1 **業務関連の対立**では、何をすべきかで意見が割れる。「事業を、新製品の追加で拡大するか、既存の事業のまま拡大するか？」など。

2 **役割関連の対立**は、相手の仕事の進め方が焦点になる。「あなたはすべきことをしていない」「些細なところにこだわられると、こちらはたまらない」など。

3 **個人的な対立**とは、人の性格を攻撃するものだ。「あなたは不誠実で、自己中心的で、権威ばかり追い求めている」など。

これら三つの対立は、絡み合って出現する。業務関連での相違が解消されないと、時間が経過するにつれ、双方の人間関係の問題へと発展していく。相手の性格を否定的に決めつけ、言い合いになってしまう。

業務に関する反対は、かなり早期から誠意をもって率直に表明し、役割における対立や個人攻撃に陥らないようにすることが重要である。人間関係上の誠意のある対立は存在するし、避けられない。要は、できるだけ業務に関連する対立のレベルで止めておくことだ。

業務関連の対立

リーダーが健全な対立を促す第一歩は、それを求め、かつ全員が自分の見解を表明するよう求めることだ。小グループに対しては、主要な問題についての彼らの立場を述べてもらう。そのとき、リーダーは潜伏している反対意見に耳を澄ます必要が出てくる。メンバーが反対の意見を表明することに慣れ、自然にできるようになるまでは、リーダーは反対意見を表明するよう導かなければならない。輝かしい時代のGMの伝説的なトップ、アルフレッド・スローンは、この点に秀でていた。ピーター・ドラッカーは複雑な提案に対して全く反対意見が出なかった時に、彼がしたことをこう語っている。

「…ガレットの提案は非常によく練り込まれ、全員がそれを支持した。また、スローンもその提案を好ましく思っているように映った。しかし、提案が全員一致で承認されると思ったとき、スローンはおもむろに口を開いた。『君たち全員が支持するのかね?』『はい、そうです』『では、私は一ヶ月この件の判断を延期し、考える時間をもつことを提案する』。一ヶ月後、この提案は棄却されるか、または大幅な修正が必要だということになったのである」(注1)。

このスローンの対応は、典型的なリーダーの行動とは大きく異なる。普通のリーダーは沈黙を賛成と考えて安堵し、次の提案に移るものだ。

重要な問題について適切な反対意見を導き出すには、以下の方法もある。

- その件についてプラスとマイナスの両面をリストアップさせる。これによって、十分な検討が促される
- 〝意図的な反対〟をする(誰か一人が悪者にならないように、順番に行うのが望ましい)
- 非言語のサインに目を留め、真意を話すよう促す
- 少数意見を出すように求める

業務関連の反対意見を役割上の対立に発展させないためには、問題解決の手法を活用するとよい(注2)。問題解決に秀でた人は多いが、チームによる問題解決で優れているとは限らない。チームによる問題解決では、全員が貢献することに価値を置き、様々な見解を統合しなければならないからだ。しかも、困難な問題はなかなか前進しないので、その葛藤が人々を敵対的にしやすい。

最近のチームに関するマネジャー対象の調査では、業務上の意見の相違から人間関係の対立に発展させないためには六つの戦術があるという。

- 事実に基づいた、豊富な情報をもとに討議する
- 複数の選択肢を出して討議を充実させる
- 目標に合意しておく
- 緊張感を解くために、ユーモアのある意思決定をする
- メンバー間の勢力均衡を保ち、リーダーでも、メンバーでも、独裁的にさせない
- 合意できる点を探し、それが無理なときや行き詰まった時はリーダーの判断を受け入れる（注3）

これらは一見英雄志向にも見えるが、責任共有のリーダーシップらしい戦術だ。たとえば、〝合意が困難なときはリーダーの判断に従う〟ことと、リーダーがメンバーに相談した後に全ての決定を下すのとでは異なる。後者では責任の共有を求めていない。ユーモアは緊張感を緩めてくれる一方、相手を間接的に中傷する面があり、両刃の刃である。人間関係上の対立を管理し常に回避していると、対立は否定されるべきもので、業務関連の調整が失敗した結果が対立だと伝わってしまう。業務の進め方と同様に人間関係の持ち方は人によって違う。人間関係において対立は起きるものだと考え、チーム内で前向きにかつ率直に対応するのが最善である。

役割関連および人間関係の対立

業務に関する見解の相違は、比較的表出させやすい。ただ、役割関連の対立に発展しやすいことを

多くのマネジャーは知っているため、二の足を踏む。仕事の進め方の違いによる対立は予想しにくく、コントロールしがたい。しかし、相互的に関わりながら仕事をする以上、必ず発生する。そもそも完璧な人などいないので、気に障るミスは起きるものだ。業務関連の対立と同じく、役割関連上の対立も建設的な結果をもたらすのであり、責任共有のために対立への対応は不可欠である。

責任共有の考え方に転換するとき、これまでは抑さえていた感情が表に出てくることがある。ファーマコのCFOのフィッシャーはその例だ。そして、三種の役割関係上の対立が表面に浮かび上がることになる。

一つめは、二─三名の見方の違いから感情的な議論になる対立である。非常に困難な問題では、結果について確たる見通しがないままに判断せざるを得ないことが多い。そういった状況では、頭の切れる人が自分の意見を隙のない論理で展開し、他の意見を退けてしまう場合が少なくない。四年後には角のない形の車が流行るのか？　大きなアクティブ・マトリックス・モニターを搭載してもコストを低く抑え、かつ安全走行が可能なクルマができるのか？　ある意見を強く信じ、それ以外は間違っていると思っていたら、話しあいに熱が入るものだ。熱が入るのは自然だが、それが行きすぎて反対意見側の誰かの能力を見下すことになってはならない。そうなると、意見をお互いによく理解しないままに、相手は能力が低いので理解できないのだと批判し、対立していく。

二つ目は、業務の内容に比して担当者の実行能力を疑うときに起きる対立だ。実行できればこその対応策である。対応策のプラス面とマイナス面は、そのまま担当者の実行能力の優劣にかかわる。たとえば、アルゼンチン市場への参入は、ポールが現地の人たちとうまく関係構築して現地で従業員を採用し、かつその従業員たちを新しい仕事でマネジメントする能力があるかどうかにかかっている。しかし、こういった問題への対応は、ストレートには話しにくいため、討議はあたかも暗号のやり取りのようになる。先の例でいくと、「ポール、現地で資格のある人を採用する時の問題は何でしょうか？」が、実際は「メキシコで君が起こした問題を考えると、アルゼンチンで成功するか心配だ」なのだ。

三番目は、仕事の進め方の違いから起きる。人には自分なりのスタイルがある。ジェーンは行動する前に十分に計画を立てることを好むが、ジムは早い段階で少し試してデータを集めることを好む。ダイアンは数値データによって答えを導き出すが、ディーンは勘や直感の方に価値を置く。サンドラは問題をオープンに検討するよう会議で促すが、サムは決定するためにテキパキと会議を進める。どのアプローチも常に正解ということはなく、それぞれ適切な状況がある。しかし、これらの違いは対立のきっかけになり得る。〝まず、やってみよう〟という人には、分析を慎重に行う人には気が狂いそうになるだろう。逆もまた真なりである。

こういった相違に対する感情は、表明され解消されるべきだ。様々な仕事の進め方が現代の複雑な状況では不可欠だからだ。前例のない、全く新しい問題では様々な解決法が必要になるのである。誤解したままでは相違を活かし得ない。対立と向き合うことで、対立の解消に止まらず、メンバーの多様性を活かす能力が引き上げられ、向上する。きわめて能力開発的なのである。

また、背景にある組織的側面にメンバーが気づく機会にもなる。生産担当のハンクとマーケティングのモナの対立は、性格や仕事の進め方の違いというより、職務上の役割からくるのではないか？

ハンクがコストにこだわるのは、彼が基本的に保守的な人間だからではなく、コストの低減によって評価されるからではないか？　モナの新しい方法に反対したがる理由は、職務上当然ではないか？　などだ。

個人的な対立

人の業務能力に関する対立は対応が難しい。相手の動機、意図、能力、または性格に対する個人攻撃にエスカレートしやすく、人間関係を損ないがちだからだ。

その人がどのように仕事の責任を果たすかに焦点を当てれば、被害はずっと少なくて済む。たとえば、「君は無責任なので信用できない」は、仕事ぶりに対する疑問だ。または、「君が他人に反発するのは基本的に不安を抱えているからだ」では、その人の動機や内面に踏み込んでいるが、「あなたは自分の意見に反対する人を繰返し攻撃している」は、仕事に関連した言動に焦点づけられている。

もっとも、言われた本人にとっては仕事ぶりに対する批判か個人的攻撃か、気持ちのうえでは区別しがたい。「君が成功するかどうか懸念を抱いている」と言われれば、非難されているように聞こえる可能性がある。侮辱に非常に敏感な人は少なくない。率直に話しにくい理由の一つだろう。

とはいえ、役割関連の対立と個人的な対立は区別する必要がある。卓越した成果を達成するためには、仕事の進め方の相違を放置できないのだ。チームは、業務や人間関係上の問題を解消する経験を積んで初めて第三段階に上がれるのである。

人間関係上の問題を解決する

重要なことは、オープンさや率直な発言が個人攻撃につながるという誤解を解き、どのように互いの相違点を出し合い、対立を解消していくかである。個人攻撃をさせず、またチームが発達段階を後退しないよう注意する必要がある。仕事上の相違点をもとに、創造的な解決策と信頼関係の強化を導き出す方策を考えよう。そうすれば、過度な痛みを避けながらチームは責任共有を拡大し、より質の高い結果を目指すことが可能となる。人間関係への対応は、戦略、売上などの数値指標、製品に関する議論と同様に、重要なマネジメント業務なのである。他者の落ち度を探すことなく、個々の相違をオープンに検討できるようにするには、強いリーダーシップが不可欠だからだ。そして、この難しい人間関係の対応能力をメンバーが磨ける状況をつくることを通じて、マネジャー自身のリーダーシップも向上するのである。

行動に焦点を当てる

人間関係上の問題を解決するには、動機と行動との区別が鍵になる。役割行動に関する発言に焦点づけさせ、性格や動機に触れさせない（この点については別添に解説されている）。双方が〝自分の立場に固執〟しすぎていることに気づかせ、双方の発言から観察可能な行動を見つけるのだ。相手の性格を非難する行為は、勇気を持って禁止しよう。

計画された機会と予想外の機会

リーダーが日頃からチームに仕事の進め方をよく考えるように促せば、相違は表に出やすくなる。チームが反対意見を抑圧しているようなら、チームに各自が自分の見解をどのくらい自由に表明できているかを尋ね、その結果について話しあうとよい。チームの雰囲気について質問してもよいだろう。ストレートに、「どうすれば話しあいがもっとオープンになるか？」「もっと率直に討議すべき問題は何か？」と問いかけ、話しあうこともできる。

他には、リーダーが仕事の進め方を検討する場で人間関係上の何が問題なのかを明確化させ、別の場でその人間関係の問題について話し合うという方法もある。人間関係上の問題を正式な議題に設定することで相違点の表明を促すのだ。より多くの見方を出し合うことが狙いだと、メンバーに伝えよう。

しかしながら、対立や衝突は突然起きる。日頃から抑圧していると、噴出したとき強く出る。虚を突かれると対応に苦慮するため、嫌がられる理由の一つになる。それでも、リーダーは静かにコメントを求め、問題を話しあえる。「感情の問題がありそうですね。それを出しましょう」「今の発言の真意は何ですか？」などだ。メンバーに、怒りや非難を恐れずに表明してもよいと伝えるのだ。

話しあいは会議中か、会議後か

多くのマネジャーが、人間関係上の問題をチームと離れて扱いたがる。特に感情的になって相手の人格や動機が非難される場合はそうしやすい。リーダーは、エスカレートを恐れて事態収拾のために介入し、休憩を要請し、「会議の後で話しあおう」と言ったりする。

もちろん個別に取り組むことが望ましい場合はある。チームが発達の初期段階の場合や当事者が興奮しやすい場合、他人がいると話を聞こうとしない場合はそうである。上司－部下間の問題では、部下にとって同僚は潜在的にはライバルなので、他の同僚の前で話すのを嫌がる可能性がある。

しかしながら、基本的にこういった対立はチームで話しあい、解決するのが望ましい。メンバーは微妙な問題への対応の仕方を学ぶことができ、個々のメンバーやチーム全体の成熟度が上がるからだ。ファーマコでは、ロバーツやミッチェル、フィッシャーの問題を全員で話し合い、大きな収穫を得た。チームだからこそ様々な見方を持ち込める。この点を理解すれば解決の突破口が開くのである。

例をだそう。マリーとジェレミーが衝突したとする。マリーの批判的なスタイルはジェレミーを苛立たせた。しかし、他のメンバーもそうなのか？　他がそうでないとすれば、ジェレミーは自分だけがイライラする理由を理解する必要がある。この問題を攻撃し合わずに検討するのである。

まず、上司がこの対立が話しあう価値のあるものだと宣言することだ。たとえば、マリーに提案を批判されてジェレミーが反発した直後、「重要なことが起きていると思う。それは何かな？」と言う。これで、双方が自分の立場を弁明し始めるので、違いはより明確になる。また、この時点で他メンバーの意見を求めるのもよいだろう。メンバーの見方は異なるはずなので、話し合いは複雑化する。違う観点を持ち込むことで議論が展開し、マリーとジェレミーの対立を解く役に立つのである。どちらが正しいかを見つけるのではなく、対立状態を解消することに焦点を当てれば、解決の扉が開かれる。

個人攻撃になったときどうするか

しかしながら、個人攻撃が始まったらどうするか？　たとえば、ジェレミーが「他人のアイデアを攻撃するのは自分が不安だからじゃないか」とマリーにかみつき、マリーが「あなたこそ男らしさに自信がないから、女に問い詰められるのが我慢できないのよ」と反論したとしよう。これで全てが終わるのか？　そんなことはない。

メンバーが介入し、助けに入ってくる。特に責任共有のマネジメントを受け入れている場合はそうだ。上司はここで、メンバーの介入が対立を止めるのではなく、解決する方向に向かわせなければならない。

しかし、メンバーが介入しなかったらどうか。まず、個人攻撃は間違っており、組織の中ではしてはいけないことだとリーダーが話す。そして、この問題の重要性を指摘して、話しあいを元の役割関連に引き戻す。以下は三点を含んだ例である。

「ジェレミー、マリー、個人攻撃は仕事の場では不適切だ。しかし、この問題自体は君たちが仕事を共に進めるうえで重要だ。発端は何だね？」

こういったストレートな言い方は効果的だ。しかし、二人は個人攻撃を止めないとしよう。

「マリーは人の話を聞かないし、関心すら持たない」

「ジェレミーが価値のあることを言ってくれさえすれば、私だって聞きますよ！」

このように、対立が相手の意図や動機、または性格におよぶようなら、二人をいったん引き離さなければならない。言い合いの焦点を元の行動に戻させる。

「ジェレミー、君はマリーの心の中、つまり動機が独裁的なのかどうかを知らないだろう？知っているとしてもここで出すのは筋違いだ。重要なのは君を苛立たせる行動そのものだ。マリーの何に苛立つのだね？」

これで、言い合いを止めずに焦点を行動に絞ることができる。特定の行動に焦点づけられれば、範囲が限定されるため不愉快さが和らぎ、行動を客観的にとらえられるようになる。その行動がどう受け取られ、どう反応したのかが明らかになると、受け取り方が人によって違うことが分かる。そのとき、他メンバーのコメントがあると当人たちにとって有益だ。仲間からの別の見方によって当人の理解が進み、フィードバックを受け取ろうという気持ちになる。他メンバーのコメントが的外れでも、行動に焦点が当たっていれば、対立解消の模索がしやすくなる。

相互的な強化サイクル

問題によっては、原因がどちらか一方ではなく、双方の欲求や価値観、行動が相互作用した結果、生じている場合がある。どちらが始めたかにかかわりなく、双方ともそれを強化するパターンにはまっているわけだ。それに気づかせるのである。そういった否定的なサイクルは当人たちには止めにくいが、上司や他メンバーの中立的な態度と理解を助けようという姿勢が支えとなって問題解決へと導かれる。チームで、より望ましい行動サイクルの促進を検討するのである。

問題の解消に至る

行動と結果に焦点を当てることで、チームが問題解決に乗り出すように促すことができる。チームの誰でもこの問題状況を解消する方向に貢献できるのだ。たとえば「ジェレミー、マリーがどういう言い方をすればいいと思う?」と聞く。双方からそれぞれ相手への要望を述べさせてまとめ、行動の形に特定化する。元のパターンに陥ったときの対処方法も合わせて決めておくと、さらによい。

得られる学び

役割に関連する問題を取り上げ解消する体験によって、チームは様々なことを学ぶ。当人たちは、自分の行動がもたらす影響を実感でき、チームは、厄介な人間関係上の対立をどう解決するかを学べる。研修などの場で抽象的に討議されることでも将来の業績の評価でもなく、実践的な学習である。上司を含むチーム全体が発言することで、本人たちは多様な視点を得られるのである。

他のメンバーにも学びがもたらされる。人間関係上の問題はある程度続くので、メンバーはその問題における自分自身の振る舞いを把握でき、さらに行動に特定したフィードバックの技術を磨くことができる。

最後に、チーム全体としての学習も起きる。この種の対立を取り上げても、犠牲者は救われず逆にさらに攻撃されるだけだと思う人は多いが、チームで対応すれば、どのような解決が可能なのかを多様な知恵を出し合って検討でき、そこから学べるのだ。メンバーは、対立の問題を解消するだけでなく、個々のメンバー、メンバー同士の関係、さらにチーム全体の能力が強まるのが分かる。

第三段階での問題解決

感情的な対立問題をチームで解決できれば、集団発達の第三段階から次に上がる準備ができたと言える。メンバーは、対立が発生してもその問題に向き合い、克服できるという新しい自信をもって仕事に臨める。

チームの根本的な方針が定まったら、メンバーは担当分野だけでなく全体としてどうなのかに目を向けられるようになる。チームの高い目標に心底からコミットしていれば、議論の勝ち負けより、相違点を深く理解することに気持ちが向く。

人間関係上の対立を解消できれば、メンバーは自分自身の受容、影響、自由に関する心理的な欲求がおおむね満たされたと感じる。どんな問題においても、対立によってチームが分断されないことを確信しているので、チームは協業できるのだ。さらに、人間関係上の対立を解決する方法を全員が学ぶことになるため、対立を個人攻撃にさせない。

たとえ、根本的な問題が解消しても、新しい戦略上の問題が生じれば、対立は起こるかもしれない。また、メンバーの出入りがあると、仕事のスタイルの相違から、また対立が生ずる。これは続いていくのである。したがって、チームが最初の大きな対立問題に対応ができたからといって、安心して軽率にならないように注意すべきだ。良い雰囲気を保ちたいという思いが強いと、問題を避けたり、意図的に反対意見を見過ごしたくなる。しかし、人が替わってもチームは対立に対応できるし耐えられる。したがって、放置してはいけない。

納得できる解決に至ったら、チームが対応すべき未解決の問題は何か、感情のわだかまりは残っていないか、よく調べる必要がある。困難な問題を解決できたことを祝ってもよいが、その気分によって他の問題をないがしろにしてはいけない。良い雰囲気を保つには、良きことを行い、業務に集中し、ビジネスの課題や人間関係の対立に取り組み続けることだ。

プロセスを吟味する価値

グループは定期的に判断や話しあいのプロセスを振り返るべきである。そうすることによって、メンバーは振り返りから学ぶことができる。どの段階でも定期的に振り返ろう。初期段階ではメンバーが新しく責任共有による仕事の仕方を学んでいる最中なので、振り返りの効果は大きい。既存の質問を用いてもいいし、自由コメントでもよい。会議の後で話し合うという形もよいだろう。振り返りによって体験が整理され、修正の機会が得られる。これはチーム全体の学習を促すだけでなく大きな損害を未然に防止する予防的な意義がある。忘れてはいけない。

メンバーにできること

ここまで、チームが対立に対応する際にリーダーがすべきことを検討してきたが、メンバーもリーダーと同様に対処できるのだ。メンバーは、少数派の意見が表出され、反対意見が明確にかつ適切に表明されることを援助し、各自が固定的な立場から離れられるように、新しい行動の選択肢を提供できる。自分たちで基準を設定し、チーム全体が仕事の取り組み方を検討するよう促しあえるのである。

人は受容され尊重されていると感じられれば、安心して自分のエネルギーを発揮でき、チームにより多くのアイデアが集まる。そして次の段階に進む準備ができていく。協働が実現化すれば、責任共有のやり方を全社的に展開することが可能になる。

【注】

1 Peter F.Drucker,Adventures of a Bystander (New York:Harper&Row,1978), p.287.

2 グループによる問題解決の技法については、Michael Doyle and David Straus, *How to Make Meetings Work*(New York:Jove Publishing,1986) が良い示唆を与えてくれる。

3 Kathleen M.Eisenhardt, Jean L.Kahwajy, and L.J. Bougeois III, "How Management Teams Can Have A Good Fight,"*Harvard Business Review*,July-August,1997,pp.77-85.

第11章　チーム再構築4：協働の実現

幹部チームでリーダーシップ・スタイルを切り替えるのは、簡単ではない。しかし、それによって、従業員が対立の問題に取り組み、多様性を活かして協力しあうようになるのだから、効果は絶大である。真の協働状態に至るまでには、幹部チームが協力して難しい判断を下し、新しいリーダーシップの考え方や新しい信条、仕事の進め方を社内に浸透させる必要がある。そうした会社としての真剣な働きかけがなければ、現場は旧来の発想に戻ってしまう。

ファーマコの運営会議チームは、会社の方向性や戦略に関して様々な意見を出し合い、対立に取り組み、大きく変貌を遂げていった。二回目のオフサイト会議でチームは協力しあい、多くを成し遂げることができた。機器事業の停止を決定して事業ラインを二つに絞り、営業部隊を再編成して統合した。同時に、CFOのフィッシャーに対する長年のわだかまりに正面から向き合い、重要な問題で互いに率直に発言し合う利点が次第に分かってきた。全社的な問題の多くはまだ残っている。新しい事業部トップの人選は、中でも重要だった。ミッチェルは、そのために個別に話しあってきたが、そろそろ決め時だ。今回の人事で最も難しいのが、動物飼料事業部長だった。重点が営業とマーケティングから、新製品開発や事業買収に移るため、適任を見つけるのが難しかったのだ。ミッチェルは、現在の動物飼料事業部長で営業・マーケティング部長、テッド・キャスティンが引き続き担当したがっていることを知っていた。新しい役割はキャスティンには荷が重すぎるかもしれない。しかし、ミッチェルはキャスティンを推薦することを含めて、三回目のオフサイト・ミーティングの計画を練り始めた。

ファーマコの事例：パート四

三回目の社外会議

ミッチェルは、自分たちがより大きな広い視野で物事を見る必要があること、個人的な将来を心配せずにチームの討議に貢献できるように早期退職制度を用意したことに再び触れた。今、チームは難しい人事で意思決定を迫られている。ミッチェルはチームから依頼され、個別に各メンバーと将来プランについて面談してきた。ミッチェルは率直な話ができたことに感謝し、また誰が何をすべきかを、みんなで話しあう必要があると思うと述べた。

ミッチェルは、動物飼料事業部長の人事から始めることを提案し、キャスティンを推薦した。メンバー全員がこの役割の重要性を分かっており、適材を選びたいと願っていた。キャスティン自身もこの役割に明らかに関心があるようだったが、キャスティンがベストなのだろうか。

ぎこちない空気が漂ったが、メンバーの多くから新しい事業部では管理能力が必要だろうという意見が出された。そこでチームは徹底的な職務吟味を行い、必要な能力と素養を洗い出した。その結果、キャスティンは事業部長に適材とは言い難いという結論に至った。難しい結論だった。キャスティンは並外れた営業能力を持っていたが、他部門との調整や事業構築という点が懸念されたのだった。「キャスティン、自分の強みを活かせる方がいいと思うよ」とあるメンバーが言い、同意の声があがった。動物飼料事業部長を担当したい者はいなかったので駆け引き的発言は出ず、この発言は重かった。

そこでチームは、キャスティンが事業部長になる良い面と悪い面を洗い出すことにした。しかし、本人が側にいるためどうにも落ち着かない。とうとうキャスティン自身がそれを破った。声が震えている。「僕は降りるよ。自分ではこのポジションに自信がなくなった。でも他に行くところが分からないんだ。僕はこの会社を去った方がいいのかもしれない」と言った。気まずい長い沈黙が訪れた。全員、協力して難しい問題に取り組む価値を十分に理解しており、人情に流されるべきではないと分かってはいた。早期退職制度を用意したものの、キャスティンには気の毒な状況になってしまったことに申し訳なさも感じていた。しかし、事業が成功する基準はキャスティンの能力と整合しなかった。その結果、キャスティンに銃口を向けるようなことになってしまったのだった。ミッチェルはチームが客観的に毅然と意思決定したことに驚いた。困難な意思決定を行うレベルは、ミッチェルの経験値をはるかに超えていた。

さらなる意思決定へ

難しい判断はまだ終わっていない。キャスティンではないとしたら誰がこの新しい事業部をひっぱるべきなのか。第二に、農業化学薬品事業とバイオテック事業の統合後のトップは誰か、誰が新しい営業部隊の責任者になるべきか。ミッチェルはチームがこれらの課題に対応できると確信し、進めるように要請した。

チームはまず動物飼料事業部長の要件から検討し始めた。その結果、リック・ベントレーが良いという意見にまとまってきた。しかし、当人は「ありがとう。でも、新製品を扱う事業は僕には自殺行為だ。成功するうえで不可欠な周囲の協力を得られたためしがない。この仕事を引き受けるのは死刑の宣告と一緒だよ」と断った。

「どうしたらよいと思う?」とボイヤーが尋ねた。「たとえば、新製品で成功するためには、予算、人員、設備の点では何が必要なんだろう?」。ベントレーは自分の意見を述べ、他のメンバーも意見を述べ合い、次第にこの新しい事業部の成功要件について共通認識が築かれていった。結局、ベントレーは要件が整う条件でポジションを引き受けることになった。

ベントレーが引き受けたことで、チームは昼食後、次に取りかかることができた。話しあいは熱を帯びてきた。たとえば、現場の立場では、今と同等の営業力を確保できなければ、営業の主導権を新しい営業部門に渡せないという。同じようにして、二事業部統合後のトップを誰にするかも話しあわれた。いずれも困難な人事だったが、自分たちの不安に負けることなく、各役割の要件に照らして人選した。

その結果、チームは統合する事業部の責任者にボイヤーを、営業のトップにフレデリック・エントーヴンを選んだ。それぞれの事業部から営業担当者が集められ、エントーヴンの下に入ることになる。営業担当者たちが新しい営業部隊に入ろうと個別に動き出すのをどう牽制するかも話しあった。エントーヴンは、混乱を避けるために今のうちに選抜方法を決めて欲しいと要請し、チームはそれを了承した。侃々諤々の議論の末、選抜プロジェクトを結成することで合意された。このような大規模な組織再編では様々な問題や機会が生まれるので、実行前に現場のマネジャーに選抜方法を伝えるのは重要だった。

翌日の議題を決めて終了した後、みんなは夕食を楽しんだ。明日の議題には協働の推進と報奨制度の連動や、責任共有のリーダーシップを全社展開する方法の検討が入っていた。ロバーツとミッチェルによると、取締役会は責任共有の新しいやり方に懐疑的だった。

夕食後、キャスティンはチャドウィックを隅にひっぱっていき、明日、自分は出席しない方がいいのではないかと尋ねた。「もはやどの内容も自分には関係ないし、僕は役に立たないよ」。しかし、チャドウィックはキャスティンに参加するように勇気づけた。「これまであなたは大切な仲間だった。今度は、より全社的な視点からあなたの知恵を活用するよい機会になると思うわ。あなたは完璧な観察者としてこのチームを援助できるのだもの」。それを聞いてキャスティンは同意した。翌日彼が会議の場に入ると自然と拍手がわき起こり、キャスティンは歓迎された。彼は活発で洞察豊かな参加者として大いに貢献した。

熟慮株式会社〝協働法人〟（協働のチーム）

午前のセッションは、責任共有による仕事の進め方と報奨制度を連動させることから始めた。運営会議のメンバーは以前、協働することへのコミットメントについて話し合い、協働する必要性をまとめて〝熟慮株式会社〟という言葉をつくっていた。現行の報奨制度では各担当部門の業績結果で賞与はほぼ決まっていたため、人事のチャドウィックは各役員の賞与を会社全体の業績で決める制度を提案した。役員が各担当分野の業績で競う現行の状態から大きな変更を求めたのだ。「これは、ファーマコが責任共有のマネジメントに取り組んでいる証になります。」と、フィッシャーが言った。他のメンバーからも同意の声があがった。チャドウィックが詳細を詰め、次回の運営会議でそれを検討し決めることになった。

参画範囲を拡大する

チームはこの社外会議での多くの決定について振り返り、その全てを暫定的な意思決定とし、社内の部課長一二五名の反応を待つことにした。中間管理職は、よい計画づくりや、実施の途上で考えられる障害を乗り越える方法をよく知っているとチームが考えたからだった。これまでも部課長クラスとの会議は行われていたが、ほとんどは一方通行的な連絡であった。

たとえば、新製品の発売、事業状況報告などだ。運営会議のメンバーは、中堅の管理職たちが戦略的、組織的変革を受け入れるかどうか心配だった。運営会議がさらし者にならないだろうか？　チームはこれまでと同様に話しあいによって運営会議から二名選び、部課長たちに展開する二日間のオフサイト会議の計画づくりを任せることにした。この会議の目的は最終決定する前にマネジャーたちに意見を求め、パートナーシップを感じさせることにあった。

取締役会にも配慮しなければならなかった。取締役会は、会社の成長率が下がっているのにCEOのロバーツが経営管理（手綱）を弱めていると懸念し、ミッチェルとロバーツに新しい方法をよく吟味して次の取締役会までに報告書を提出するように要請していた。そこで、取締役会向けに責任共有のリーダーシップとは何か、また具体的にどのように会社を経営していくかを説明する〝卓越のためのマネジメント〟という資料を作成し、会議を終了したのだった。

ファーマコの問題

ファーマコの運営会議は、合意によって困難な判断を下しながら、真のチームとして機能を向上していった。これまでであったら、こういった問題では身勝手な自己宣伝が見受けられたはずだ。組織再編と担当業務の変更によって自然と人の権限や立場が変化し、新しい役割についた人の意識を変えていった。駆け引きや独善的な態度は消えていた。

早期退職制度に助けられたものの、この制度があったから全社的な意思決定ができたわけではない。チームは、組織に必要なことと個人の要請のバランスを取ることができるようになっていたのである。責任共有のリーダーシップによって、運営会議の新しい協働関係が始まった。以下のようなやり方ができるようになっていった。

- 組織のビジョンに対する本気の取り組み。責任を共有しファーマコの成長に向けて全てが決められた。
- 相互影響の深さ。テッド・キャスティンの強みや改善点についてメンバーと彼は率直なやり取りができた。また、リック・ベントレーが新しい役割を引き受けるに当たっての条件を明確化できた。
- 対立を乗り越える経験をすることで、メンバーは業務や役割における相違に向き合い、個人的な関係を損なう恐れなく率直に仕事上の問題に対応できた。

チームは、居心地の良い雰囲気よりも意思決定の質を重んじ、キャスティンに言いにくいことも言った。前回、ミッチェルやロバーツ、フィッシャーとの間で人間関係上の問題の解決ができたためにチームは成長しており、誰がチームに、つまり会社に残るのかといった微妙な問題においても責任を共有し、決定できるようになっていた。判断を下すごとにさらに率直で真摯な話しあいが可能となり、メンバーは困難な問題に効果的に取り組めるようになった。

運営会議が重要な問題に取り組むにつれ、メンバーは経営的な業務関連の技能も磨いていった。ロバーツは協働のマネジメントに対して積極的とは言えなかったが、部下たちが経営面にも踏み込み、責任を共有する態度に喜んでいた。起業家は自分の〝子供〟が適切に育てられるかどうかを心配して抱え込む人が多い。しかし、ロバーツは、自分が創業した会社の起業家精神が官僚的な状態へと堕落しないことを確信できたのだった。

チームは、困難な経営上の判断を下しながら相互影響の能力を高め、率直な発言を交わせるようになっていた。責任を共有して具体的なビジョンに合意し、影響を及ぼしあい、厳しくかつ支援的な助言を与え合っていた。これは一見簡単なようだが、実は非常に難しいことなのである。

ファーマコを超えて：集団発達における上級ステージ

大きな対立をいくつか乗り越えると、チームの雰囲気が変化していく。突然、メンバー一人ひとりがチームの中に自分の居場所を発見する。話しあいは熱が入っても脇道に逸れず、個人的な中傷は見られない。議題や意見によって新しい小集団ができるが、討議が進んでは組み替えがおき、合意形成を妨げはしない。各メンバーは信頼しあっている。ミーティングは生産的な仕事の場となり、全般的に互いの関わり方を楽しんでいる。

では、彼らは涅槃の境地に達したのか？　集団発達の第四段階に到達すれば、職場は大幅に改善されるものの、第五段階ほどではない。リーダーはそこに甘んじることなく、チームを新しい段階へと押し上げなければならない。

第四段階で解決されるべき課題

第四段階は、責任共有のリーダーシップの点でまだ不十分である。

- **妥協する傾向**　メンバーは重要な問題を検討するが、上司が意見を強く持っていたり、担当者が思い入れを持つ場合は妥協する。思い入れがあるなら、任せた方が安全だというわけだ。
- **合意だけが唯一の方法だと思い込む**　一度合意による意思決定を味わうと、これが問題への唯一の対応方法だと思う傾向がある。そうすると、些細な判断でも時間をかけ、しかも頻繁に行うようになる。他の意思決定方法が〝古いやり方〟への退行だと勘違いしているのだ。しかしながら、単独型、相談型、委任型の意思決定も、それぞれ必要な場合がある。合意が不必要な場合は、誰かが代わりに判断を下せるように、チームはどこでどの方法を意思決定するのかを決めておけばよい。
- **チームの平和をかき乱すような大きな問題は避けられる**　対決の段階で分断された経験があると、チームは良い雰囲気を失うことを恐れる。重要な課題でも、チームを揺るがす変化は避けられ、凡庸な集団へと後退してしまう。変化の可能性があるときは、みんなが面倒な問題を〝避けられる〟ようにしてしまう。それでも、取り組むべき課題はたくさんあるので、忙しく見える。
- **二流の仕事ぶりを許容する**　個人的な好意やこれまでの経緯、または慣れから、チームが切磋琢磨する手をゆるめることがある。「それがポールのやり方さ」などと言って、他のメンバーが尻ぬぐいしなければならないような仕事ぶりを許容する。責任共有のリーダーシップでは達成基準は高く、揺るがない。極めて高い成果が目標でなければ、この厳しいリーダーシップに取り組む必要などない。ときには、これまで貢献してきたメンバーに対しても、新しい状況で成果をあげるために、この会社から出ていくことも含めて、最善を求める勇気が必要だ。

- **真の協働が欠けている**　メンバーは互いにまだ遠慮している。各自のやり方や自由度を許すぎるため、手助けが必要な時にもメンバーの仕事に介入しようとしない。「各自が自立した存在だ」という言い訳は要注意だ。

従来型のチームが第四段階を突破し、さらに協働と創造性を全面的に発揮する第五段階に至るのは非常に希だ。英雄志向は個人主義的な仕事の仕方を強化するため、協働を求めたとしても独立独歩が歓迎される。そういった風土では、支援の依頼は能力のなさを認めるサインと思われている。

第四段階から第五段階への移行

完全な責任共有があるところ、組織全体の目標達成にむけた献身が見られる。メンバー全員がリーダーと部門の運営を共有し、重要な問題の意思決定を合意によって行う。パワーアップされた組織では、メンバーが重要な仕事をやり遂げることに集中している。固定的な役割から自由になり、メンバーは全力で貢献し、自分で可能だと思う以上のことが成し遂げられる。必要に応じて補い合い、成長を支援し合う。各自の弱みを補い合うことで強くなるのではなく、強みの相乗効果によってエネルギーが刺激され、より強くなるのだ。この実現のためには、リーダーの仕事だとこれまで思われていた問題において、意思決定を共に行うことが求められる。鉄道会社のバーリントン・ノーザンの共同一貫輸送チームがリーダーを賞賛して言った言葉がある。「私はビル・グリーンウッドのために働いたのではない。彼と共に働いたのだ」(注1)。

第四段階から第五段階への移行の主軸は、戦略的で重要な業務をどれだけチームで取り組み、意思決定できるかどうかにかかっている。チームは相互依存の状態にあり、対応が難しいものばかりである。また、以下が含まれることが多い。

- 予算、人員の削減、経費など、わずかな資源を配分する
- 従業員のキャリア開発計画や個人目標に加え、チームの年間業績目標を設定する
- 製品計画で戦略的な転換を決定する
- 業務プロセスの刷新、迅速な試作品開発、サイクルタイムの縮減など新しい仕事の進め方に取り組む
- 従業員一人ひとりに、よい結果を出せたこと・出せなかったこと、改善すべきこと、他者への影響力発揮の状態を含め、業績をフィードバックする
- 採用の判断を下す
- チームメンバーの構成を変える
- メンバーには賞与または昇給の配分を行う

これらに取り組むにはチームの成熟度が必要だが、取り組めばチームの成熟が進む。そして、チームでメンバーの能力開発に取り組むようになれば、上司は個人面談に頼る必要がなくなる。とはいえ、賞与やメンバーの変更など議論が紛糾しそうなものは、チームがある程度成熟するまで控えた方が望ましいだろう。

第四段階と第五段階の最大の相違は、メンバー同士の人間関係や互いの仕事ぶりに対する責任の持ち方にある。第五段階では、不適切な言動への忍耐や仕事外のつきあいを超えて、相手の成功と成長のために心底から純粋かつ真剣に働きかける。

注意事項

素晴らしい仕事を共に達成することで築かれた信頼関係は、一番強い。友人同士だからといって、高い業績があげられるわけではない。また、高業績チームでは仕事上の高い能力のゆえに良く見えるため、仲良くなる傾向がある。

信頼関係には、対立を乗り越えさせる力がある。信頼関係があれば、抵抗しながらも協力姿勢を維持できる(注2)。強力な個人的な支援があれば、人は自分の改善点を進んで認め、個人的なニーズや困難を語ることができる。仕事に支障が発生したときでも、信頼関係があれば誰でも率直に疑問を表明できるので、チームは十分に問題を検討できるのである。

このように、第五段階にあるチームは、互いの能力開発についても責任を共有する。メンバーは支援し合うと同時に問題があれば正面から指摘しあい、個人でもチーム全体でも高い成果を求め、達成に向けて支え合う。これこそが、完全な協働状態である。

第五段階の到達が最終目標ではない。チームは、全員が全体の成功のために全力を発揮し完全に責任を共有するこの段階に、永遠に止まれるわけではない。メンバーが長期にわたってチームの一員として完璧に機能していたとしても、後退したり、別のやり方に関心を向けたり、苦労して手に入れた現状を揺るがす新しい戦略上の危機が常に訪れる。外の世界は新しい挑戦を必ず突きつけてくるので、チームが競争力を維持するために新しい困難を創り出す必要はない。現状維持のために躍起になる必要はないが、チームが成長を止め最大の力を発揮しなくなった兆しが出ていないか、チームとリーダーは常に注意していなければならない。

ファーマコの事例：パート五

社内で変革を広める　パワーアップの状態へ

ミドルマネジャーたちの社外会議が始まった。まずボブ・ミッチェルが新しい戦略の方向性と組織再編について説明し、運営会議と集まったミドルマネジャーの役割を紹介した。そして、これまでは多くの意思決定が上層部にあげられていたが、自分たちは問題について最もよく知っている人たちのいるところで判断を下したいこと、運営会議は戦略的な方向性や指標を定めるものの、現場を最もよく知っているのは皆さんなのだから、実行する責任は皆さんにも担って欲しいと語った。そして、この新しい運営方法を始めるに当たり、この方法に対する意見を聞かせてほしい、と結んだ。

その後、部課長たちは部門が混合するようにグループに分けられ、そこに運営会議のメンバーが一人ずつ入った。午前の残りの時間では新しい戦略の要点について話し合った。各グループはまず運営会議のメンバーに新しい目標と優先順位について質問し、そこから自分たちが知りたい部分を掘り下げて検討していった。昼食後、運営会議のメンバーが外れて部課長だけにしたところで、ミッチェルが新しい戦略に対する意見を求めた。「この運営方法では私たちはパートナーです。ですから、何か見落としていないか、教えていただきたいのです。私たちがやろうとしていることが分かってきたと思いますので、意見を聞かせてください。この方法を推進するには何をすべきでしょうか？　障害は何でしょう？」小さなことから根本的なものまで様々な意見が出され、その日は終了した。寄せられた質問に素早く応えるため、運営会議メンバーは夜中まで話しあい、提案一つひとつに回答をまとめた。

翌朝、ミッチェルは運営会議の回答を説明した。何を変革するのか、何を再検討するのか、何を変えないのか、その理由は何か、簡潔で明確に話した。「私たちは、実践は難しいのではないかという皆さんの懸念には同感ですが、マトリックス組織は予定通り導入します」。これで、これまでの曖昧な運営会議とは全く違い、本当に変革が進んでいることが伝わった。運営会議の決定に賛同していなかった人たちも、このきっぱりとした姿勢を歓迎した。部課長たちは、初めて自分たちが全社の戦略的な方向性に関与していることを感じ取っていた。ミッチェルはこの発表の後、大きな拍手を浴びたのだった。後日、参加者の一人が言った。「驚きでした。本当に参画していることを皆が感じ、興奮していたので、会場全体に高揚感が漂っていました」。

その日残りの時間は、部署ごとに集まり、部門の優先事項、活動や部門運営で新しい全社の方針をどう実践していくかを検討することになった。運営会議が求める新しい価値観にどの程度かなっているか、何を変えるべきかなどが話しあわれた。

全員の参画

幹部チームの三回目の社外会議から数週後、次の取締役会が予定されていた。ロバーツとミッチェルは、決定事項と計画をきっちりとまとめて説明した。困難な問題が対応され、組織再編と人員配置の計画は詰められており、ミッチェルがこれまでと異なり堂々としていたため、取締役会は驚いた。取締役会は新しいマトリックス組織が意思決定を遅らせるのではないか、責任共有のリーダーシップがこの会社に適しているのか、責任共有は本当に実現可能なのか、新しい事業部や新しく設定された役割は機能するのかに、懸念を示した。中には「本当にロバーツ氏が支配をやめるのだろうか？」とささやく者もいた。

ＣＥＯとＣＯＯは代わるがわる詳細を説明し、質問に答え、懸念に対応した。疑問を持った者も最後には承認した。これで全ての問題が客観的にまた徹底的に話しあわれ、数階層にわたる管理職層の支援を獲得できたことになる。

ファーマコは長い道のりを進んできた。運営会議は効果的に機能しており、主要な問題で意思決定を行い、取締役会は変革を承認し、リーダーシップの考え方が変わっていった。しかし、組織はきわめて複雑なシステムで動くため、ある部分の変革によって他の部分を変えざるを得ない事態も生まれ得る。運営会議は、これからも困難な意思決定に取り組まねばならないだろう。責任共有のリーダーシップがシステムとして、まさに動き始めたばかりであった。

人員の削減と配置変更

組織再編成の後、新しい組織構成では人員が余剰なことが分かってきた。また不適正な人員配置の部署の存在もはっきりしてきた。それらに対し、運営会議チームは全体として一〇%の人員削減を目標として設定したうえで、削減割合は各部門のニーズに即して決められるよう幅をもたせた。また、重複した部署の閉鎖などであふれた人たちのために、他の部署や仕事への適性を評定することにした。ここまでのところ、運営会議のメンバーは非常に効果的に協働してこれたので、さらにこれら困難な意思決定を的確に行うため、社内でも戦略検討会議のやり方で進めることにした。

それぞれ必要な削減人数より多めの削減案を用意することになった。一日目、チームは各部門の削減案を並べ、全般的な話しあいに入った。チームはどの部署や部門でどの程度余剰かについて真剣に話しあい、困難な判断を下していった。

二日目は、人事について話しあった。組織再編とコスト削減によって役割が変更されていたからだ。ミッチェルとロバーツはファーマコ株の取引に関してニューヨークに出かけるため参加できなかった。彼らはチームに、自分たちが不在でも意思決定し、前進するように言って発った。「君たちこそが社員を知っており、何をすべきかを知っている。君たちの決定であれば我々は合意できる」。

この会議は人事担当役員のチャドウィックが進めた。具体的な配置案の作成にあたっては、自部門を優先する傾向が出てこないように三名ほどの小グループに分かれ、まず課長レベルの配置案をつくった。案ができた後、メンバーを入れ替えて新たな意見に耳を傾け、決定していった。自部門を優先する意見があまり出なかったが、出た時は他のメンバーが反対し、議論になった。

話しあいが適材適所の本筋から逸れないように、メンバーの一人を〝話しあい方の観察役〟として半日観察させ、会議の終わりに討議の進め方について観察役の人を司会に振り返った。この方法によって、メンバーは全社的視点をしっかりと意識することができた。また、観察役を持ち回りで担当したため、チーム全体でさらに全社意識が高まり、当事者意識を強めたようだった。振り返りでは、人選に見落としのあったものも見つけられ、変更が加えられた。

ミッチェルとロバーツはどんな判断でも受け入れると言ったが、チームは何度か電話で確認せずにはいられなかった。それでも自分たちの判断は変えなかった。

中間管理職向け社外会議のフォローアップ

新しい人員の配置を終え、協働的なリーダーシップによってファーマコは大きく前進した。とはいえ、幹部がより良いチームになったから、組織全体が自動的に変わるわけではない。一二五名の部課長向け社外会議のフォローアップ会合が数ヶ月後、実施された。この会合の目的は、自部門優先の意識をなくし、互いに他部門を視野に入れて協力しあうことにあった。まず各部門は社内の他部門と相互依存の関係にあることを確認しあった。各部門の代表が自部門での問題や必要な支援、その代わりに自分たちができる貢献について説明した。コンサルタントのターナーは、「影響力の法則」から「価値の交換」と「レシプロシティの原則」について短い講義を行い、ウィン・ウィンの交換によって他部門の命令できない相手に影響を及ぼす方法を解説した(注3)。この会合では、より効果的な協業をするために「価値の交換」を意識して他部門と交渉することが求められた。運営会議チームは、戦略上の指標を基準にしている限りCEOや社長の承認は不要、運営会議の賛成も必要ないと宣言した。その日の残りの時間、各部門部署は特使を他の部門部署に送り、新しい協業のやり方、すなわち「価値の交換」を用いて双方に利益があるように交渉した。合意されたことは公表され、実行が約束された。

一二五名の中間管理職は、この場で学んだことを自然な形で練習する機会を得たのだ。そして、現場に戻っても新しいリーダーシップを取り入れるよう推奨された。これによって、以前実施された責任共有のリーダーシップ研修で彼らが学んだことがより浸透していった。責任共有は社内の哲学となり活動そのものとなり、ついに組織全体に広まったのである。

ミッチェルとロバーツ、後継問題に取り組む

組織再編と一〇％の人員削減が実行されると、チームは運営会議のメンバーが多すぎることに気がついた。ＣＥＯとＣＯＯの両方は不要だったのだ。ロバーツは取締役会の会長となり、ミッチェルがＣＥＯの役割を執るべきだった。運営会議のメンバーは自分たちだけでこの件を話しあい、次いでミッチェルと話しあうことにした。

ロバーツが欠席したある運営会議の席で、チームはミッチェルにＣＥＯとの関係について問い始めた。チームはミッチェルがＣＥＯになりたいと思っていること、そしてチームが成長し続ける意欲を持っていることを、もっとはっきりロバーツに言うように求めた。チームメンバーは、自分たち自身も経費を削減・縮小して全社の模範にならなければと強く感じていた。ミッチェルは、自分が自己顕示的だと思われたくなかったので、ロバーツに要請するのをためらっていた。しかしチームは、これは会社のためだからと強く求めた。

そこで、ミッチェルは〝ロバーツが会社でやりたいことを確認する〟名目で会うことに同意した。これでＣＥＯの交代を計画し、交渉する第一歩が踏み出されたのである。その準備として、ミッチェルはロバーツにやりたいことを書き出すよう頼んだところ、慈善活動や個人的な時間のために勤務を週三日に減らしたいという。彼は以下の四つを書き出した。

1　**ファーマコの旗を振る**　ファーマコの取締役会会長の立場を活用し、他社の役員や顧客のリーダーたちに働きかけること。

2　**行政関係機関との交渉**　会社に影響を及ぼす規制関係に対応するため、少人数のメンバーと共に活動する。

3　**戦略についての検討**　運営会議の主たるメンバーらとプロジェクトを発足させ、そのリーダーとなって新規の機会を模索すること。

4　**事業開発**　現行の営業部隊の範囲外の新しい可能性を探索すること。

ロバーツはこの条件に加え、会社の財務管理から手を離せるようにCFOをミッチェルの部下にすることでCEO退任に同意した。ロバーツは今や、ミッチェルが財務上の健全性を維持できると確信していたのだった。

ミッチェルは、ロバーツの計画とロバーツが引き続き関与することを喜び、CEO就任へのためらいが減ったのだった。取締役会はミッチェルの申し出を承認し、ロバーツに会長になるよう要請した。ロバーツは同意し、六ヶ月後ミッチェルは晴れてCEOに就任した。

結　果

「運営会議は八五点といったところです」と、社外会議の二―三ヶ月後チャドウィックはそう答えた。「仕事は非常に協働的だし、主要な問題、特に組織再編では合意によって決定を下してきました。タイミングは外さず、ほとんどの決定で質は高いと思います。急ぎすぎや再検討することもありますが、建設的に取り組めています」。

あるメンバーもこう述べた。「この五ヶ月間、運営会議は戦略を早く遂行するため、役割を固定させずに流動的なプロジェクトで取り組んできました。その結果、メンバーの個人的な考え方にも変化が起きています。今や自分の担当領域だけではなく、より大きな全社的な目標のもとに結束しています」。

他には、「意思決定の仕方については、もう少し学ぶ必要があると思います。特に合意で判断を下す場合と、さほど重大ではない場合との区別です。優先順位を考え、全員で取り組むものと手早く決めて良いものを見極めなければなりません」。

「ミッチェルさんは自分の見解をよりいっそう率直に話すようになっています。ロバーツさんや他の反応をうかがうところは減ってきました」。

「部課長たちも、全社的な戦略により沿った動きをしています。あらゆる問題を上にあげる必要のないことを学べたようです。進んで部門を超え、互いに直接にやり取りしています」。

会社の利益は急成長して株価も上昇し始め、ウォール街もファーマコが協働状態にあることに注目するようになっていた。

ファーマコの問題とその解決

多くの組織では、リーダーが英雄志向のリーダーシップによって責任を過剰に引き受け、その結果メンバーは無責任になりすぎている。幹部チームと現場の部門の双方で同様のサイクルが動いている。幹部たちが全て正しく決定し、適切に調整し管理するように過度に責任を背負ってしまうと、中間層は自分たちの利害のみを追求する。その様子を知った幹部たちは調整の必要性をいっそう感じ、全て自分たちが判断しなければならないと思ってしまうのである。さらに、中間層は困難な問題は上位に預けることになり、現場から遠い、問題に詳しくない人たちで意思決定がされるという事態が生ずる。

ファーマコの事例は、こういった行動パターンに陥った組織がどのように変革されていったかが描かれている。ロバーツとミッチェルの交代、彼らトップと運営会議メンバーの間の主導権の移行のように、部課長たちの二回のオフサイト会議によって、階層間で主導権の移行が起きた。強力な戦略ビジョンが共有化されていたので、中間管理職層から方向性や実行策に関してより多くの意見や指摘が得られた。彼らはパートナーとして扱われ、全社的な視点を要請された。業務と同様に、経営管理においても階層を超えて相互影響が築かれていった。部課長たちは、運営会議チームのように会社全体の経営で協働したわけではなかったが、管理の責任を与えられ、互いの仕事間の調整を任された。長期間にわたる受け身的な姿勢と対立は破られ、主体性が増していった。

これら変化の全てによって中間管理職は本物のリーダーに変身し、必要な調整や管理を放棄せずにより自由に活動するようになったのだ。上層部が頻繁に介入する必要がなくなり、中間層の責任感が強化されていった。責任共有のリーダーシップが組織全体に浸透していったのである。

リーダーとしての役割を保つ

この本の始めの章で、これまでの責任や管理を手放すと、自分たちの役割がなくなるのでないかという英雄志向のリーダーが抱く懸念を指摘した。ファーマコでの出来事から、この懸念は無用であることが分かる。ミッチェルにはすべきことが山ほどあった。新しい能力を身につけ責任共有の状態を築き保つ、という厳しい仕事である。彼は戦略的に変革に取り組み始めた。上司から新しい行動を引き出し、部下たちにもっと責任を担うように働きかけ、チームの成長を見守り、チームに約束したことを実行し、上司の上司（取締役会）の承認を得られるようにチームを支援し、部下たちに方向性を示し、リーダーシップの模範となり、チームが責任を共有するように働きかけてきた。

責任共有のリーダーシップは、リーダーを事業から遠ざけるわけではない。役割の果たし方を根本的に変えるのである。この方法の浸透には終わりがない。メンバーが責任感をより大きな範囲に対して持つと、リーダーは長期的な戦略や実行、整合づけ、刷新のためにより多くの時間とエネルギーを使えるようになる。

達成された協働状態

ファーマコでの実践例は、従来のリーダーシップに問題を感じているあらゆる組織やマネジャーを勇気づけるだろう。世の中が変わったのだ。競争の条件が変わってきたのだから、リーダーシップのあり方も変わるべきなのだ。今や旧来のやり方が通用する組織はほとんど存在しない。

ファーマコは新しいリーダーシップのやり方を一年未満で全社に展開した。必要性を感じ決意すれば変革は早く進む。しかしながら、トップ直下のマネジャーたちに主体性を発揮する機会を幅広く提供したときは、歓迎と同時に抵抗もあった。機会をつくるだけでは不十分なのだ。メンバーのやる気を高めるなど、**リーダーシップ**が求められる。リーダーシップとは上司が部下をかりたてることではないし、部下からも発揮する必要がある。ビジョンをめざし、チームとして力をつけ、同僚に影響を及ぼし、上司を支援するのである。責任共有のリーダーシップは組織の全階層で中核となり、あらゆる場に広められる。ファーマコでは、責任共有の体制への強い要請が中間層からすでにあがっていた。会社としてその体制を取り入れることになった後でも、組織全体に広めるためにしなければならないことがあった。

どの階層のどの人でも責任共有のリーダーシップを発揮できる。部下から協力を取りつけ、そして上司、同僚へと広げる。組織全体でも、教育訓練やプログラムによって責任を共有できる。新しいこのやり方は、二つの火花から起きる。より良い状態になりたいという願いと欲求と行動する勇気、である。

【注】

1　Jon R. Katzenbach and Douglas K.Smith, *The Wisdom of Teams* (Boston : Harvard Business School Press, 1993), p.39.

2　著者の我々は過去の共著において、文のスタイルや考え方について議論してきた。デビッド・ブラッドフォードはアイデアの拡大と全体の構成能力が素晴らしいが、アラン・コーエンには編集作業が懸念された。一方、アラン・コーエンの文章は流麗だが長文で、デビッドの見方では、文章にパンチを効かせにくく、再構成がしにくい面がうかがわれた。著者としての誇りや発案者としてのプライドはかなり強く、二人とも譲らず、関係に亀裂が入り始めた。しかし、パートナーシップなくして効果的な結果は出せないという点で両者は一致していたので、話し合い、意見を出し合った結果、デビッドが全体像をおおまかに描き、アランが文章を案として書き、デビッドから新しいアイデアや構成の変更が出るたびに修正することに合意した。これによって、各自の強みを活かし、苦手な部分を補うことで、個人的なスタイルや好みを乗り越えることができた。同時に、両者の信頼関係がいっそう深まり、不愉快なことでも率直なフィードバックを与え合い、本を書く仕事を楽しんで取り組むことができた。

3　David L.Bradford and Allan R.Cohen, *Influence Without Authority* (New York:John Wiley&Sons,1989). 邦訳『影響力の法則－現代企業が生き抜くバイブル』（髙嶋成豪・髙嶋薫訳　税務経理協会　２００８年）に、カレンシーの交換とレシプロシティの原則について詳しい説明がある。

終章

責任共有のリーダーシップ体制を築くのは、容易でもあるし、困難でもある。リーダーシップの発想を転換し、仲間とチームで取り組めば、卓越した成果が待っている。もちろん、言うほど簡単ではないのは確かだ。

私たちが提案したのは、日常業務としては手間のかかるやり方である。責任を共有するには勇気と技能が欠かせない。そして、ビジョンの実現にコミットし、チームを信頼し、率直に見解を述べあい、身構えずに他者の率直な意見に応え、対立を促し、かつ解消するように勇気づけること。これらは、責任共有する発想が完全に浸透していれば困難ではない。ただ、自己開示的で正直、かつ協力的なリーダーとなるには強靱さが要る。そのために勇気と技能が不可欠なのである。

勇気は他の場面でも必要となる。私たちが仕事を一緒にしたことのあるマネジャーは、しばしばこのように言っていた。「責任共有のリーダーシップは素晴らしい。私にぴったりです。しかし、上司がこのやり方を許容し、その他の条件が整わなければ始められません」。この本を通して、リーダーシップはあらゆる方向に発揮できると言い続けてきた。下に対して発揮するものという見方は狭すぎる。誰もが、上下左右を問わず、働きかけなければならないのである。

第4章と第8章では、英雄志向の上司のもとで責任共有する部門を築く方法について述べてきた。再度はっきり言おう。**英雄志向の組織に身を置いていても、責任を共有するのは可能なのである。**どの立場にいても、どの上司に対しても、変化を支援できる。上司が突然、英雄志向から責任共有に転換するのを待っていてはいけない。**あなたの手で、パワーアップできるのだ。**

では、どのように築くのか。責任共有のリーダーシップでは、自分の担当分野と同様に全体の成功に対する責任感が核となることを思い出して欲しい。つまり、あなた一人だけでもできるのだ。自分の態度を変えるのに許可は不要である。見過ごされている重要な問題を取りあげることはできるし、上司のやり方では問題が解決されないならばそれを補う方法を考え、どのような言動が効果的か意見を述べることもできる。必要であれば個別に知らせよう。上司や同僚がより効果的に目標達成に向かえるように支援しよう。彼らが何を必要としているのかを見つけ、それを提供すれば、あなた自身の価値が高まる。

リーダーシップの研究と実践で著名なジョン・ガートナーは、ある事例を紹介している。上位者に対して前向きかつ主体的にリーダーシップを発揮し、成果をあげた人の例だ。ガートナーがコモン・コーズという組織のトップだったころ、彼は理事会を切り盛りしなければならなかった。その理事会は大人数で、強い意見を持ち、率直な発言をいとわない市民活動家が多かった。その彼らと議題に沿って話しあい、合意に達するのは、しばしば非常に困難な仕事だったという。

マイケル・ウォルシュ（三〇歳代のサンディエゴの州立弁護士、テネッコという会社のCEO）は、最も若いメンバーであった。しかし、ガートナーの見るところ、彼が会議を成功に導く鍵を握っていた。以下はガートナーの述懐である。

「会議を開くうちに、私は、話しあいが進むように、マイク（マイケル）がずっと私を支援してくれていることに気づきました。彼は私同様、自分の見解を通すより、結果を出すことに懸命でした。理事会が行き詰まってしまったときは、マイクが支援的で非対決的な姿勢でこう言うのです。『我々は○○について検討しましたっけ?』そして、討議の焦点に的を当てた動きを提案します。意見が二つに割れて合意できないときは、双方が歩み寄れる妥協案を出そうとします。また、話しあいを終わらせる必要があるときは、『ここで我々が言いたいことは、…』とまとめる言い方で終結を誘うのです。

彼とこの点について話したことはないのですが、リーダーシップを発揮している素晴らしい例だと思います。私は彼と目標を共有化していましたから、彼の行動で自分のリーダーとしての立場を脅かされたとは全く感じませんでした。マイクの介入するタイミングは絶妙で、メンバーが動きたい時をつかんでいました。彼は最年少でしたが、彼のこういった行動を悪く言う人はいませんでした」。

ガートナーは、民主主義の体現を支援する組織のリーダーとして、英雄的なものの見方や行動をしなかった。典型的な英雄志向のリーダーであっても、効果的な会議を望んでいる点では同じなのだ。そのために、問題を事前に予想して根回ししたり、上位者の機嫌を取り、素晴らしい判断を下すことで、競争と変化の経済環境による厳しい要請に応えようとするわけだ。しかし、現代の組織においては、静かに安全確実に役割を果たし続けるだけでは成功できない。上司の目標達成に対して期待以上に貢献し、部門全体がより効果的に機能するように努力し、適切な形で言いにくいことを言い、人々から最大の能力を引き出せば、従来はキャリアにとって障害だと思われたことであっても必ずや上司から歓迎される。あなたの成長発展の推進力になるだろう。

責任共有のリーダーシップによって組織の変革を目指すとき、責任共有の相手が部下または上司のどちらであっても、あなたが信念を忘れず、経験から学び続け、パワーアップすることを、私たちは心より願っている。

別添A　パワートーク：支持的対決の実践ガイド

相互依存的な仕事では、業務上の問題や仕事の進め方の相違が浮き彫りになることがある。責任を共有してより良い成果をあげるためには、その相違に対してオープンになり、自分自身の考えや判断、行動を変える気構えが必要だ。責任共有のリーダーシップでは、白熱する議論を収め、人間関係上の対立を解消し、各自の能力を継続的に向上するために、従来の組織では見られないほど正直で率直な態度が重要になる。

「支持的対決」は、相手に影響を及ぼすことで対立を解消する、最強の話法（パワートーク）である。パワートークは、外交交渉のような手練手管や、表面が優しいだけの方法ではない。率直で強力だ。このガイドでは、この支持的対決の方法について説明する。この方法は、勝ち負けを争わない。相手から防衛姿勢や抵抗を引き出さずに異なる意見や懸念を表明しあうことによって、業務上の考え方や仕事の進め方などの相違に対応する方法である。

行動に焦点づける

相手が誰であれ、人の行動傾向に関する問題は最も困難で、しかも対立を生みやすい。スタイルや個人的な習慣の違いから、仕事の進め方に違いが生ずることは多いからだ。しかし、理由がどうあれ、相違点は時に仕事に支障を来す。たとえば、イェンは全体像に焦点をあてるが、ジョンは細部にこだわる。マイケルは問題自体に着目するが、ミッシェルはどう達成するかに関心を抱く。クリスは気さくだが、クリスティーンは野心家だ。スタイルは、そもそも優劣がつけられるものではない。相互依存的で複雑な状態の中で高い成果を挙げねばならないので、実際には、多様なスタイルが必要なのだ。取り組み方が一つだけでは、対応の幅が限定されてしまう。とはいえ、〝正しいやり方（つまり、自分のやり方）〟をしない同僚のせいで、仕事に集中できないと感じている人は少なくない。

では、対立によって業績が低迷しているとき、どうすれば、状況（相手との関係）を悪化させずに対応できるのだろうか？　相手に防衛や拒否、または報復をさせないで済む方法はあるのか？

仕事の仕方に対する批判は、人格否定や嫌悪と混同されやすく、対応が難しい。善意からの指摘でも、相手が先の二つを混同しやすい場合、見下された、拒否されたという感情を抱く可能性はある。

回避という問題

部下を持つ立場になればフィードバック方法を学んでいるだろう。しかし、実際場面で人間関係の問題を直接取り上げ、実践することは少ない（注1）。なぜなら、人は感情の爆発を恐れて本当の気持ちや信念を隠し、人間関係の問題を先送りしたいものだからだ。仄めかす程度のことは言うだろうが、あまりにも遠回しのゆえに問題の深刻さが伝わらない。その結果、問題は悪化してしまう。

問題行動が起きた時に素早く正面から対応しておかなければ、感情のもつれは大きくなり、当たり障りのない出来事ですら妨害と感じやすくなる。そして、その苛立ちから相手を侮辱したり相手に対する侮蔑の形をとったり、あるいは、相手には悪意がある、無能、人格が卑しいなどの根拠を考え出してしまう。行動を人格の問題にすると、相手は傷つき、将来、敵対的な関係になりやすい。

支援的対決

いやな問題には、どう対応するか。我慢するか、または爆発するか。これら二つは、対応方法の極と言える。どちらも協働にはならないうえ、責任共有に不可欠な影響力が減じてしまう。そこで、三つ目の方法をご紹介しよう。〝支持的対決〟である。自分が知っていることだけで強力なフィードバックを行い、相手の行動に変化をもたらす方法である。この方法が強力なのは、相手を防衛的にさせない言い方で問題を指摘し、相手の関心に結びつけて改善を要請できるからだ。

問題は、やり取りの中で各自が〝自分の領分を超えた〟ときに発生する。すなわち、自分の知り得る範囲（自分の気持ちや受けたインパクト）から踏み出て、分からない範囲（相手の動機や意図）に入り込んでしまうと、問題が生じるのだ。よく知らないことで相手に影響を及ぼすのは至難の業である。この方法は、甘い言葉や、厳しい意見を前向きな話の間に挟んで和らげるのとも異なっている。

支持的対決の概念を理解するために、まず、相手の不適切な言動を理由づけする一般的なステップを紹介しよう。人は、最初に相手の反応があったとき、何とかその原因をつかもうとする。そこで、相手がどういった人物なのかがまず頭に浮かぶ。このステップは〝原因帰属〟といわれる（注2）。人は、

図Ａ－１　他者言動の帰属

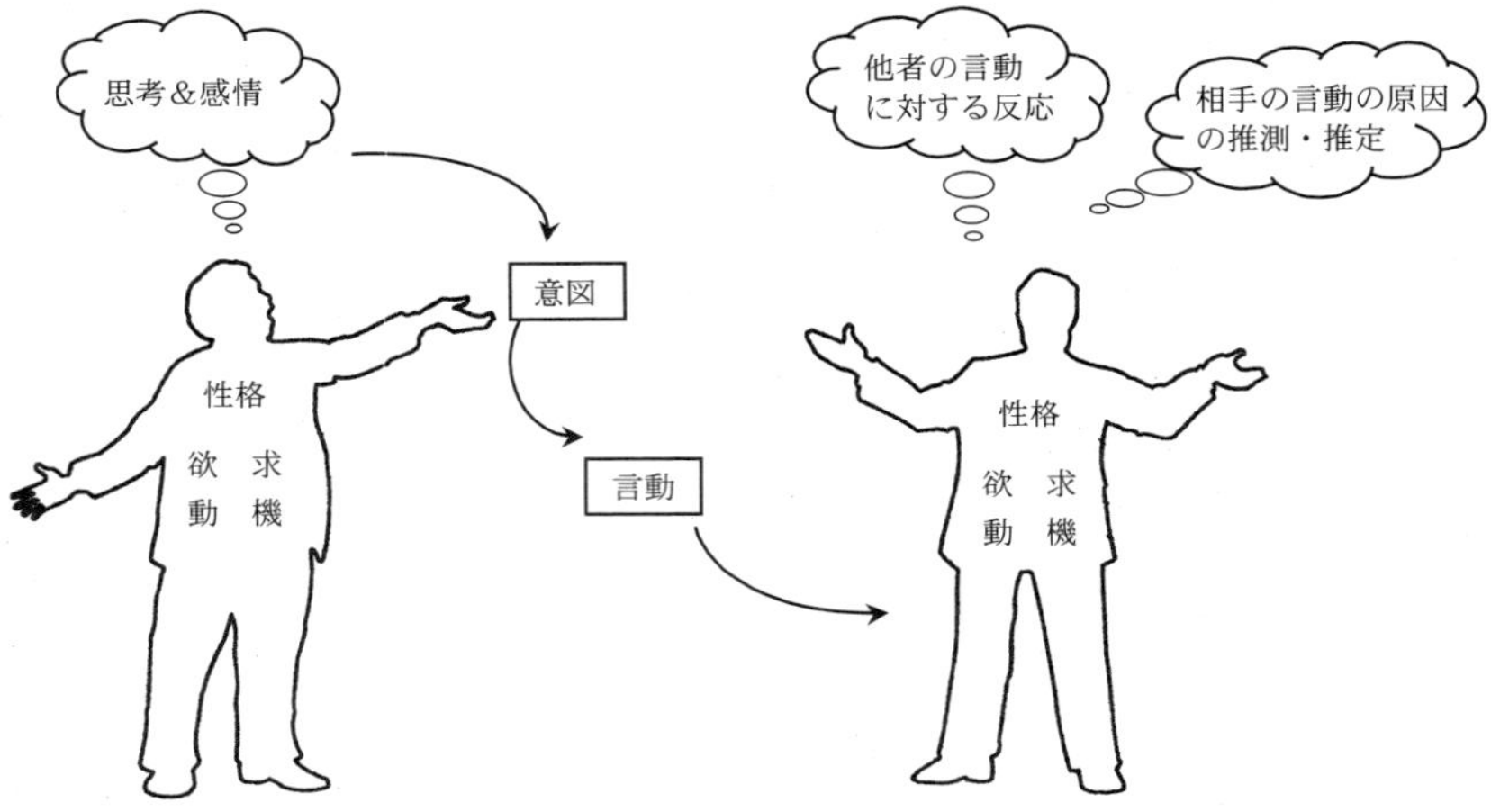

相手の動機や意図を理解するために、相手の行動を観察したり、自分の体験に基づいてその行動を解釈する。ここで難しいのは、他人の動機や意図は外から観察できないうえ、自分自身の体験は相手の動機や意図をつかむ手がかりとして妥当性を欠くことだ。観察し得るのは、相手の行動だけである。観察するとしても、観察側の欲求やものの見方がフィルターとなり、原因帰属をゆがませやすい（図Ａ－１）。

上司と部下の例を挙げよう。たとえば、上司のハルが広告案についてチームの会議を仕切っていたとする。部下のトニーとメグが、重要な新製品の販促策について言い合った。緊張感が高まるにつれ、ハルはこの言い合いが自分の手に負えなくなるのではないかと心配になってくる。落ち着かせなければ、と思う。そこで、メグが自案を強く主張し始めたところで割って入り、「この件は決着がつきそうもないね。後の議題があるので、会議後二人で話しあってくれないか」と言う。

これを聞いて、トニーとメグの両方ともハルの介入に反応するだろう。ここでは、メグの視点から、メンバーがどのように上司の言動を変えられるかを描いてみよう。メグから見ると、まさに議論の核心に至ろうという時にハルが割って入ったことになるので、彼女は苛立った。メグは、ハルがトニーをえこひいきしていると感じたが、抗議すれば何を言われるか分からないので、黙って我慢した、としよう。

ここには、異なった二つの現実がある。ハルの本音、感情と意図。もう一つはメグの反応とハルの発言に対する彼女の解釈、である。二人は自分自身についてはよく知っているが、相手の現実は知らない。相手の内面にある動機や意図を無視するのは自然である。加えて自分の感情がからむので、正確にとらえるのは難しい。

メグは沈黙しながら、もはや自分の知っている範囲（自分が見下されたと感じ、苛立ちを感じたこと）を超えて推察し始める。そして、ハルがトニーとの議論を止めた動機を考え出そうとする。『私を守ろうとしたの？　私は弱い人間に見えたのかしら。それとも、対立状態に関するハルさん自身の問題かしら。ハルさんは会議での対立をいつも止めるし』。そして、メグは疑念を抱く。『そうよ、きっとハルさんは強い女性には我慢ならないんだわ。トニーが勝つように私を黙らせたのね』。

メグは考えながら、自分の知っている領域（自分自身の反応：感情や考え）から、自分の知らない領域（ハルの動機の推測）へと踏み込んでいく。人には、観察した行動の意味を探そうとする基本的な傾向があるので、動機や意図に関心が向く。ただ、自分の推測を重視しすぎ、それが事実だと思ってしまうと問題が起こるのである。相手が抵抗しても強引に主張し、真実から遠ざかりやすいからだ。

メグの持っているハルに関する情報は不完全なため、当然、結論も不正確になりやすい。上司が女性を尊重しているか、またはその逆なのか、議論を止めた理由が、トニーが劣勢だからか、別の場でやり取りしてもらいたいと思ったのか。ハルは、メグが攻撃をかわせると思ったのか、トニーが不利になったときに感情を爆発させると思ったのか。みんなの前でトニーが面目を失わせないように、両者だけで決着つけて欲しいと思ったのか。または、年上の人間は、家族間、女性と男性などの争いで傷つけあわないように調整する、という文化の中で育ったのか。様々な可能性が考えられる。

メグがハルの動機と意図について問題の帰属と理由づけをしても、推察の域を出られない。メグは自分の領域から境界線を越えて、ハルの領域に入ってしまっているからだ。メグがハルの動機を知っていると思った瞬間、彼女の言うこと（考え、態度や声の調子も含めて）は全て、ハルの反発と防衛的な態度を引き出すだろう。これでは相手に影響を及ぼせない。メグは、ハルの言動から、ハルの内面を勝手に推測し言及している。内面は親しい人にしか明らかにしないものだ。彼女が自分の結論を言葉にしていたら、ハルは自分が先入観で決めつけられ、馬鹿にされたと思うだろう。誰も、自分を一方的に評価する人からはフィードバックを受け入れようとしないし、学ぶこともない。たとえ、丁寧な言葉で飾られていても、笑顔を浮かべていても駄目である。一方的な決めつけは相手に無視される。そして、役割に関する単なる見解の相違が、深刻な人間関係上の対立に発展してしまうのである。

こうした先入観による決めつけが、職場のフィードバックでも起こっている。

- 君の態度は浅ましい
- 君の望みは自分の帝国を築くことだ

• 相手を支配したい人間なんだ

これらは、相手の動機や意図についての推論である。観察された行動や結果は述べられていない。的外れな指摘を聞かされた受け手の方が防衛的になるのは、当然である。

支持的対決：四つのアプローチ

他者の行動に影響を及ぼす（また、こちらも影響を受ける）四つの方法を説明しよう。それぞれ限界と注意点がある。組み合わせて使うのが最も効果的だ。状況と本人のスタイルによって、使い方を選べばよい。自分にとって、どういった状況でどの方法を使うと効果的かは、試せば分かるだろう。

方法一：〝あなたの行動の結果はこれです〟

この方法は、最もシンプルで直接的である。あなたが望ましくないと思う行動の結果を相手に伝えるのである。たとえば、メグはハルに「私はあなたが議論を止めたとき、決めつけられ、支配されたような感じがしました」と言うことができる。メグは自分の現実、すなわち感じていることだけを述べている。彼女は、ハルが自分を決めつけていると断言せず、自分の気持ちを述べているだけなので、ハルは否定できない。気持ちについて、他人は口出しできないからだ。

ハルは、「決めつけるつもりじゃない。ただ、きちんと議論するために、対立せず、感情的になりすぎないように時間をおきたかったんだよ」と言うかもしれない。ハルの現実は、メグの現実を否定してはいない。また、ハルはこの発言では相手の意図を推測していない。両方が真実なのだ。互いに自分自身の身に起こっていることだけを話し、相手の意図を斟酌しない所に止めるのである。

これを実際に行動に移すのは簡単ではない。行動は外から観察することが可能だが、行動に焦点を当て続けるのは実は難しいのだ。先の例で言うと、ここでの行動は、〝先入観で決めつけた〟ではなく、〝話を遮った〟である。もちろん、〝先入観で決めつけた〟という解釈を生んだ行動を見つけるのに手間がかかることもある。解釈の材料になった言葉、声の調子、態度を振り返らなければならない。

ハルがメグの反応を気にしているのなら、一緒にこの問題を解決する土壌はある。ハルの意図を尋ね、それを理解すれば、メグはこの次に同じようなことがあっても、支配されたと感じなくて済むだろう。または、二人でどう修正するかを決めても良い。たとえば、メグは冷静に意図を述べ、ハルは話しあいを早い段階で遮らないなど、双方で合意するのだ。

この方法は、ハルが、メグの反応を受けて行動を変えようという気持ちがあるときに活用できる。しかし、ハルが防衛的になり、メグに「それは君の問題だ。私は関係ない」と言うような場合、またはメグを弱い人間とか神経過敏だとレッテルを貼るような状況では、別の方法が必要だ。

方法二〝あなたの行動は、明らかにねらいからはずれている〟

二番目の方法は、相手の行動が本人の利益になっていないことを示すものだ。人の行動には達成したい目標がおおむね存在するので、目標にそぐわない行動をとっていると分かると、フィードバックを真剣に聞く可能性が高い。

先の例では、ハルが、この言い争いを〝メグの問題〟であり、それを止めさせたいと思っている場合、メグは、ハルの行動がその目標に即しているかどうか、考えるとよいのだ。ハルに、「私たちに言い争いせずに各自の意見を出して欲しいと思っているようですが、私の方は、遮られて自分が強く持っている意見を言えず、悔しくて怒りが沸いてくるのです」などと言える。

ハルは、もちろん、メグが自分の現実に即したこの言い方に対して、「いや、君は悔しくない」と言うことはできない。だが「悔しいと感じるのはおかしいよ」という言い方はできる。これに対して、メグは「分かっています。自分だって嫌なのです。でも、良い判断をするためにはある程度、議論する必要があるのに、あなたがそれを阻んでいます（それで、いっそう感情が昂ぶってくるのです）。でも、それはあなたの望みではないと思います」と言える。こうすれば、メグも意図や動機を探るゲームにはまらずに済む。人は自分の目標を自然と口にしているものだ。

- 「私は、我々の基本的なビジネスを拡大するこのプログラムを実行したい」
- 「我々は、人々が参画し、権限を委譲されていると感じてもらいたい」
- 「私たちは、自社の最大の強みを示す展示を出すべきだ」

ハルは、日頃から「我々は、十分に情報を得て適切な見解を全て検討したうえで判断を下すべきだ」

といったことを言っているのかもしれない。人が目指すものはかなり共通する。話を聴いてほしい、影響を及ぼしたい、敬意を払われたい、などもよくある目標である。もちろん、何が目標か状況によって確認する必要はある。先の例で、メグの「それはあなたの望みではないと思います」という言葉は、ハルの目標を確認しているのである。確認すれば、異なっている場合は修正でき、相手は本当の目標を話してくれることが多い。

しかし、もしハルの目標を知らないときは、この二番目の方法を使えないのだろうか。それでも、ハルの立場に立って、メグが働きかけるのなら使える。否定的な動機の理由づけをせず、ハルにもっと質問すればよい（質問は、二番目の方法を開始する良い方法である）。「ハルさん、あなたがなぜ私の話を遮るのか分からないのです。私は困っています。なぜなのですか？」と尋ねるのだ。

ハルがそれには答えず、「私たちは多くのこと達成してきたし、私はいつでも忍耐強く聞いているよ」と言ったとしよう。ここで、これを抵抗と考えてはいけない。ハルの目標の一つが表明されたと考え、それを活用するのである。メグは、「もちろん、前進すべきだという点では同意しています。ただ、話を遮られるたびに、私は何度も自分の主張を説明し直さなければならないので、時間が逆にかかってしまうのです。もっと良いやり方を見つけませんか？」と言える。ハルが賛成したら、問題解決は可能となる。

しかし、ハルの行動が、彼の目標（メグを黙らせ、感情的な言い合いになる前に次の議題に移る）に沿っており、しかも彼の行動がまだメグを悩ませるのだとしたらどうか？　メグには、ハルの関心事に結びつけて話をするという、次の方法がある。

方法三〝あなたの行動は目標に沿っているかもしれないが、そのための負担は大きい〟

相手の行動に困っているとき、**その行動は相手にとっても負担になっている**ことが多い。負担は主に二つだ。相手の行動に対するこちらの反応と一般的な他者からの反応である。こちらの反応とは、たとえば、相手が自分の意見にこだわり反論に耳を貸さなければ、あなたの方は食い下がって抵抗するという行動をとる、である。その結果、相手には非協力的にならざるを得ないことを伝える。一般的な他者からの反応とは、対立の相手であるあなた以外の人々の反応、たとえば、他メンバーの協力や仕事を一緒にする気持ちが薄れる、影響を受け入れにくくなる、といったことだ。相手の行動が、ある特定の事柄または全般的にその人自身の評判を悪くする点で、負担になる可能性を示すのである。能力、仕事のスタイル、信用、同僚としての魅力度が傷つくなど、悪い評判はたいへんな負担である。

問題行動は、その場で見えるよりもずっと本人に負担がかかる。誰かの行動があなたを苛立たせたとしたら、まずそこに目がいくが、冷静になって状況全体を振り返れば、相手の言動がその人自身をも傷つけていることも分かってくる。ハルの行動は、メグがトニーのアイデアの良い面を考える気持ちを削いでいないか？　他のメンバーは自分の意見を言う気持ちが失せていないか？　他の人々がハルと仕事をしたくないと思ってしまうことはないか？　ハルにとっては、今の争いには勝っても、全体的には不利になるということなのだ。

相手をその場でやり込めるような、否定的な結果を一度に全て示す必要はない。問題状況を共に解決しようという気持ちを相手がもてるよう、最小の結果を示すのが最善である。もちろん、相手にとっての負担が分かれば、あなたの影響力を強める手がかりは増える。状況をみながら、適宜示すことだ。

ただし、相手にとっての負担は何かを探すことには危険も伴う。ここで言う負担は相手の意図や目標に関連するので、それらを指摘しようとして、相手の動機を否定的に解釈しやすくなるからだ。この落とし穴を避けるには、自分の解釈を入れず、ありのままを描写しなければならない。たとえば、「ハルさん、あなたの気持ちを知るのはあなた自身だけなのだから、知ったかぶりをするつもりはないのですが、あなたが対立を嫌っているから、すぐに止めようすると思えて仕方がないのです。あなたにはそういうつもりはないでしょうが、すぐに議論を止めてしまうと、そう感じてしまいます。でも、私がそう受け取ったために、議論であなたが遮るたびに私から非難されるのは、心外なのではありませんか？」

自分の分かる範囲の情報だけ用い、解釈せずに受けた印象だけを明確に表明すれば、的外れの危険性を下げ、かつ相手にとっての負担も示せる。また、こちらの印象と相手の意図が全く違うと言われた時は、支持的な態度で解決に向かうことが出来る。ハルが、「対立を止めたいわけではないんだ。その逆なんだよ。」と言ったとしたら、メグはこう反応できる。「でしたら、さきほどのように話しあいを遮り続けると、逆効果なだけです。私も困りますし。意見の相違を解消する、他のやり方をチームで話しあいませんか？」

負担の計算方法はたくさんある。ある行動に対する反応がその人固有の反応なのか、それともチームの八〇%の人が同じく反応するのかを把握するのも一つだ。ただし、勝手に誰かを引き合いに出すと、その人を怒らせるかもしれないし、失礼なのでやめた方がよい。

知らないことを指摘されるだけで、人はたいそう傷つくことがある。上司の仕事ぶりを真剣に気にかけているのであれば、悪い噂に尾ヒレがついて大きくなるのを見ていられないものだが、上司本人の耳に入れるのは難しい。他のメンバーの反応を描写したり、それ以外の負担も併せて伝える場合もあるが、「誰が言ったんだ」と問い詰められると、こちらが困る。

ハルが否定的な反応を示したメンバーを教えろと問い詰めても、告白したり、引き下がらずに建設的に対応する方法はある。たとえば、こう言うのだ。「名前を挙げるわけにはいきません。それは信頼を裏切ることになりますから。ただ、はっきり申し上げられるのは、このように感じるのは私一人ではない、ということです。あなたの反応を恐れて正直に言おうとはしないのであれば、それもあなたにとって損だと思います」。など言える。要は、負担が本当に発生し、それによって、相手は問題解決に取り組んだ方が十分に高い利益があると、本人に納得させる点にある。

ここまでの三つの方法は、いずれもハルの行動の問題点に焦点を当て、そこから始める点で共通する。しかし、メグが推測せずに行動を指摘しただけで、ハルは責められたと感じる場合もあるだろう。部下から意見されたことで、不愉快になるかもしれない。防衛的な態度はすぐに消えるかもしれないが、部下に無能呼ばわりされたという不愉快そうな態度が表された時は、四つめの方法を使うとよい。

方法四："どの点で私は問題に関与しているのですか？"

誰でも、外部環境にかかわらず、内面から突き動かされて動くことはある。しかし、一般的には、他者との関係は、ほとんどの場合、影響の及ぼしあいである。ハルは、部分的にメグの行動によって刺激されていたかもしれないので、その点ではメグも問題に関与するといえる。

したがって、メグは、自分が問題を大きくしていないか、自問する必要がある。自分の意見について質問されると攻撃されたと思い、感情的になってしまうことに気づいた場合は、ハルに次のような了解を求めることもできる。

「あなたが苛立つように私も困っているのです。私たちは悪循環に陥りやすいようです。私も問題の一端を担っています。同僚の意見に反対しているとき、あなたが途中で遮ることを予測してしまって緊張し、それで私は自分の意見をより強く主張してしまうのです。調子が狂ってしまうようです。このことについてお話できませんか？」

このように話しかければ、互いが同じ土俵に立つことになり、相手側も率直になりやすい。人は、相手が進んで責任を担えば、自分も進んで同じように責任を担おうとし、こちらが相手の方に問題を押しつけようとすれば、相手側もこちらに押し返そうとするものである。相互作用的に発生した言動ならば、どちらからでもそのパターンを見つけることは可能だ。見つけることで互いに解放される。この方法では、互恵的な形で合意を築くのが解決の道である。たとえば、「異なった意見を出し合っている時に私が平静な態度を保てたら、他のメンバーと議論する時間を私に与えていただけますか？」といった形だ。この「カレンシーの交換」によって、勝ち負けをつけずに相手に影響を及ぼすことが可能となる。

最も適切な方法を選ぶ

ここまで、影響を及ぼす四つの方法をそれぞれ説明してきたが、組み合わせて活用すればさらに効果的である。では、どのように、この支持的対決方法を組み合わせれば良いか、見てみよう。

方法一は、相手の行動が及ぼす作用を指摘するものだが、最もシンプルで直接的である。最初はこの方法を検討したい。この方法では、あなたの欲求と懸念を描写し、相手の防衛を解く。これは実際に効果がある。相手の行動があなたの感情に及ぼした影響を表現することで、双方とも率直で無防備な立場に立つ。これが相手側の防衛姿勢を弱めてくれる。この方法が最もよく効くのは、相手があなたのことを気にかけている場合である。すなわち、否定的な影響をあなたに与えたくない、また、あなたが弱すぎるとか神経過敏だと言って〝被害者を非難する〟ようなことはしたくないと思っている場合である。

これらの条件が揃わない時は、二番目または三番目の方法を加え、相手にその行動が本人の求める結果を生まない、または負担がかかりすぎることを示すと良い。この二つは明確に相手の関心事を指摘するので、相手を動かす可能性が高い。最初は問題があることを認めてから、問題を共に解決するという順で進める。方法一を使ってから方法二に取りかかることが重要だ。相手の行動からあなたが受ける影響を示さないと、あなたにとっての利点が不明なままなので、互恵的な結果を目指していていることは伝わらない。

四番目の方法では、あなた自身がどのように問題に関与しているかを率直に尋ねる。人間関係のダイナミズムが強く働いて、双方が悪循環に嵌り込んでいる時には、効果的だ。誰がその悪循環を始めたかは重要ではなく、そもそも見分けはつかない。相手が過敏に反応するときに、責任の一端が自分にもあると認めることによって相手の防衛姿勢を弱められる。それで初めて、双方にとって利点があるように行動の修正を検討できるのである。互いに行動を変える、すなわち行動の修正を交換すると言えるが、相手が人間関係の問題を話したがらないときに有効だ。交渉の形をとるので、人間関係の問題を話しあうよりも相手と距離を保てるからだ。微妙な問題を扱うときの技術である。

相手の立場に配慮を示す

あなたが直接知り得ることだけに言及すれば、相手を好きになる必要はない。相手が持っていない情報を提供するだけのことだ。この情報提供によって、相手がより効果的に行動し、個人的に負担をかけすぎることなく目標達成できるかもしれない。相手の立場に配慮し率直に自分の立場を示しながら行えば、この四つの方法はいっそう効果がある。相手側はあなたの動機を疑う必要がなく、また自分の立場が劣勢であると感じずに済むからだ。

たとえば、「私は、あなたが〇〇の行動をとることで自分を追い込んでいるのが気になります。それは本意ではないでしょう」と言って、それとなく〝あなたに厳しいことを言うが、私はあなたの敵ではないですよ〟と伝える。ただし、これは、本当に相手を気遣っている場合だけしか効果はない。本気かどうかはごまかせないからだ。

しかし、相手に強い怒りを感じている時は、相手の立場に立つことなどできないものだ。相手の否定的な行動ばかりが気になってしまう。したがって早い段階で、相手と問題について話し始めることが重要になる。自分の分かる範囲、つまり外から観察可能な行動と自分の感情を述べるに止めれば、問題は深刻化しにくく、解決も早まる。気持ちの中で相手を悪者として決めつけていないからこそ、本心から支援的に相手と関わることができ、相手に防衛姿勢を取らせずに済むのである。

問題を解決する

支持的対決によって対立を解決するには、三つの条件が必要である。

1　進んで共にその相違を解決しようと合意が取れていること
2　解決策は、双方とも納得する内容であること
3　事後にフォローアップすること

協働による問題解決

効果的に問題解決するためには、双方とも進んで取り組み、双方で解決策を探さなければならない。システムの観点では、相手とあなたの両方が問題状況の発生に関与している可能性が非常に高いのだから、一方だけでは不十分なのだ。

問題解決に向けて相手から協力を得ようとするとき、相手を責めるのは的はずれである。人は、自分が間違っていると思われたくないため、相手に責任を押しつけようとする傾向を持っている。そのせいで、非生産的な非難合戦が続くのだ。この非難合戦を避けるには、現実は複数あることを認めることだ。「あなたがこの状況をどのようにとらえているか分かりました。また、私があなたと異なった見方をしていることもお伝えしました。私たち両方とも、それぞれの立場から見れば正しいのだと思います」。この言い方によって、悪意から不適切な行動が取られたという前提を否定できる。

相手の行動は善意から出ているという前提に立って自分の立場を主張すれば、問題解決に進めるのである。この時点では、以下のように言えるだろう。「あなたの狙いは分かります。ただ、残念ながら、その狙いからはずれてしまっています。なぜ、はずれているかを考えてみませんか?」。そして、状況を具体的に検討するのだ。相手は、具体的にどの行為が問題を引き起こしたかがつかめるし、あなたの方は、相手の意図、目標、懸念が理解できる。相手は、勝手な推測で決めつけさえしなければ、率直に話してくれるだろう。問題の行動が悪意から出ていないと理解することによって、和やかに取り組める。

合意に至る

チームで協働して問題解決をする場合、合意に至るまでには二つの落とし穴が待っている。最初の一つは、〝私は私だ。私の性格は変えられない〟というものだ。その行動は性格から出ているので無理だというわけだが、実際は行動を変えるために性格まで変える必要はない。たとえ、その行動を修正することが困難で、不愉快であっても、性格を変えるわけではない。この落とし穴への対抗手段は、性格とその行動を切り離して考え、焦点を性格に当てないことだ。たとえば、「この行動は、あなたの基本的な性格の表れではなく、行為の一つです。会議での行動を変えるために性格まで変える必要はありません」といった言い方ができる。同じ性格のままで行為だけを効果的なものへ変える例は比較的容易にあげられる。

二番目の落とし穴は、私たちが〝骨抜きの合意〟と読んでいるものだ。次の言葉は要注意である。

- 「改善するように努力します」
- 「もっと配慮するようにします」
- 「後であなたの意見を聞きましょう」

ストレスのある会話を早く終わらせようという思いが、しばしば相手側を効果の望めない策に走らせる。ここで欠けているのは行動の特定である。次のように言うとよい。

- 「では、○○の時の□□については、私の意見を申し上げます」
- 「冷静になって欲しい時は○○をして、私に教えてください」

フォローアップ

どのような変革でもそうだが、定期的なフォローで後退を防ぐ必要がある。三つのステップによって改善された状態を維持するとよい。a.相手との関係の改善状況をモニターする、b.変更した行動を強化する、c.後退に対処する、である。

最初の問題解決はしばらく効いているものだ。しかし、疑念が忍び寄ってくる。

- 「相手は私をどれだけ真剣に心配しているのだろうか？」
- 「上司は彼女に立ち向かったことを評価してくれているが、彼女自身は私に不機嫌な態度をとらないだろうか？」
- 「重要な変化を見過ごしていないだろうか？」

双方が合意したことを振り返り、対応が必要なことはないかを考え、あれば対処することだ。新しい行動には強化が必要だ。心理学者が裏付けるように、行動を変えるには、強化は罰よりもはるかに効果がある。相手の変化がなかなか現れなくても、「新しく決めたことに努力してくださって、ありがとうございます」と言うのだ。大きなパワーとなる。

最後に、後退はある程度起きうると覚悟しよう。特に、問題の行動が相手の仕事の進め方の中核であれば、忍耐が必要だ。三〇年間続けてきた行為を止めるには、一回の話しあいや合意では難しい。後退しても失敗と思わず、新しい行動を強化する機会に使おう。その行為を止め、共感的にユーモアを込めて言うのだ。「おっと、今、反対意見の直後にあなたが言ったことですが、この間、やめようと話しあいましたね」。このような具体的なフィードバックで、合意したことを強化するのである。合意した時に、互いに注意しあおうと決めておけば、後退した行動の瞬間の指摘はよく効く。「分かった」程度で終えず、改善の維持を促すのである。

その瞬間に対応するためには、状況をよく見ている必要がある。たとえば、ハルが反対意見をまた止めてしまった時、メグが黙ってしまった時、相手はその状況に目を留め、非効果的な行為自体やその結果、その行為の意図などを尋ねるとよい。その時に注目することで、他者を苛立たせる具体的な行為がどのように生まれるかを明らかにできる。

最後のまとめ

攻撃したくなる気持ちに抵抗する

ここまで、私たちは相手の行動を変えたいと思う側から、人間関係の問題を見てきた。しかし、誰しも反対の立場に立つことはあり、動機や意図を責められた経験はあるだろう。そもそも、責める方は自分の知らない相手の動機を決めつけ、防衛的になり、誤解しやすいものだ。自分が責められていると思うとき、人は身を守ろうとし、反撃したくなる気持ちが強くなる。ここで最も重要なのは、あなたが正しいか間違っているかではなく、自分の行動と意図を分け、あなたの行為の結果、相手が不愉快になった現実をまずは受け入れるのだ。その次に行動を振り返る。たとえば、「私の行動のせいで、あなたを不愉快にしてしまったようですね。でも、それは私の本意ではありません。ですから、私の行為の何があなたを不愉快にしたのか、理解したいのです」と言うと良い。そして、何が相手を不愉快にしたかが分かったら、相手と一緒に問題解決に取り組もうと働きかける。「私がしようとしていたことは○○です。あなたを不愉快にせずに、この目的を果たすには私はどうすればいいでしょうか?」もし、相手があなたの動機を責め続けるのであれば、あなたは自分の分かる範囲の情報を使って攻撃を止めるのだ。「私がこのような行為を取った理由をあなたはご存じないはずです。私は自分の意図を申し上げました。なのに、読めるはずのない私の気持ちが別にあると言われるのは心外です。

あなたを不愉快にさせた私の行為そのものを対象にして、より良い行動のとり方を検討しましょう」などと言える。

このように困難な話を率直に話しあうことによって、次の前向きな成果が得られる。

1　こちらの意図を説明すれば、相手にとって行為自体がそれほど苛立たなくなる

2　相手に及ぼす影響が分かれば、同じ行動を取らないこと、そして相手を不愉快にさせずに、あなたの意図に沿った別の行動を探すことができる

3　この人間関係の問題が双方の行動によって起きるのなら、自分が行動を変えることを申し出、その代わりとして相手にも行動を変えてもらうよう交渉できる

支持的対決は防衛姿勢や仕返しを凌駕する。支持的対決の手法を使えば、争いがどちら側から始まっても、一方が支持的対決に慣れていなくても、人間関係の問題解決につなげられる。自分の知っていることだけで話しあい、双方とも火に油を注がないようにするのである。

立場の上下は関係ない

支持的対決は、立場が上でなければ使えないというものではない。同僚や部下からでも働きかけら

れる。自分の知っている範囲に止まり、相手の欲求を踏まえ、相手の行為による望ましくない結果を明らかにすれば、誰に対しても対応できる。上位者や同じ立場の人も、自分自身が効果的でありたいと思っているからだ。

一方、部下であっても指示命令通りに動かせないことはある。しかし、部下も成長したいのである。部下が最も重視していることを踏まえて話せば、進んで協力的してくれるだろう。まさに支持的対決の核心である。

支持的対決だけが方法ではない

人間関係の問題に対応する方法は様々ある。相手との関係が確立しており、相互に尊敬しあい、気を配っていれば、支持的対決の行動指針は不要な場合がある。相手の動機や意図への言及が可能な場合もある（もちろん、限度はある）。親友や信頼関係にある同僚は、不完全な言い方でも聞いてくれるし、言っていることがひどく的外れでも、優しく諭してくれる。

しかし、相手との関係が行き詰まっていたり、問題の行為自体が厄介なものは、支持的対決の方法が最善である。特定の行動とその結果に絞って話しあう。これが最も正確で直接的な話しあい方法である。何でも言い合える親しい同僚であっても、相手の動機や意図に言及し、心理面の解釈をされると関係はこじれるものだ。

影響力の機会を活かす

影響力を発揮するうえでは、表だった争いより率直に話すことに対する恐れの方が問題である。率直に話さなければ、当人の懸念は無視され、問題は大きくなっていく。はっきり言えなかったために影響を及ぼせなかった、あるマネジャーの事例を紹介しよう。

中途半端な対応

キャサリンは、あるプログラム開発の責任者であった。同僚のロブがマーケティングと広告関連の責任者をしていた。このプログラムは、五三歳で最近降格したロブにとって新しい仕事だったが、彼は再起する最後のチャンスだと思っていたため、ほとんどの時間を再起のための自己宣伝に使っていた。

キャサリンは、この件でロブに正面から話しあおうと決め、話をした。この状況について自分がいかに不愉快か、また自分の部下のやる気も削いでいるかを話した。そして、ロブの自己宣伝によって、彼自身がどれほど損をしているかを描写しようとしたとき、ロブは泣き出してしまった。「私はまた失敗してしまった。負け犬なんだ。家族を養わなければならないのに。どうしたらいいんだろう」というのである。キャサリンはびっくりしてしまい、彼を傷つけてしまったことを恥ずかしく思った。そこで、前言を撤回して問題を軽く扱った。しかも、その面談の終わりに、すでに手が一杯だったにもかかわらず、広告関連は自分が何とかすると言ってしまった。

後日、友人にこの出来事を話していたとき、友人は「どうしてロブ自身が言ったことを使って、行動を変えるように促さなかったんだい？」と言った。「何て言えたのかしら？」とキャサリンは尋ねた。

「たとえば、『ロブ、そうね、失敗しかけているかもしれない。でも、人間として失格ということではないのよ。私はあなたに成功者になってもらいたい。あなたが成功すれば、私は助かるし、私の部門も助かる。だから、この問題を話そうと思ったのです。でも、問題はあなた自身が成功したいと思っているかどうかです』とか、さ」。

「全くそういったことは言わなかったわ。だって、それはストレートすぎるし、ロブは動揺していたから」とキャサリンは答えた。「でも、誰に問題があるのかは明白だろ？」と友人は言葉を返した。

承認されたい、嫌われたくない、良い人だと思われたいという欲求の強さによって、威力のある話ができるかどうか、影響を及ぼせるかが決まる。本質は何かである。あなたが影響を及ぼしたいと思えば、相手は影響を受け入れるのだ。要は、あなた自身がどうか、ということである。

【注】

1　フィードバックの基本原則は、特定的であること、（非評価的で）描写的であること、できるだけその場で、可能であれば、求められてから提供すること、その時だけ限定すること、相手に対する配慮を込めること、である。Charles N.Seashore,Edith Whitfield Seashore,and Gerald M.Weinberg,What Did you Say?: The Art of Giving and Receiving Feedback(N.Attenboro,MA:Douglas Charles Press,2nd ed.,1992)を参照されたい。

2　H.H.Kelley and J.L.Michela,"Attribution Theory and Research",Annual Review of Psychology 31,(1980),pp. 400-405, およびJ.Jaspers, F.D. Fincham and M.Hewstone, *Attribution Theory and Research : Conceptual, Developmental and Social Dimensions*(London:Academic Press,1983).

別添B　さらなる学習のために
～本書の内容に関するリソース

本書の内容に関しては、著者両名とも英語にてトレーニングおよびコンサルティングを実施している。ここでは、日本語で対応可能なリソースを紹介する。

トレーニング・プログラム

【LFG　成長のリーダーシップ（Leading For Growth）】　ウィルソン・ラーニング ワールドワイド株式会社　提供

「責任共有のリーダーシップ」を学ぶ研修プログラムが日本語で提供されている。これは、本書の内容を米国ウィルソン・ラーニング ワールドワイドが開発したプログラムを日本向けにしたもの。連絡または関連情報は以下を参照されたい。

ウェブサイト　http://www.wlw.co.jp/solution/upbringing/pdf/lfg.pdf

【「影響力の法則」プログラム】　インフルエンス・テクノロジーLLC　提供

「責任共有のリーダーシップ」の展開で不可欠な「相互影響」を学ぶプログラムが日本語で提供されている。これは、著者の全面的支援のもとで、日本向けにオリジナル開発されたもの。

連絡先：０３－５５３０－９２６０　髙嶋、またはCustomerService@influence.co.jpまで。

ウェブサイト　http://www.influence.co.jp/index.html

サーベイ

【ＧＬＩグロースリーダー調査（The Growth Leadership Inventory）】　ウィルソン・ラーニング ワールドワイド株式会社　提供

「責任共有のリーダーシップ」を推進する能力とチームの成果について、発揮度合いを把握する、多面評価のツールが提供されている。これは、米国で開発された質問項目を日本向けにしたもの。回答者は参加者本人、上司、同僚、部下で、結果はＬＦＧコースの中で参加者に直接手渡され、トレーニング内で活用される。

ウェブサイト　http://www.wlw.co.jp/solution/upbringing/pdf/lfg.pdf

あとがき

本書は、アラン・R・コーエン、デビッド・L・ブラッドフォード両博士による共著、Power Up Transforming Organization Through Shared Leadership 1998 John Wiley & Sons の邦訳版である。本書の土台になっている前著 Managing for Excellence 1984 同　とあわせると、米国では一〇万人以上の読者に読まれており、複雑かつ高度な組織運営を迫られるリーダーたちにとって、リーダーシップの教科書といえる書籍となっている。Managing for Excellence は、中国語にも翻訳されているなど（中国語題『追求卓越的管理』）、各国の経営管理者に知られている。

本書の焦点は、「責任共有のリーダーシップ（Post-Heroic Leadership, Shared Leadership）」である。

一般的に期待されるリーダー像は、何でも知っており、いつでも重要な決断を下すことができ、自ら結果を出せるリーダーである。難しい質問に回答し、部下たちの意見が割れれば調整に入る。部下たちの心のメンテナンスも怠らない。先が見えない厳しい状況で、方向を示し部門やチームの責任を一手に引き受ける。部下やメンバーは、そんなヒーローのようなリーダーを心強く思い、尊敬する。事実、先の見えない手探りの状況でこそ、リーダーにはリーダーシップを発揮してほしい……これは誰でも抱くリーダーへの希望だろう。

ところが、このような期待像にかなうリーダーは少なくなっている。顧客の要求、競合、技術が高度になるにつれ、業務は複雑になり、リーダー一人ですべてを知ることはますます難しくなっている。そこで、リーダーは今まで以上にメンバーが責任を共有し、主体性を発揮してほしいと望む。ここにリーダーとメンバーのジレンマが生じる。メンバーは、自らの期待像と照らして、部門やチームの責任をリーダーが一身に引き受けるべきだと考えており、チームの課題はリーダーに任せて、自分は言われた仕事のみをしようとするからである。危険を冒してまで、チームに貢献するよりは、自分の領分でいい仕事をすれば十分だ。うっかり、意見を述べようものなら、「おまえがやれ」と言われてしまう。それなら黙っているのが、メンバーにとっては合理的である。そのようなメンバーを見て、リーダーは、消極的、貢献していない、と評価する。一方リーダーも、リーダーとしての地位や役割をメンバーに渡したくないので、本当に重要な案件は一人で決断しようとする。メンバーが消極的なら、それはリーダーの出番を意味する。そして、ますます一人責任を抱えることになるわけだ。

この前提には、チームの責任はリーダーにあるという「英雄志向のリーダーシップ（Heroic Leadership）」の固定観念がある。リーダー待望論も、リーダー、メンバーともに抱いている英雄志向のリーダーシップの思い込みから生じる。この思い込みゆえに、メンバーは組織やチームの業績に責任を感じなくなる。英雄志向のリーダーシップにリーダー、メンバーともに挑戦し、両者が責任を共有してはじめて、メンバーの専門能力、知識が活かされ、変革が生まれる、というのが、責任共有のリーダーシップの要諦である。

日本にはそのような英雄志向のリーダーは少ないんじゃありませんか、との声を、しばしば聞いてきた。「我が社の部課長、幹部ですら、部下を適切に指導できないのです」というわけだ。しかし、日本で責任共有のリーダーシップを紹介してきた訳者たちは、そうでもありませんよ、とお答えしている。「英雄志向のリーダー」とは必ずしも強いリーダーではない。強い責任感から自ら動き、メンバーの主体性を奪ってしまうリーダーである。一人で責任を抱え、明確な方向性を示さず、メンバーの能力をうまく引き出せない。強いリーダーも控えめなリーダーも、「英雄志向のリーダー」であれば、結果的に限られた情報から質の低い意思決定しなければならなくなってしまうのだ。

本書には、プロジェクトリーダーから経営幹部まで、部下やメンバーと責任を共有し、彼らの力を引き出すこと、すなわち責任共有のリーダーシップによるパワーアップ（組織力向上）を、いかに実現するかが解説されている。日本の多くリーダーのお役に立てるものと考えている。

読者のみなさまには、第一部からお読みいただければ、責任共有のリーダーシップによる組織のパワーアップの概念を理解していただけるはずだ。逆に第三部からお読みになると、ファーマコ社の事例から、責任共有の具体的な方法がつかめる。現実の職場やプロジェクトを振り返っていただけるだろう。新しいプロジェクトが始まるとき、異動、昇進したとき、ぜひ手にとっていただき、ご自身の英雄志向のリーダーシップに挑戦していただければ幸いである。

なお、邦訳版は、著者である両博士のアドバイスのもと、原文に比していくらか圧縮されている。多くの読者に届けることを狙ったものであり、お許し願えればと思う。

今回も著者であるコーエン、ブラッドフォード両博士には全面的なサポートをいただいた。両博士は、あいかわらずの人気者で、電子メールは、世界各国から届けられた。Influence without Authority（『影響力の法則』）に続いて、Power Up を邦訳し、両博士の業績を日本のビジネスの現場で役立てられることを嬉しく思っている。

本書の翻訳は、多くの方のお力添えのたまものである。この場をお借りして感謝申し上げたい。慶應義塾大学大学院経営管理研究科の髙木晴夫先生には、本書の巻頭推薦文をお寄せいただいただけでなく、翻訳の重要な部分にアドバイスをいただいた。「日本のミドルに必要なリーダーシップ」とありがたい励ましをいただき、訳者は奮励した。ウィルソン・ラーニング ワールドワイド株式会社（WLW社）は、二〇〇五年から Power Up をベースにしたリーダー育成プログラム『LFG 成長のリーダーシップ』を日本国内で展開している。その早い取り組みは慧眼だと思う。WLW社でLFGの導入とファシリテーションに当初から関わることができたことが、本書の邦訳につながっている。私たちの多くのクライアントと研修参加者のみなさんのおかげで、責任共有のリーダーシップが欠かせない、との確信を抱くことができた。筑波大学大学院カウンセリングコースでご指導を受けた國分康孝先生、木村周先生、堀洋道先生はじめ、諸先生には、人間関係についての基本的な考え方を教わった。その経験が、本書の企画に生きていると確信している。

税務経理協会の大坪克行さん、新堀博子さんには出版にあたってご尽力いただいた。高橋研路さん、久保田浩史さん、廣部靖さんには、原稿段階でのチェックをお願いし、リーダーの立場から有益なご意見をいただいた。私たちの両親、兄弟たちは私たちを励ましてくれた。この場を借りて、みなさんに感謝申し上げる次第である。

平成二二年六月三〇日

髙嶋　成豪
髙嶋　薫

【著者プロフィール】

デビッド・L・ブラッドフォード
DAVID L.BRADFORD

米国スタンフォード大学ビジネススクールにおいて組織行動学上級講師。Ph. D(社会心理学、ミシガン大学)。スタンフォード・エグゼクティブ・プログラムでは、リーダーシップ及び影響力の能力開発分野で責任者を務める。これまで、ヒューレットパッカード、シスコシステムズ、フリトレー、リーバイストラウスなど、企業でのコンサルティングの経験を豊富に持つ。bradford_david@gsb.stanford.edu

アラン・R・コーエン
ALLAN R.COHEN

米国バブソン大学　エドワード・A・マッデン特別招聘教授。専門はマネジメントと組織行動（リーダーシップ、影響力、組織変革)。MBA、DBA（ハーバード大学)。インド、フィリピン、オランダ、イギリスに在住経験。GE、東芝、IBM、ロイヤルバンク・オブ・カナダ、フィデリティなど、多くの企業でリーダーシップ開発に関するコンサルティングや指導を行う。Suvidha India 諮問委員会メンバー。cohen@babson.edu

【訳者プロフィール】

髙嶋　成豪（たかしま・なるひで）

人材開発／組織開発コンサルタント。インフルエンス・テクノロジーＬＬＣ代表。サターン、ジョンソン・エンド・ジョンソンなどで人材開発に従事。ウィルソン・ラーニング ワールドワイド社によるリーダーシップ開発プログラム「LFG成長のリーダーシップ（Leading for Growth)」のマスター・トレーナー。翻訳に『影響力の法則　現代組織を生き抜くバイブル』(デビッド・L・ブラッドフォード&アラン・R・コーエン著, 2007 税務経理協会）他。筑波大大学院教育研究科修了。修士（カウンセリング)。

髙嶋　　薫（たかしま・かおる）

人材開発コンサルタント。富士ゼロックス総合教育研究所でマネジメント研修プログラムの研究開発、PDI Japanでコンサルタント、モトローラなどでトレーニングマネジャー。筑波大大学院教育研究科修了。修士（カウンセリング)。翻訳に『影響力の法則　現代組織を生き抜くバイブル』『続・影響力の法則　ステークホルダーを動かす戦術』（いずれもデビッド・L・ブラッドフォード&アラン・R・コーエン著, 2009 税務経理協会)

訳者との契約により検印省略

平成22年8月1日　初版第1刷発行

POWER UP　責任共有のリーダーシップ

著　者	David L. Bradford & Allan R. Cohen
訳　者	髙嶋成豪 髙嶋　薫
発行者	大坪嘉春
印刷所	税経印刷株式会社
製本所	牧製本印刷株式会社

発行所　東京都新宿区 下落合2丁目5番13号　株式会社 税務経理協会

郵便番号 161−0033　振替 00190−2−187408　電話(03)3953−3301(大代表)
FAX(03)3565−3391　(03)3953−3325(営業代表)
URL http://www.zeikei.co.jp/
乱丁・落丁の場合はお取替えいたします。

ISBN978−4−419−05508−0　C1034